Die Heuneburg an der oberen Donau

Umschlagbild: Rotweißbemaltes Hochhalsgefäß von der Heuneburg
(Zeichnung Hans Joachim Frey)

Innendeckel vorn: *Die Heuneburg an der oberen Donau.* Im Mittelfeld der Burghügel mit den beiden Westgräben. Links die Staatsdomäne Talhof mit ihren mittelalterlichen Terrassierungen. – Im Vordergrund die (begradigte) Donau, davor die im Luftbild deutlich erkennbaren alten Donauschleifen. – Im Hintergrund die Straße Hundersingen-Binzwangen, darüber das Soppenbachtälchen. – Im Winkel zwischen Fichten- und Mischwald die Burgherren-Gräber im Gießübel-Talhau. Deutlich erkennbar ist der wiederaufgeschüttete Hügel 4 rechts der Straße.
Luftbild Brugger, Stuttgart. Freigegeben vom Reg. Präsidium Stuttgart 2/50681 C

Führer zu archäologischen Denkmälern in Baden-Württemberg

Herausgegeben vom
Landesdenkmalamt Baden-Württemberg,
dem Förderkreis für die ur- und frühgeschichtliche Forschung
in Baden
und
der Gesellschaft für Vor- und Frühgeschichte
in Württemberg und Hohenzollern

Redaktion:
Wolfgang Kimmig
Edward Sangmeister

Band 1

Konrad Theiss Verlag Stuttgart

Die Heuneburg an der oberen Donau

von Wolfgang Kimmig

Zweite, völlig neubearbeitete und
erweiterte Auflage

Konrad Theiss Verlag Stuttgart

CIP-Kurztitelaufnahme der Deutschen Bibliothek

Kimmig, Wolfgang:
Die Heuneburg an der oberen Donau / von Wolfgang Kimmig. – 2., völlig neubearb. Aufl. – Stuttgart: Theiss, 1983.
(Führer zu archäologischen Denkmälern in Baden-Württemberg; Bd. 1)
1. Aufl. als: Führer zu vor- und frühgeschichtlichen Denkmälern in Württemberg und Hohenzollern; H 1
ISBN 3-8062-0360-1

NE: GT

Gesamtherstellung: Gulde-Druck GmbH, Tübingen
Printed in Germany
ISBN 3 8062 0360 1

Gewidmet
all denen, die
sich um die Heuneburg verdient gemacht
haben

Vorwort

Anläßlich der Pfingsttagung 1968 der beiden großen Deutschen Altertumsverbände in Schleswig erschien als Band 1 der »Führer zu vor- und frühgeschichtlichen Denkmälern in Württemberg und Hohenzollern«, wie die Reihe ursprünglich hieß, ein Führer unter dem Titel »Die Heuneburg an der oberen Donau« aus der Feder von Professor Dr. Wolfgang Kimmig. Dieser Führer bildete den Auftakt einer Reihe, die von der Gesellschaft für Vor- und Frühgeschichte in Württemberg und Hohenzollern herausgegeben wurde. Genau 15 Jahre nach dem Erscheinen des ersten Heuneburgführers freuen wir uns, wiederum zur Pfingsttagung des West- und Süddeutschen Verbandes für Altertumsforschung in Tübingen einen völlig neu bearbeiteten Heuneburgführer herausgeben zu können. Prof. Dr. Wolfgang Kimmig, emeritierter Professor für Vor- und Frühgeschichte an der Universität Tübingen und langjähriger Leiter der Heuneburggrabungen, verdanken wir diesen hervorragenden Band, der uns mit den Ergebnissen einer über 30jährigen archäologischen Erforschung der Heuneburg vertraut macht. Die starke Erweiterung der Forschungsarbeiten, die vor allem durch die Deutsche Forschungsgemeinschaft mit Unterstützung durch das Landesdenkmalamt Baden-Württemberg finanziert wurden, macht einen neuen Führer notwendig. In seinem Mittelpunkt steht die Hallstattburg selbst, die erstmals Einblick in die Struktur und in das Aussehen dieser späthallstattzeitlichen Fürstenburgen gegeben hat. Darüber hinaus widmet sich dieser Führer auch den dazugehörigen Nekropolen, der Außensiedlung und schließlich dem 1981 ausgeschilderten archäologischen Rundwanderweg. Das Heuneburgmuseum, das z. Zt. im Aufbau ist, wird dem Besucher anhand originaler Funde, Grabungsbilder und Karten die Bedeutung dieser wichtigen archäologischen Fundstätte vor Augen führen. Der neue Führer ist auch für dieses Museum gedacht, für dessen Einrichtung sich vor allem die Gemeinde Herbertingen und Herr Bürgermeister Abt große Verdienste erworben haben. Die Heuneburg gehört wohl zu den

eindrucksvollsten archäologischen Denkmälern in Süddeutschland und wir hoffen und wünschen, daß dieser Führer nicht nur in der Fachwelt, sondern auch in der Öffentlichkeit unseres Landes weite Verbreitung finden wird.
Für die Herausgeber ist es eine angenehme Pflicht, all denjenigen zu danken, die zur Vollendung dieses stattlichen Buches beigetragen haben. In erster Linie gilt unser Dank dem Verfasser, Herrn Professor Dr. Wolfgang Kimmig und seinen Mitarbeitern der Heuneburggrabung, voran dem langjährigen Grabungsleiter Dr. Egon Gersbach. Weiter gilt unser Dank Hans Joachim Frey, der die Titelvignette gezeichnet hat, der Fotografin Hildegard Jensen, der Restauratorin Christa Mersmann, ferner Susanne Höfler und Holger Sinogowitz, die Rekonstruktionsbilder zur Verlebendigung beigesteuert haben. Für die rasche und vorbildliche redaktionelle Betreuung sei an dieser Stelle dem Konrad-Theiss-Verlag, Stuttgart, gedankt. Ein besonderer Dank gilt Frau Gabriele Süsskind und Herrn Bisterfeld, die wiederum in bewährter Weise die Redaktion durchgeführt haben. Wir hoffen und wünschen, daß dieser Führer zur Geschichte einer der bedeutendsten archäologischen Fundstätten der Vorgeschichte im Lande Baden-Württemberg mit dazu beiträgt, für das Verständnis der Archäologie in unserem Lande zu werben.

Stuttgart, im März 1983 Dieter Planck

Inhalt

Einführung

Der erste Heuneburgführer erschien 1968, also vor jetzt 14 Jahren, und war schon bald darauf vergriffen. Seine Ausgabe fiel in eine Zeit, als der Rausch der Entdeckerfreude im Abklingen begriffen (1950–1958), als eine »Denkpause«, um nicht zu sagen Krise glücklich überwunden war (1959–1962) und als 1963 ein neuer, finanziell gut abgesicherter und vor allem organisatorisch sorgfältig vorbereiteter Grabungsabschnitt begonnen hatte. Auf die »Gründerjahre« der Grabung mit ihren primitiven Wohn- und Arbeitsverhältnissen in einer ehemaligen aus Tuttlingen stammenden Arbeitsdienst- dann Kriegsgefangenenbaracke war die

1 Die Grabungshäuser im westlichen Innengraben. Rechts das alte, links das neue Haus. Im Hintergrund die Staatsdomäne Talhof

›Wohlstandsphase‹ gefolgt mit einem wohnlich eingerichteten, von der Deutschen Forschungsgemeinschaft gestifteten Grabungshaus (Abb. 1) und vor allem einem hoch technisierten Gerätebestand, der allen Anforderungen einer modernen Großgrabung entsprach. Aus den noch ganz von der Witterung abhängigen, von viel Begeisterungschwung getragenen Unternehmungen der frühen Grabungsjahre (Abb. 2) war seit 1963 ein zielstrebiger, wohldurchdachter, von Wind und Wetter nicht mehr beeinflußbarer Betrieb geworden, der außerordentlich effektiv wirkte und der von einer eher nüchternen, realitätsbezogenen Grundhaltung bestimmt war. Die jährlich in den Sommermonaten unter der Leitung von Dr. Egon Gersbach (Abb. 3–4) erzielten Ergebnisse waren dabei so groß, und der Anfall an Neuem und Beachtenswertem war so vielgestal-

2 Aus der Frühzeit der Heuneburggrabung (1950–1959)
a) Ein amerikanisches Militärzelt und einige Fahrräder bildeten das erste Grabungsinventar
b) Links der Verfasser, rechts Prof. Dr. Wolfgang Dehn/Marburg
c) Links Prof. Dr. Kurt Bittel, jetzt Heidenheim. In der Mitte Prof. Dr. Gerhard Bersu/Frankfurt (†), rechts der Verfasser
d) Prof. Dr. Gero Merhart v. Bernegg/Marburg (†), rechts der Verfasser

3 Grabungsleiter Dr. Egon Gersbach erläutert dem Ehepaar Bittel und dem Verfasser den Stand der Grabung

4 Die Binzwanger Stamm-Mannschaft während einer Arbeitspause mit Grabungsleiter Dr. Gersbach

tig, daß eine, wie auch immer geartete Neuauflage des Führers von 1968 kein zutreffendes Bild von der rasch voranschreitenden Entwicklung der Grabung hätte vermitteln können. So entschloß sich der Verfasser, zunächst das Ende der Grabung abzuwarten, um anschließend zu versuchen, ein Fazit der bisherigen Untersuchungen zu ziehen. Nachdem knapp die Hälfte des Burgareals ausgegraben und damit ein, für eine verständliche Darstellung genügend großes Stück erforscht war (Abb. 5), wurden die Grabungen im Herbst 1979 eingestellt. Auch wenn es das erklärte Ziel blieb, die Heuneburg so nachhaltig als nur irgend möglich zu untersuchen, ein Ziel, an dem im Grundsatz auch heute festgehalten wird, so überwog doch die Einsicht, daß die in 25 Grabungsjahren angehäuften Erkenntnisse zunächst einmal gründlicher Veröffentlichung bedurften. War doch die Autopsie der allmählich in die Jahre gekommenen Ausgräber und ihre unmittelbare Kenntnis der lokalen Verhältnisse nicht zu ersetzen, auch nicht durch fleißig geschriebene Vorberichte aller Art (siehe die Zusammenstellung am Schluß).
Gleich nach Abschluß der Grabungen im Gelände bildete sich eine neue Arbeitsgruppe, die im Institut für Vor- und Frühgeschichte der Universität Tübingen mit der planmäßigen Aufarbeitung der Grabungsergebnisse begann. Die Leitung übernahm der 1975 von seinen amtlichen Verpflichtungen entbundene Verfasser. Sein Nachfolger als Institutsdirektor, Professor Dr. Franz Fischer, bot der Arbeitsgruppe in großzügiger Weise im Tübinger Institut auch weiterhin eine Heimstatt, er stellte darüber hinaus auch den Grabungsleiter, Akademischen Oberrat Dr. Gersbach, soweit von seinen Dienstverpflichtungen frei, daß dieser zügig an die Auswertung der vielen hundert Pläne und ihrer Zusammenzeichnung gehen konnte. Die Deutsche Forschungsgemeinschaft in Bad Godesberg (DFG), seit 1963 Hauptträgerin der Ausgrabungen und in ihrem Referat Archäologie bis 1980 durch ihren engagierten Leiter Dr. Wolfgang Treue, danach durch seinen Nachfolger Dr. Jochen Briegleb vertreten, stellte in Form von Nachfolgelasten auch weiterhin beträchtliche Mittel zur Verfügung und stimmte einem Langzeitprogramm zu, das bis Ende der achtziger Jahre die Veröffentlichung der gesamten Grabungsergebnisse vorsah. Die neue Arbeitsgruppe erhielt zusätzlich eine wissenschaftliche geprüfte Kraft sowie drei, später zwei wissenschaftliche Zeichner. Als Publikationsorgan boten sich die schon seit 1962 bestehenden »Heuneburgstudien« an, die von der Römisch-Germanischen Kommis-

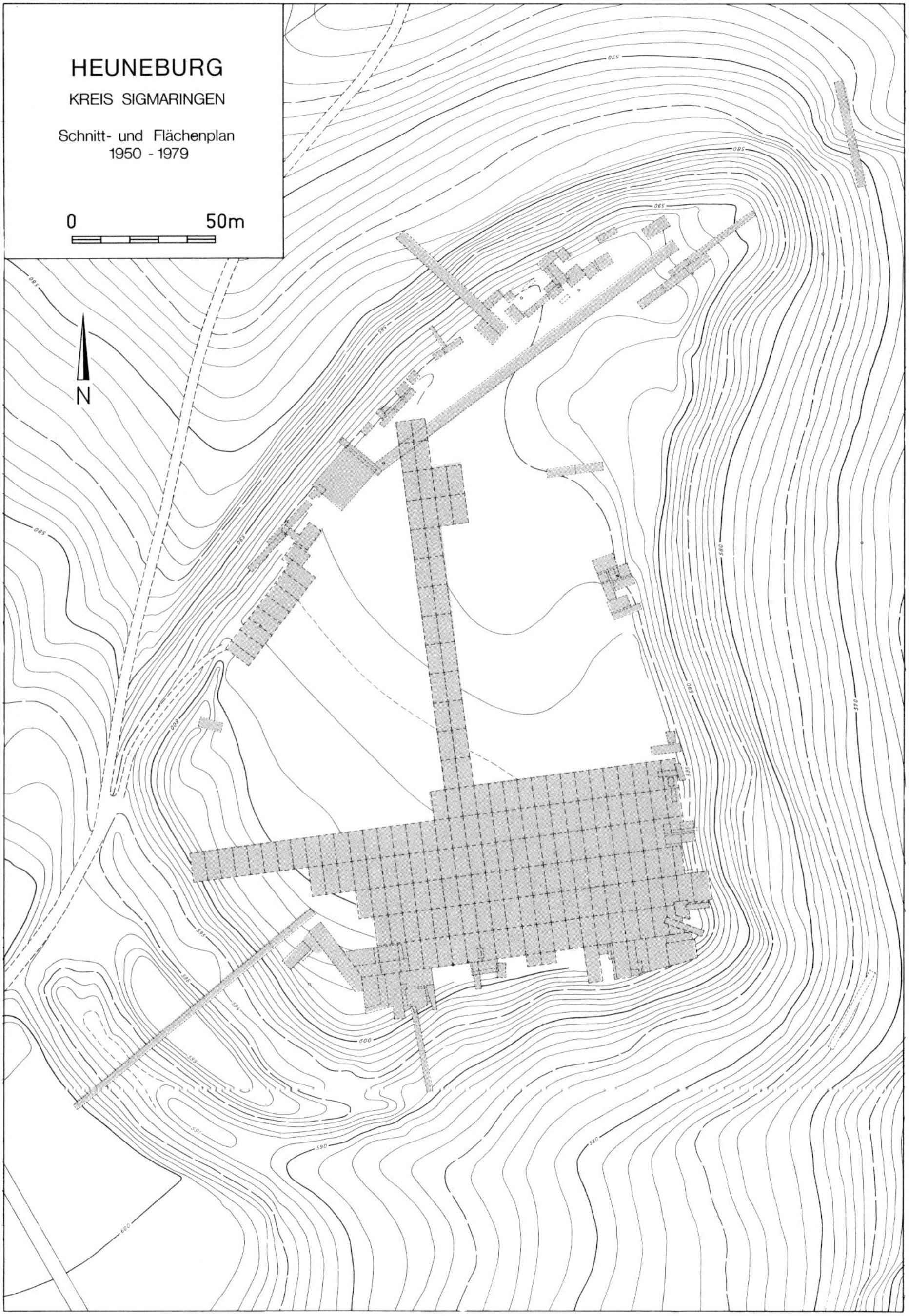

5 Grabungsschnitte und Grabungsflächen bis 1979

sion des Deutschen Archäologischen Instituts in Frankfurt/Main im Rahmen der »Römisch-Germanischen Forschungen« herausgegeben und betreut wurden. Inzwischen sind vier großformatige Bände erschienen, weitere stehen vor der Ausgabe. Die Gesamtserie ist auf etwa acht bis zehn Bände berechnet.

Im Rahmen der »Arbeitsgruppe Heuneburg« erscheint nun auch der neue Heuneburgführer, der anfänglich als Heft 1 die Reihe »Führer zu vor- und frühgeschichtlichen Denkmälern in Württemberg und Hohenzollern« eröffnete. Aufmachung und Inhalt der Neuauflage spiegeln dabei sehr deutlich den Wandel der Zeit wider. Aus den ursprünglich für Württemberg gedachten Führern sind jetzt den Interessen des Gesamtlandes entgegenkommende »Führer zu archäologischen Denkmälern in Baden-Württemberg« geworden, die von der »Gesellschaft für Vor- und Frühgeschichte in Württemberg und Hohenzollern« sowie dem »Badischen Förderkreis für Ur- und Frühgeschichte« getragen werden. Aber auch inhaltlich hat sich die Neuauflage stark verändert. Das bezieht sich nicht nur auf die neue Sicht der Grabungsergebnisse, sondern auch auf den derzeitigen Zustand des Heuneburg-Umlandes. Aus den schlechten Kiessträßchen der sechziger Jahre sind moderne, allen Verkehrsanforderungen gewachsene Teerstraßen geworden. Die Anfahrt zur Heuneburg bedeutet für Kraftfahrer keinen Opfergang mehr! Ein schön angelegter großer Parkplatz im Vorgelände der Burg lädt zum Verweilen ein und ein mit Erklärungen ausgeschilderter »Archäologischer Wanderweg« führt vom Riesengrabhügel »Hohmichele« über das daneben liegende keltische Viereckheiligtum zu den vier Fürstengrabhügeln im Gießübel/Talhau und von hier weiter zur Heuneburg (s. u. S. 189ff.). Es ist geplant, die Hügel 1 und 2 sobald als möglich wieder zu ihrer alten Höhe aufzuschütten, damit sie – zusammen mit Hügel 4 – ihre ursprüngliche Zugehörigkeit zur Heuneburg auch äußerlich sichtbar unter Beweis stellen. Von der Heuneburg aus führt dann der Weg am Talhof vorbei zur »Baumburg« und zum »Lehenbühl«, und er findet schließlich seinen eindrucksvollen Endpunkt im neuen Heuneburgmuseum in Hundersingen, das in der alten, dereinst vom Kloster Heiligkreuzthal errichteten Zehntscheuer einen würdigen Platz finden wird.

Läßt man die der Heuneburgforschung gewidmeten dreißig Jahre noch einmal an sich vorüberziehen, vom Augenblick an, als Professor Dr. Kurt Bittel mit seinen Tübinger Studenten 1950 den so folgenreichen ersten Spatenstich vollzog bis zur Eröffnung des Heuneburgmuseums, in dem ein Stück wiedergewonnener früher Geschichte aus dem Land an der oberen Donau dem Besucher plastisch vor Augen geführt wird, dann werden alle, die an dieser Entwicklung in irgendeiner Form Anteil gehabt haben, mit Recht Befriedigung und Stolz empfinden dürfen. Der Verfasser erinnert sich dabei an einen letzten gedankenvollen Rundgang, den er 1951 zusammen mit Kurt Bittel kurz vor dessen Abreise nach Istanbul über das Burgplateau machte und bei dem ein möglicher Fortgang der Ausgrabungen erwogen wurde. Bittel meinte damals, es gäbe nur die beiden Möglichkeiten eines stillen Wiederzuschüttens oder aber des Weitermachens und er fügte hinzu »im letzteren Falle wird es eine Lebensaufgabe«. Man wird es dem Verfasser, der bald darauf die Nachfolge Bittels in Tübingen antrat, nachfühlen können, wenn er sich mit noch jugendlicher Begeisterung für den zweiten Weg einzusetzen versprach. Dieser hat dann in der Tat in eine Lebensaufgabe eingemündet. Es wurde ein Weg mit Höhen und Tiefen, reich an Erfolgen, verbunden aber auch mit Mühen, ja Enttäuschungen, von denen wohl die größte war, daß es nicht gelang, die Burg zur Gänze zu untersuchen. So blieben viele Fragen und Probleme ungelöst.

Man möge Verständnis dafür haben, wenn der allseitige schuldige Dank hier nur summarisch abgestattet werden kann. Zu groß war und ist die Gemeinschaft derjenigen, die sich immer wieder in den Dienst der Sache gestellt hat. So können hier nur wenige namentlich aufgeführt werden. Da ist zunächst die Basis, wie man heute sagen würde, auf die sich die Ausgräber vor Ort stützen konnten und ohne die das große Werk nicht durchführbar gewesen wäre. Hier stehen an der Spitze die Pächterfamilien auf der Staatsdomäne Talhof, Diplomlandwirt Hans Luther und Frau (bis 1957) sowie Fritz Eberhardt und Frau (1957–1979). Zwanzig lange Jahre hindurch war dann der Gasthof zum Adler in Hundersingen mit den Familien Bischofberger und Hiller die tägliche Anlaufstation für die hungrigen Ausgräber. In ihrem gastlichen Hause haben ungezählte Besucher aus dem In- und Ausland stets warmherzige Aufnahme gefunden. Was die Last der täglichen Arbeit im Grabungsgelände auf der Heuneburg selbst anbelangt, so lag diese ebenfalls durch zwanzig Jahre hindurch auf den Schultern Binzwanger Bauersfamilien, die in beispielhafter Anhänglichkeit bei Wind und Wetter Pickel und Schaufel schwangen, das Grabungshaus betreuten und die täglichen Funde mitversorgten.

Da die Heuneburggrabung von Anfang an auch als Lehrgrabung geplant und angelegt war, haben Fachstudenten vieler deutscher Universitäten, heute großenteils in Amt und Würden, auf der Heuneburg eine oftmals harte Schule durchlaufen und sich dabei ihre Sporen verdient. Sie wurden unterstützt durch Fachstudenten und Kollegen aus Amerika, Belgien, Dänemark, Frankreich, Großbritannien, Holland, Italien, Jugoslawien, Libanon, Österreich, Schweden, Schweiz, Spanien, Tschechoslovakei, Türkei und Ungarn. Am Fahnenmast auf der Burg flatterten ihre Embleme (Abb. 6) und es war eine Freude zu sehen, wie die Hingabe an die Sache, verbunden mit angeregter fachlicher Diskussion, politische Gegensätze zurücktreten ließ. Auf der Heuneburg gab es zwar viele Mauern, aber keine »Mauer« und auch keinen »Eisernen Vorhang«!
Dem Grabungsstab gehörten an: Professor Dr. Kurt Bittel (1950/51), Professor Dr. Wolfgang Dehn (1951–1966), Akademischer Oberrat Dr. Egon Gersbach (1963–1979), Professor Dr. Wolfgang Kimmig (1950–1979), Landeskonservator Dr. Adolf Rieth (1950–1967), Professor Dr. Edward Sangmeister (1953–1955), Hauptkonservator Dr. Siegwalt Schiek (1950–1963), Professor Dr. Walter Wrede (1957–1959). Die schwere Last der technischen Hilfeleistungen – Versorgen, Konservieren und Zeichnen der Funde – lag fast ausschließlich bei den Mitarbeitern des Instituts für Vor- und Frühgeschichte der Universität Tübingen (Abb. 9).
Grabungen von der Größenordnung der Heuneburg kosten viel Geld. Daß dieses in den Wohlstandsjahren klaglos zur Verfügung gestellt wurde, danken wir vor allem dem dauernden Verständnis der Deutschen Forschungsgemeinschaft in Bad Godesberg, die von 1963 an den Großteil der Lasten ohne Murren trug. Daß dies möglich wurde, ist das Verdienst ihres schon genannten Referatsleiters für Archäologie, Dr. Wolfgang Treue, der bis zum Eintritt in den Ruhestand der Heuneburg die Treue hielt!
Auch das Land Baden-Württemberg, von jeher der heimischen Altertumskunde zugetan, hat im Rahmen seiner Möglichkeiten der Heuneburggrabung die Hilfe nicht versagt. Staatliche Anlaufstelle war zunächst das Staatliche Amt für Denkmalpflege, Abteilung Bodendenkmalpflege des Regierungsbezirks Südwürttemberg-Hohenzollern (Landeskonservator Dr. Rieth, später Hauptkonservator Dr. Schiek), seit 1972 das für das Gesamtland zuständige Landesdenkmalamt mit Sitz in Stuttgart mit den zuständigen Abteilungsleitern Landeskonservator Dr. Zürn, später

6 Unter der Bundesfahne flattern die Fahnen der ausländischen Grabungsteilnehmer im steifen Nordost

Hauptkonservator Dr. Planck, das Jahr für Jahr beträchtliche Zuschüsse leistete. Die Kosten für die mühsame Nachuntersuchung der schon 1876 angegrabenen Fürstengrabhügel 1 und 2 der Gießübel/Talhaunekropole sowie der unter diesen Hügeln liegenden hochbedeutsamen Außensiedlung der Heuneburg wurden zwischen 1978 und 1982 zur Gänze vom Landesdenkmalamt, Außenstelle Tübingen (Hauptkonservator Dr. Schiek, Oberkonservator Dr. Reim) getragen.

Daß die Grabungen auf der Heuneburg letztendlich überhaupt in Gang gebracht werden konnten, was in den fünfziger Jahren keine Kleinigkeit war, verdanken wir einem in der Stille wirkenden Förderkreis, für den hier stellvertretend die Namen von Albvereinspräsident Dr. Georg Fahrbach (†), Stuttgart, und Obermedizinalrat Dr. Dr. h. c. Werner Walz (†), Heidenheim, stehen sollen.

28 Jahre ständiger Forschung am gleichen Objekt sind eine lange Zeit. An ihren Akteuren ist sie begreiflicherweise nicht spurlos vorbeigegangen. Aus jungen, für die Sache begeisterten Fachstudenten sind inzwischen »gestandene« Amtspersonen geworden, aus einstmals Lernenden wurden selbst Lehrer. Der anfänglich »regierende« Grabungsstab befindet sich längst im sog. Ruhestand und aus dem großen Kreis der Förderer und Helfer hat schon manchen der Tod ereilt. Gleichwohl hat das Projekt Heuneburg dieses naturgebundene Kommen und Gehen überlebt. Die Alten wirken auch im Ruhestand weiter, zusammen mit den derzeit Aktiven, und schon ist eine neue Jungmannschaft im Anmarsch, die sich an der Auswertung der reichen und vielschichtigen Ergebnisse beteiligt. Es ist der Wunsch der Alten, daß die neue Generation das begonnene Werk mit neuen Methoden und Zielen eines Tages zu einem guten Ende führen wird. Möge sie dabei nie vergessen, daß sie auch bei der Setzung neuer Maßstäbe nur auf den Schultern ihrer Vorgänger steht!

Die Heuneburg und die Geschichte ihrer Erforschung

In die Augen springende Geländedenkmäler wie die Heuneburg und die in ihrem Umkreis liegenden Riesengrabhügel sind keineswegs erst durch die Altertumskunde unserer Tage entdeckt worden. Schon frühzeitig muß sich bei den Landesbewohnern die Überzeugung durchgesetzt haben, daß es sich bei Anlagen von solcher Größe nur um ›Menschenwerk‹ freilich unbekannten Alters und unbekannter Bedeutung gehandelt haben könne. Da jedoch die geschriebene Überlieferung für Denkmäler solcher Art frühzeitig abgerissen war, griff man bei ihrer Namensgebung zu Bezeichnungen mythenhaften Charakters, in denen gleichwohl, gewissermaßen untergründig, die Erinnerung an ein erregendes geschichtliches Ereignis mitschwingen konnte.

Im Heiligkreuzthaler Lagerbuch von 1560 heißt es, daß »das Gut zum Dalhof« unter seinen Äckern auch »7 Jaucherten beieinander auf der Heineburg« habe. Hier taucht der Name der Heuneburg zum ersten Male auf. Was freilich mit der Bezeichnung »Heine« bzw. heute »Heune« wirklich gemeint ist, läßt sich allenfalls vermuten, kaum jedoch verläßlich erklären. Erinnern wir uns jedoch des mehrfach in Südwestdeutschland auftauchenden Flurnamens »Hünaburg« oder auch »Hühnerbühl« für derartige Wallanlagen, so scheint es, daß mit Begriffen wie »Hünen« oder »Heunen« am ehesten an die schweren Erlebnisse erinnert werden sollte, wie sie etwa der Hunnensturm des 4. Jahrhunderts oder die Ungarneinfälle des 9. Jahrhunderts im Bewußtsein der Bevölkerung hinterlassen hatten. So könnte der Name »Heuneburg« tatsächlich die Erinnerung an ein bedeutsames historisches Ereignis wachrufen. Denken wir freilich an die weitverbreitete volkstümliche Bezeichnung »Hünengräber« für die zumeist in unseren Wäldern verbreiteten Grabhügel, dann ist auch die Gleichung Hünen = Riesen nicht auszuschließen, die das abergläubische Volk für die Aufschüttung der scheinbar unerklärlichen Erdhügel oder auch Steinanhäufungen verantwortlich machte. Ob man Bildungen wie »Heune–Hüna–Heine« auch mit der Namensgebung

»Heidenburg« zusammenbringen darf, was nur so viel als »nicht aus christlicher Zeit stammend« bedeuten würde, ist schwer zu beantworten. Die unmittelbar südwestlich neben der Heuneburg liegende heutige Staatsdomäne Talhof ist offenbar zu allen Zeiten eng mit der Burggeschichte verknüpft gewesen. Der »Talhof« gehörte zunächst den in der Umgebung begüterten Grafen von Landau und kam 1405 zusammen mit der Burg Landau beim heutigen Landauhof oberhalb von Binzwangen durch die Truchsessen von Waldburg an das Kloster Heiligkreuzthal. In der Urkunde von 1405 ist von den »beyden Thalhöfen« die Rede, in älteren Urkunden von 1323 und 1356 wird genauer von dem unteren und dem oberen Talhof gesprochen. Mit welchem dieser beiden Talhöfe der heutige Talhof identisch ist, läßt sich den Urkunden leider nicht entnehmen. Gerne möchte man ferner wissen, wann das alte Burggelände unter den Pflug geraten ist. Die genannten Urkunden geben hierüber keinerlei Auskunft, doch wird man annehmen dürfen, daß die landwirtschaftliche Nutzung des Burggeländes schon bald nach der Auflassung der Burg begonnen hat. Jedenfalls scheint Hochwald nie oder nur sehr kurzfristig auf die aufgelassene Burg übergegriffen zu haben.

Über das Alter der Heuneburg hat sich die neuere Forschung anfangs nur wenige Gedanken gemacht. In der Riedlinger Oberamtsbeschreibung von 1827 werden die Befestigungen der Heuneburg von Professor Memminger mit Schwedenschanzen des Dreißigjährigen Krieges in Verbindung gebracht, auch wenn ihm »römische, wenn nicht noch ältere Werke« nicht ganz ausgeschlossen erscheinen. Auch die großen Grabhügel in der Umgebung der Heuneburg sind dem scharfblickenden Memminger schon aufgefallen. Auch der »Hohmichele« wird ausdrücklich erwähnt (S. 189ff.). Vom »Lehenbühl« (S. 210ff.), den Memminger »Laihenbühl« oder auch »Lichtenbühl« nennt, weiß er zu berichten, daß er der Sage nach von einem alten Feuersignalturm bekrönt gewesen sei. Und von der »Baumburg« (S. 206ff.), die man natürlich nur in ihrer vermutlich sekundären Verwendung als Turmhügelburg, also als »Motte« kennt, weiß Memminger, daß sie der Sitz der Herren von »Buinburc« (12. Jh.), »Buwenburg«, »Pauenburg« (1560) oder »Bauwenburg« (1661) gewesen sei. Wesentlich knapper sind die Angaben von E. Paulus d. Ä. im »Königreich Württemberg« (1863). Vergleicht man seinen Bericht mit dem von Memminger, so ist der Forschungsrückschritt unverkennbar.

1876 kommen dann zum erstenmal wirkliche Forschungen in Gang. In diesem Jahr erhält der Landeskonservator an der königlichen Staatssammlung Vaterländischer Kunst- und Altertumsdenkmale, Dr. Eduard Paulus (der Jüngere) ein Schreiben des Riedlinger Altertumsvereins, in dem es u.a. heißt: »Es werden gegenwärtig auf Beordnung der K. Domänendirektion zwei sehr große Grabhügel bei Hundersingen auf den Höhen des linken Donauufers theilweise abgetragen. Es zeigten sich nun gleich in den ersten Tagen der Arbeit verschiedene broncene und eiserne Gegenstände als Waffen, Bruchstücke von broncenen Aschengefäßen, broncene Gegenstände räthselhafter Formen, aber ohne Zweifel eines Pferdegeschirrs, endlich aber auch ein Diadem von Goldblech. Da nun die Arbeit erst beginnt und jedenfalls noch 3–4 Wochen dauert, so steht zu erwarten, daß noch viele Antiquitäten zu Tage kommen werden.«
Merkwürdigerweise begab sich der Landeskonservator erst Anfang 1877 selbst an die Fundstelle obwohl schon vorher noch weitere bedeutsame Entdeckungen, darunter vier goldene Halsreifen, zwei goldene Armbänder, etwa ein Dutzend große Bronzegefäße, weiter Pferdegeschirr, Waffen und Reste eines vierrädrigen Wagens gemacht worden waren. Der glückliche Finder prägte damals für die von ihm entdeckten Gräber, offenbar in bewußter Anlehnung an die nur ein Jahr zuvor von Heinrich Schliemann im Plattenring auf der Burg von Mykenä gefundenen goldreichen Gräber, den Begriff »Fürstengräber«, eine Bezeichnung, die seitdem ihre Gültigkeit behalten hat. Die Funde gelangten in die Königlichen Sammlungen Vaterländischer Kunst- und Alterthumsdenkmale nach Stuttgart, wo sie anfangs für römisch oder auch markomannisch, also germanisch, ausgegeben wurden, bis Ludwig Lindenschmit (der Ältere) vom Römisch-Germanischen Zentralmuseum in Mainz erkannte, daß sie mehr als ein halbes Jahrtausend älter seien und der erst kurz zuvor umschriebenen sog. Hallstattzeit angehörten.
Eduard Paulus hat damals zwar die Aufmerksamkeit zum erstenmal auf die Riesengrabhügel und auf die von ihm als zugehörig bezeichnete, unmittelbar benachbarte Heuneburg gelenkt, doch hat er merkwürdigerweise keine Veröffentlichung der als sensationell empfundenen Funde vorgenommen. Doch enthält immerhin die 2. Auflage des »Königreich Württemberg« von 1882 einen ausführlichen Bericht aus seiner Feder über die so unvermutet ans Licht getretene archäologische Provinz an der oberen Donau. Aber dann wird es erneut still um die Heuneburg und die

7 Prof. Dr. Peter Goessler, Direktor des Württembergischen Landesmuseums Stuttgart und Landeskonservator der Württembergischen Bodendenkmalpflege (1872–1956)

sie umgebenden Grabhügel. In der 3. Auflage von 1907, also 25 Jahre später, finden sich nur noch knappe Hinweise, noch einmal sinken Heuneburg und »Fürstenhügel« in unbegreifliche Vergessenheit zurück! 1905 übernimmt dann Professor Dr. Peter Goessler, die Königliche, nach 1918 Staatliche Altertümersammlung in Stuttgart und zugleich die neu gegründete Württembergische Bodendenkmalpflege (Abb. 7). Mit dem Aufbau einer intensiven archäologischen Landesforschung stößt Goessler auch auf die im Dornröschenschlaf schlummernde Heuneburg und übersieht sofort die sich hier anbietenden historischen Fragestellungen. 1921 beauftragt er seinen Mitarbeiter und späteren Nachfolger, Dr. Walter Veeck, mit ersten Sondiergrabungen auf der Burg mit dem Ziel, die sich geradezu aufdrängenden Zusammenhänge zwischen Heuneburg und »Fürstengrabhügeln« archäologisch nachzuweisen. Dies gelingt in vollem Maße. In der Neuauflage des Oberamts Riedlingen von 1923, fast genau hundert Jahre nach der ersten Beschreibung der archäologischen Denkmäler im Raum von Hundersingen durch Memminger, unterzieht Goessler diese einer glänzenden, zum erstenmal kritisch-wissenschaftli-

chen Analyse und macht damit den Weg frei für gezielte archäologische Untersuchungen auf und im Umkreis der Heuneburg.
Obwohl die Öffentlichkeit aufhorcht, lassen diese zunächst auch weiterhin auf sich warten. Erst 1936 beginnt Professor Dr. Gustav Riek vom Urgeschichtlichen Forschungsinstitut der Universität Tübingen mit dem ehrgeizigen Vorhaben, den scheinbar unberührten, über 13 m hohen »Hohmichele«, den größten Grabhügel der Heuneburgregion und einen der größten mitteleuropäischen Grabhügel überhaupt, vollständig auszugraben und ihn als bedeutendes archäologisches Monument auch wieder aufzuschütten, ein denkmalpflegerisches Novum für die damalige Zeit (s. u. S. 191 f.). Es ist ein Forschungsunternehmen von bisher unbekannten Ausmaßen. In zwölf Monaten werden 11 500 cbm Erdmassen umgesetzt, doch verhindert der Ausbruch des Zweiten Weltkrieges die vollständige Untersuchung, vor allem aber die Wiederaufschüttung des Riesenhügels. Erst 1955 konnte dieser mit Hilfe der Tübinger Forstdirektion in würdiger Form wiederhergerichtet werden.
1950 beginnt dann endlich auch die wissenschaftliche Erschließung der Heuneburg. Professor Dr. Kurt Bittel, langjähriger Leiter der Ausgrabungen in der alten Hethiter-Hauptstadt Hattuscha-Bogazköi in Anatolien und zwischen 1946 und 1955 Direktor der nach dem Kriege in »Institut für Vor- und Frühgeschichte« umbenannten alten Tübinger Forschungsstelle, beginnt zusammen mit Tübinger Fachstudenten und unterstützt von der Tübinger Bodendenkmalpflege, mit ersten Sondiergrabungen, die auf Anhieb so viele neuartige, für die süddeutsche Archäologie überraschende Ergebnisse erbringen, daß die Heuneburg sofort ins Blickfeld von interessierter Öffentlichkeit und Fachforschung gerät. Schon 1951 liegt ein, zusammen mit Dr. Adolf Rieth verfaßter, ausführlicher Grabungsbericht vor, dessen Untertitel: Ein frühkeltischer Fürstensitz, das Gewicht der angetroffenen Probleme ahnen läßt. Als Bittel 1951 wieder in die Türkei zurückkehrt, formiert sich eine neue Arbeitsgruppe, die entschlossen ist, das begonnene Werk fortzuführen. Ihr erklärtes Ziel ist es, die Heuneburg so vollständig wie möglich zu untersuchen in der Gewißheit, daß nur dann weitreichende, vor allem auch wirklich historische Aussagen zu erwarten seien. 1955 kommt Bundespräsident Heuss auf die Heuneburg (Abb. 8) und unterstreicht mit seinem Besuch nachdrücklich auch das staatliche Interesse an den rasch im In- und Ausland bekanntgewordenen Ausgrabungen.

8 Bundespräsident Prof. Dr. Theodor Heuss kam 1955 auf die Heuneburg. Neben ihm Ernst Jünger, ganz links Adolf Rieth

Wie schon im Einführungskapitel dargelegt, ist dann auf der Heuneburg bis 1979 gegraben worden. Von 1950 bis 1959 standen die Befestigungsanlagen im Mittelpunkt des Interesses, nach einer dreijährigen Pause wurde von 1963 ab planmäßig der Innenraum der Burg erschlossen. Zwischen 1954 und 1962 wurde das Grabungskonzept mit der Untersuchung des anscheinend noch unberührten Hügels 4 der Gießübel-Talhau-Nekropole unter Leitung von Dr. Siegwalt Schiek erweitert. Die Überraschung war groß, als sich unter dem Hügel die wohlerhaltenen Reste einer bedeutenden, zur Heuneburg gehörigen Außensiedlung fanden, die auch bei der Nachuntersuchung der Hügel 1 und 2 angetroffen wurde und die heute als wesentlicher Bestandteil der Burgplanung erkannt worden ist. 1979 wurden die Ausgrabungen vorläufig abgeschlossen, um zunächst einmal den mühsamen Veröffentlichungsarbeiten Vorrang einzuräumen, die seitdem im Tübinger Institut mit Nachdruck betrieben werden.

Ausgrabungen und Ausgräber

Jede Ausgrabung, gleich ob groß oder klein, bedeutet die Zerstörung einer geschichtlichen Quelle. Spuren menschlichen Wirkens, oft Jahrtausende lang sicher in der Erde geborgen, werden plötzlich durch äußere Einwirkung ans Tageslicht gebracht und vernichtet. Dieser Vorgang ist heute überall zu beobachten, bei Baumaßnahmen in einer Stadt sowohl wie bei landwirtschaftlichen Arbeiten aller Art und nicht zuletzt beim Autobahnbau. Hier rechtzeitig einzuschreiten ist Aufgabe der Bodendenkmalpflege, von deren Geschick es abhängt, daß die sinnlose Zerstörung in eine wissenschaftlich geplante umgelenkt werden kann. Gelingt dies, dann ist es zumeist möglich, dem Boden eine Fülle aufschlußreicher Erkenntnisse abzugewinnen; gelingt dies nicht, dann ist die Quelle für immer versiegt. Solcher Einsicht sollte sich auch der Liebhaber-Archäologe nicht verschließen, der üblicherweise nur am Erwerb irgendwelcher Funde interessiert ist und der meistens vergißt, daß die Erdschichten, in welche die Funde eingebettet sind, bei sachkundiger Beobachtung Werte von weit größerer Bedeutung freigeben als es etwa Topfscherben, Tierknochen oder auch zersetztes Metallgerät zu tun vermöchten. Tatsächlich ist der Befund zur Wiedergewinnung eines geschichtlichen Vorgangs fast immer wichtiger als der Fund selbst! Auf den Schultern jedes Ausgräbers, gleich welchen Berufsstandes, lastet also eine hohe Verantwortung, die der Staat durch Verabschiedung besonderer Ausgrabungsgesetze auch äußerlich unterstrichen hat. Diese untersagen unkontrolliertes und vor allem gewinnsüchtiges Ausgraben und stellen es unter Strafe.

Ausgraben ist im Grunde ein Handwerk wie jedes andere auch, das eine langjährige Ausbildung zur Voraussetzung hat und das ohne gründliche Erfahrung nicht auskommt. Der moderne Archäologe ist deshalb alles andere als ein weltfremder Gelehrter, der einzig seinen Büchern lebt. Er ist vielmehr ein Praktiker, um nicht zu sagen ein Manager, der mit

Landräten, Ortsbürgermeistern, Baustellenleitern und Grundstückseigentümern verhandeln und der nicht zuletzt in der Kunst der Geldbeschaffung beschlagen sein muß, denn die archäologische Denkmalpflege wird allein durch die steigenden Lohnkosten von Jahr zu Jahr teurer und der Staat ist, vor allem in Krisenzeiten, nur allzu geneigt, seinen Rotstift zunächst bei kulturellen Einrichtungen anzusetzen. Über all dem sollte nicht vergessen werden, daß der ausgebildete Archäologe vorab Wissenschaftler ist und daß es zu seinen vornehmsten Aufgaben gehört, die Ergebnisse der von ihm durchgeführten Ausgrabungen möglichst bald zu Papier zu bringen. Nicht nur erfährt die Forschung dann frühzeitig von neuen Erkenntnissen, vor allem ist die historische Quelle, von der eingangs gesprochen wurde, erst dann wirklich gesichert, wenn sie in ihrer Dokumentation gedruckt vorliegt. Eine Ausgrabung ist also nur ein von der Öffentlichkeit zu beobachtender, mitunter sogar sensationelle Züge tragender Teilvorgang im Gelände, während die ungleich größere und vielfach entsagungsvollere Arbeit der wissenschaftlichen Auswertung in der Stille eines Instituts, eines Labors oder gar in der häuslichen Studierstube vor sich geht. Die mühselige Konservierung und Zeichnung der Funde (Abb. 9), die drucktechnische Vorbereitung des Planmaterials und der bildlichen Dokumentation, schließlich der eine Fachbibliothek voraussetzende Veröffentlichungstext bedingen kostspielige Einrichtungen, von denen der Besucher einer Ausgrabung kaum etwas ahnt. So schön und inhaltsreich der Beruf eines Archäologen ist, so hart ist auch seine Arbeit, die keinen Achtstundentag kennt!
Was nach dieser Einführung die Heuneburggrabung im besonderen anbelangt, so handelte es sich bei ihr nicht um eine der täglichen Rettungsgrabungen, sondern um eine gezielte Plangrabung mit der erklärten Absicht, an einer als aussichtsreich erkannten Stelle im Gelände bisherige Forschungslücken zu schließen und zugleich neue Erkenntnisse zu gewinnen. Daß eine solche Plangrabung nur dann die gewünschten Erfolge erbringen konnte, wenn die ausgewählte Stelle so vollständig als möglich untersucht wurde, versteht sich von selbst. Voraussetzung für jede derartige Plangrabung ist eine gründliche Vermessung des Geländes. Für die Heuneburg erwies es sich als zweckmäßig mit Hilfe einbetonierter Rohre unverrückbare Festpunkte an den Rändern des Burghügels zu setzen, mit deren Hilfe jedes Jahr zu Beginn der Grabung ein gleichbleibendes Vermessungsnetz von 5 × 10 m Flächen festgelegt werden

9 Die Restauratorin Christa Mersmann vom Institut für Vor- und Frühgeschichte beim Wiederaufbau eines großen Vorratsgefäßes

konnte, in das die gewonnenen Ergebnisse eingetragen wurden. Die einzelnen Flächen wurden nach Bedarf ausgepflockt und dann sorgfältig ausgegraben (Abb. 10).

Zunächst galt es, Einsicht in den Aufbau des Burghügels zu gewinnen (Abb. 11). Daß dieser nicht immer so ausgesehen haben konnte, wie er sich heute dem Wanderer darbietet, wurde rasch klar, als versucht wurde

10 Eine freigelegte Grabungsfläche im Innern der Heuneburg mit Bebauungsspuren aus verschiedenen Zeitperioden

mit Hilfe von Tiefschnitten Einblick in seine Schichtenfolge zu gewinnen. Dabei zeigte sich, daß der zur Donau vorspringende natürliche Geländesporn mit seinen nahezu 60 m Höhe über dem linksseitigen Rand des Donautals ursprünglich viel flacher und vor allem gerundeter war und eher sanft zu den beiden Wiesentälchen im Norden und Süden des heutigen Burghügels abfiel. Der vom Donautal her so scharf konturierte Burghügel mit seinen nach Norden, Osten und Süden steil abfallenden Flanken war also vom Menschen und nicht von der Natur geformt.

Tatsächlich ist das äußere Profil des Burghügels, so wie es sich heute dem kritischen Betrachter präsentiert, nur die bauliche Schlußphase einer vielhundertjährigen Entwicklung, die erst im 11./12. nachchristlichen Jahrhundert mit der Einbeziehung der Heuneburg in die Ackerwirtschaft ihren Abschluß gefunden hat.
Wie die Tiefschnitte gezeigt haben, liegt auf der Heuneburg Siedlungsschicht über Siedlungsschicht mit den deutlich erkennbaren Spuren von baulich ganz verschieden geplanten Anlagen und einem Kranz von einem runden Dutzend immer wieder erneuerter Burgmauern. Mindestens dreimal fielen diese mit Mauer und Graben befestigten Ansiedlungen von außen kommender Zerstörung zum Opfer, aber auch in ruhigen Zeiten

11 Der Burghügel aus etwa 1500 m Höhe. Im Vordergrund die Donau. Man erkennt gut das mittelalterliche Grabensystem, den Rest des Vorwalls und die große Ostterrasse (Aufnahme Dr. Franz Schubert)

haben die Burgbewohner das Aussehen der Siedlung vielfach verändert infolge neuer Bedürfnisse, natürlicher Baufälligkeit oder auch lokaler Brände. Was blieb, war die ungebrochene Kontinuität der Besiedlung auf dem die Donauebene beherrschenden Burghügel, auch wenn diese oftmals für lange Zeit unterbrochen war. Im Kreislauf dieser Geschehnisse wurden die Ruinen älterer Anlagen abgeräumt und eingeebnet, ihre Reste versanken langsam in der Tiefe. Neue Bodenmaterialien wurden als Fundament für neue Wohnanlagen aufgetragen. Im Zuge dieser Entwicklung wuchs der Burghügel langsam in die Höhe, bis zu seiner heutigen imponierenden Höhe (Abb. 30).

Die moderne Archäologie kennt sehr gut diese baulichen Vorgänge, die überall dort zu beobachten sind, wo die Gunst, freilich auch der Zwang der vorgegebenen geographischen Lage die Menschen zum Zusammenrücken an immer der gleichen Stelle veranlaßte. Wer einmal in den großen Ebenen des Ostens gereist ist, etwa im Stromgebiet von Euphrat und Tigris, der kennt die wie kleine Berge unvermittelt aus der Ebene aufragenden Kuppen, die alle durch das allmählich »Sich-Hochwohnen« der Siedler entstanden sind. Solche Siedlungshügel nennt man im Osten einen »Tell«, im Raum der Türkei einen »Hüyük«, in der Thessalischen Ebene Nordgriechenlands eine »Magula« und in der ungarischen Pußta zwischen Donau und Theiß einen »Halom«. Überall ist die Entstehung dieser Hügel die gleiche. Auch die an den Nordseeküsten Deutschlands und Hollands vor den jährlichen Überschwemmungen bewußt in die Höhe getriebenen »Warften« oder »Terpen« sind späte Zeugen der gleichen Wohnweise. Wie die Ausgrabungen gezeigt haben, ist auch die am Rand der Donauebene gelegene Heuneburg von ihrer Entstehung her ein solcher Tell, auch wenn bei ihr ein natürlich gewachsener erhöhter Untergrund schon vorhanden war.

Nach Klärung des Schichtaufbaus der Heuneburg war der Gang der Ausgrabungen in ihren Grundzügen vorgezeichnet. Würde man den Burghügel etwa mit einer Zwiebel vergleichen, dann brauchte man nur Schale um Schale vorsichtig abzutragen, um ein zuverlässiges Bild von den ehemaligen Besiedlungsvorgängen zu gewinnen. Aber so einfach lagen die Dinge leider nicht. Wenn man sich vor Augen hält, daß jeder Neubau eine gründliche Fundamentierung erfordert, daß bei Blockhäusern die untersten Balken in Fundamentgräben verlegt, bei Pfostenhäusern die senkrechten Tragpfosten in tief ausgehobenen Pfostengruben

12 Bei der Profilvermessung. Von vorn: Dr. Amei Lang/München, Dr. Björn-Uwe Abels/Bamberg und Dr. Daniela Fort/Zürich als ehemalige Tübinger Archäologie-Studenten

verankert werden müssen und daß man bei Kellern Ausschachtungen vorzunehmen hatte, die durch die Planierungsschichten hindurch gleichfalls tief in die älteren Kulturschichten hineingriffen, dann erstaunt es nicht, daß die einzelnen »Zwiebelschalen« keineswegs ungestört aufeinanderlagen, sondern daß sie durch von oben kommende Eingriffe aller Art in nur schwer deutbarer Weise miteinander verklammert schienen. Um solche Wirrnis, entstanden durch immer neue Besiedlungsvorgänge, sinnvoll aufzulösen, bedient sich der Archäologe der horizontalen und vertikalen Stratigraphie, anders ausgedrückt der Methode der Schichtentrennung. Wird eine Zwiebelschale, um im Bild zu bleiben, in der vorgesehenen Grabungsfläche abgenommen, dann wird zunächst die neu gefundene, keineswegs immer gleichmäßig horizontale Oberfläche sauber abgeschabt, vermessen und gezeichnet (Abb. 10, 12). Da alle künstlichen Eingriffe, gemäß dem alten archäologischen Lehrsatz: Nichts ist beständiger als ein Loch, im Boden erhalten bleiben, bietet sich das so gewonnene *Planum* (Abb. 10) zumeist als eine helle, mit verschiedenfarbigen Flecken und Streifen übersäte Fläche dar, deren sinnvolle Deutung erst einmal offenbleibt. Erst durch die gleichzeitige Beobachtung der stehengebliebenen vertikalen Längs- und Querstege, also der *Profile* (Abb. 12, 13), glückt es in der Regel, Sinn und Funktion der einzelnen Verfärbungen richtig zu erkennen. Da erweisen sich etwa rundliche Flecken als tief in den Boden eingreifende Pfostengruben, in denen häufig

13 Schnitt durch den 5 m hohen westlichen Abschnittswall: Ganz unten die ›Alte Oberfläche‹. Darüber (hell) die Aufschüttungen des Bronzezeitdammes. Oben (dunkel) die steinreichen Fundamente der Hallstattbefestigungen

14 Gelb eingefüllte Pfostengrube in schwarzer Brandfläche. In der Mitte der Grube der sorgfältig zugebeilte Rechtkantpfosten

noch die Form des Pfostens selbst auszumachen ist (Abb. 14). So ließen sich z. B. auf der Heuneburg deutlich Rechtkantpfosten von Rundpfosten unterscheiden, aus deren verfolgbarer Reihung sich dann zwanglos etwa der Grundriß eines Hauses oder einer Mauerführung ergab, sofern letztere unter Zuhilfenahme von Holz erbaut war. Hier kommt es uns nur darauf an, darzutun, daß ein erfahrener Archäologe in den offen liegenden Erdschichten wie in einem Buche lesen kann. Voraussetzung dafür ist allerdings, zumal bei einer so komplizierten Siedlungsgrabung wie der Heuneburg, größte Exaktheit bei der Anlage der senkrechten Profile und nicht minder große Sauberkeit bei der Freilegung der waagerechten Plana. Wenn wir uns der eingangs gemachten Bemerkung erinnern, daß jede Ausgrabung eine Zerstörung darstellt, dann wird einleuchten, daß bei der Entfernung jeder neuen »Zwiebelschale« größte Sorgfalt geboten ist. Wird hier nachlässig gearbeitet und das langsam entstehende neue Grabungsbild verunklärt, dann kann es zu verhängnisvollen Fehlinterpretationen kommen, die sich nur mühsam korrigieren lassen (Abb. 15). Dieses bewährte Grabungsprinzip läßt sich im Grundsatz überall zur

15 Als unentbehrliches Hilfsmittel erwies sich der von Egon Gersbach und Johannes Thiele entwickelte ›Kartomat‹. Es ist dies ein bis zu 4 m langer ›Riesenstorchschnabel‹, mit dessen Hilfe vertikale und horizontale Befundschichten aufgenommen und in verschiedenen Maßstäben exakt wiedergegeben werden können

Anwendung bringen. Als besonders einprägsam erwies es sich bei der Freilegung von übereinanderliegenden Mauerzügen. So stehen etwa in unserer Abb. 16 unten und links oben über dem freigelegten Fundamentsockel der großen Lehmziegelmauer (s. u. S. 72ff.) mächtige Pfostengruben mit z. T. deutlich erkennbaren Standpfosten einer jüngeren Mauerführung. Die gleiche Abbildung rechts oben zeigt von einer anderen Stelle wie diese Pfostengruben, in Unkenntnis der darunterliegenden Lehmziegelmauer willkürlich in deren Fundamentsockel hineingebrochen worden sind. Daß die Zerstörung dieses Steinsockels wirklich durch jüngere Pfostengruben hervorgerufen wurde, verdeutlicht der senkrechte Pfosten im rückwärtigen Profil, der genau in der Reihe eben dieser Pfostengruben steht.
Wirkliches Leben erhalten diese Schichtbeobachtungen durch die in ihnen eingelagerten Funde. Mehrere Tonnen geborgener Tonscherben und Tierknochen geben eine plastische Vorstellung vom Umfang des allmählich abgelagerten Kulturschutts. Da die Heuneburg mit Sicherheit

16 Der Sockel der großen Lehmziegelmauer (Periode IV b–a) mit den darüberstehenden Pfostengruben der jüngeren Holz-Stein-Mauer von Periode I b. Im Bild rechts oben haben die Pfostengruben von Periode I b den Sockel der älteren Lehmziegelmauer zerstört

mehrmals geplündert worden ist, verwundert es nicht, wenn Objekte von besonderem Wert in den Hintergrund treten, was nicht bedeutet, daß sie nicht vorhanden waren. Im übrigen versteht es der kundige Archäologe, auch aus oftmals kleinen Fragmenten durch Fundvergleich überregionale Kulturverbindungen zu ziehen. Die Funde geben, auch in bruchstückhaftem Zustand, einen zuverlässigen Gradmesser für die Zeitbestimmung ab. Längst ist die Archäologie imstande, Keramik, sofern sie sich durch äußeres Aussehen oder durch eine auffallende Verzierung zu erkennen gibt, einer bestimmten Zeitepoche wie etwa der Bronzezeit oder der Eisenzeit zuzuweisen. Sind diese Funde dann noch in ungestörten Schichten eingelagert, dann fällt es nicht schwer, auch Begleitfunde aller Art bis zu den Knochenresten tierischer Mahlzeit dem gleichen Zeitabschnitt zuzuordnen. Dieses Verfahren führt, auf die Schichtenfolge, die sog. Stratigraphie angewandt, zu einer »relativen« Chronologie. Anders ausgedrückt: es wird deutlich, in welchen Zeitepochen der Fundplatz, in unserem speziellen Fall die Heuneburg, besiedelt worden ist. Tauchen nun durch die Gunst der Umstände auch einmal Funde aus, in ihrem historischen Ablauf genau bekannten fremden Ländern auf – auf der Heuneburg z. B. durch Einlagerung griechischer Keramik (Abb. 82–85) – dann wird es möglich, aus der »relativen« sogar eine »absolute« Chronologie zu gewinnen. Wiederum auf die Heuneburg bezogen bedeutet dies, daß bestimmte, auf ihr abgelagerte eisenzeitliche Schichten der sog. Hallstattzeit in den Zeitraum etwa zwischen 550 und 480 v. Chr. festgelegt werden können. Derartige absolute Daten sind natürlich für einen vorgeschichtlichen, also noch ohne schriftliche Quellen existierenden Raum wie das damalige Süddeutschland von größter Bedeutung. Unnötig zu betonen, daß solche Aussagen nur von Spezialisten, in diesem Fall von »Klassischen« Archäologen gemacht werden können, wie überhaupt eine moderne Ausgrabung nur im Zusammenwirken mit den verschiedensten Wissenschaftsdisziplinen erfolgreich durchzuführen ist. Hier sind vor allem die Naturwissenschaften zu nennen, ohne deren Mithilfe entscheidende Aussagen über Umwelt und Wirtschaft der damaligen Zeit nicht zu gewinnen sind.

Die Landschaft um die Heuneburg

Ein Siedlungsschwerpunkt wie die Heuneburg wird nicht zuletzt durch die sie umgebende Umwelt geprägt. Es erscheint daher gerechtfertigt, zunächst einen Blick auf die von der Natur so sichtbar bevorzugte und vielgestaltige Landschaft zu werfen, aber auch auf die Veränderungen abzuheben, welche diese Landschaft im Laufe der Zeit durchgemacht hat. Wenn wir uns an einem klaren Sommertag zum annähernd 600 m hohen südöstlichen Eckpunkt der Heuneburg begeben und den Blick in die Runde schweifen lassen, dann bietet sich uns ein Bild von eindrucksvoller Großartigkeit (Abb. 17). Nach Osten zu – zu unseren Füßen – breitet sich, runde 60 m tiefer, die hier fast 4 km breite Donauebene, heute eine

17 Blick von der Südostecke der Heuneburg auf die Donau-Ebene mit dem Bussen. Am Horizont die Waldberge der Schwäbischen Alb

lachende Ackerflur von fruchtbarer Schwere. Feld reiht sich an Feld, und dieser Rhythmus wird nur gelegentlich von kleinen Wäldchen mit eingelagerten Sumpfstellen und Riedflächen unterbrochen, letzte Reste eines einstigen Sumpfwaldes, der einstmals große Flächen der Talweite überzog. Wenn das Korn reift, aber auch wenn es abgeerntet ist, sieht der scharfe Beobachter von der Höhe aus helle Streifen schlangenartig durch die regelmäßigen Ackerfluren ziehen. Es sind dies die seit der Donauregulierung im letzten Jahrhundert bei der Begradigung des Flusses zugeschütteten einstigen Flußschlingen, die breitflächig die Talweite durchzogen und sie zu großen Teilen unpassierbar machten. Noch heute gibt es im Raum Ertingen, aber auch im Abschnitt Blochingen–Hundersingen zahlreiche kleine Flußläufe und Kanäle, die an die ehemaligen Auewälder erinnern (Innendeckel vorn).
Nur an der Ostseite der Donauebene, wo sich der Talboden den hier beginnenden Moränenhügeln Oberschwabens langsam entgegenhebt, war die Ebene in ihrer Längsrichtung passierbar. Hier war der Boden trocken und gab damit einem uralten Straßenzug Raum, der sich etwa entlang der heutigen Bahnlinie hinzog. Kaum ein Zweifel, daß die einstige Bedeutung der wehrhaften Siedlung der Heuneburg auf der Kontrolle dieses Straßenzuges beruhte. Wie alt dieser Straßenzug ist, wissen wir nicht, doch darf man damit rechnen, daß er sich in den Tiefen der Vorzeit verliert. Die verkehrstechnische Bedeutung dieser Donautalstraße war es auch, der die nach Norden drängenden Römer hier um 40 n. Chr. zu einem länger dauernden Halt einlud. Wie Perlen auf der Schnur liegen auf den östlichen Randhöhen des Donautales zwischen Ulm und Sigmaringen die Kastelle des sog. Donaulimes, der erst eine Generation später auf die Höhen der Schwäbischen Alb vorgeschoben wurde. Für den historisch interessierten Besucher der Heuneburg, der zur östlichen Donautalseite hinüberblickt, ist es eine faszinierende Vorstellung, daß hier einmal die Nordgrenze eines Weltreiches lag, das von Kleinasien bis nach Spanien und von Nordafrika bis zu den Moränenhügeln Oberschwabens reichte. Die römischen Soldaten, die damals auf den östlichen Donaurandhöhen patroullierten, mögen zuweilen neugierig zu dem eingewachsenen Ruinenhügel der Heuneburg hinübergeblickt haben, über dessen Lage und Bedeutung sie sich zweifellos nicht im unklaren waren. Mag sein, daß sich unter den geringen römischen Spuren, die es von der Heuneburg gibt und die überwiegend dem 1.

nachchristlichen Jahrhundert angehören, auch solche befinden, die von gelegentlichen römischen Erkundungsvorstößen auf die westliche Donauseite, u. a. auch zur Heuneburg, herrühren. Als die Römer dann über die Donau hinweg weiter nach Norden vordrangen, zunächst bis zu den Höhen der Schwäbischen Alb, geriet die Heuneburg ins Hinterland und verlor jede strategische Bedeutung. Anders der alte Straßenzug an der östlichen Donauseite, der von den Römern planmäßig als Nachschubstraße ausgebaut wurde.

Überragt wird das Donautal im Nordosten vom rund 800 m hohen Bussen, der – einem Wächter gleich – das Flußtal sowohl wie das östlich angrenzende Oberschwaben beherrscht (Abb. 17). Kein Wunder, daß sich auch auf dem Bussen eine vorzeitliche Befestigungsanlage befindet, die nach Scherbenfunden der gleichen Zeitepoche wie die Heuneburg angehören muß. Das gegenseitige Verhältnis dieser beiden, in Sichtverbindung stehenden Anlagen ist bis heute ungeklärt, doch macht schon ein äußerer Vergleich deutlich, daß mit ihrer Errichtung gänzlich verschiedene Zwecke angestrebt wurden. Vom Bussen blickt man weit hinein ins

18 Blick von der Nordostecke der Heuneburg nach Norden auf die Donau mit Binzwangen. Am Horizont die Waldberge der Schwäbischen Alb

oberschwäbische Land mit seinen Moränenhügeln, mit seinen verträumten kleinen Seen und geheimnisvollen Mooren, die heute immer mehr der Trockenlegung zum Opfer fallen. Im Zentrum dieser Landschaft liegt der Federsee bei Bad Buchau, in dessen Umkreis jene berühmten Moordörfer der Stein- und Bronzezeit zum Vorschein gekommen sind, die erstmals in den zwanziger Jahren Aufsehen erregten und die auch in unseren Tagen wieder im Mittelpunkt des Interesses stehen. Doch darf man sich durch die kaum 20 km auseinanderliegenden Siedlungsschwerpunkte nicht zu voreiligen Schlüssen verleiten lassen. Was heute durch eine tätige Forschung so unmittelbar in unser Gesichtsfeld gerückt ist, gehört in Wahrheit geschichtlichen Epochen an, die durch Jahrhunderte, ja Jahrtausende voneinander getrennt sind, Epochen, die mit Sicherheit auch der damaligen Landschaft gänzlich verschiedenartige Charakterzüge verliehen haben müssen.

Wenden wir jetzt unsere Blicke nach Norden, hinweg über das in eine Mulde des westlichen Steilufers geschmiegte Binzwangen mit seiner Donaubrücke, bis hinauf zum betont in die Talweite gebetteten Straßenstern von Riedlingen, dann begrenzen hier auf breiter Front die waldigen Höhen der Schwäbischen Alb den nördlichen Horizont (Abb. 18). Wie stark hier überall noch der Wald das Blickfeld beherrscht, verdeutlicht gut die Luftaufnahme Abb. 19, die am nördlichen Bildrand wiederum die Laub- und Mischwaldbereiche der Alb mit dem Tautschbuch zeigen, während sich im dunklen Mittelfeld die ausgedehnten, großenteils erst im 18./19. Jahrhundert angelegten Kloster- später Staatsforsten ausbreiten, die nur gelegentlich durch Siedlungsinseln um das Kloster Heiligkreuzthal oder durch die nach Westen ziehende Langenenslinger Talweite aufgelockert werden.

In diesen ausgedehnten Waldungen im nördlichen Hinterland unserer Heuneburg verbergen sich zahlreiche vorgeschichtliche Denkmäler, die in der Mehrzahl der älteren und jüngeren Eisenzeit (Hallstatt-Latènezeit) angehören und die überdeutlich machen, daß das Land im Donauabschnitt Zwiefalten–Herbertingen im 7. bis 5. vorchristlichen Jahrhundert eine herausragende Rolle gespielt haben muß. Daß all diese Denkmäler natürlich einstmals in einem relativ offenen und nicht, wie heute, in einem großenteils verwaldeten Gelände gelegen haben müssen, liegt auf der Hand, und macht eindringlich klar, wie sehr die Hand des Menschen das Landschaftsbild während der vergangenen 2500 Jahre verändert hat.

19 Blick auf die Heuneburg mit der Ostterrasse und der Donau. Darüber an der Waldecke die vier Fürstenhügel der Gießübel-Talhau-Gruppe. Sichtbar ist der wieder aufgeschüttete Hügel 4. Im Hintergrund die großen Staatsforsten gegen Heiligkreuztal. Am Horizont die Waldberge der Schwäbischen Alb

Ob man weiter diese Denkmäler zu einem, auf unsere Heuneburg bezogenen Einfluß – oder gar Herrschaftsbereich zählen darf, ist zwar eine verlockende Frage, die sich indes kaum verläßlich beantworten läßt, da die meisten dieser Denkmäler gar nicht oder allenfalls unzureichend untersucht sind. Doch spricht gleichwohl manches dafür, daß die Burgherren der Heuneburg über ein nicht unbeträchtliches Einzugsgebiet verfügt haben müssen. Zwar wird sich ihre Macht vorab auf die Kontrolle der Donautalstraße gegründet haben, doch benötigten sie natürlich auch ein entsprechendes Hinterland, das sich sehr wohl in dem eben beschriebenen Raum befunden haben mag. Sollten solche Überlegungen richtig sein, dann müßte eigentlich auch der Bussen in diesem Herrschaftssystem eine Rolle gespielt haben, da er nicht nur den Donauabschnitt zwischen Riedlingen und Marchtal beherrschte, sondern auch

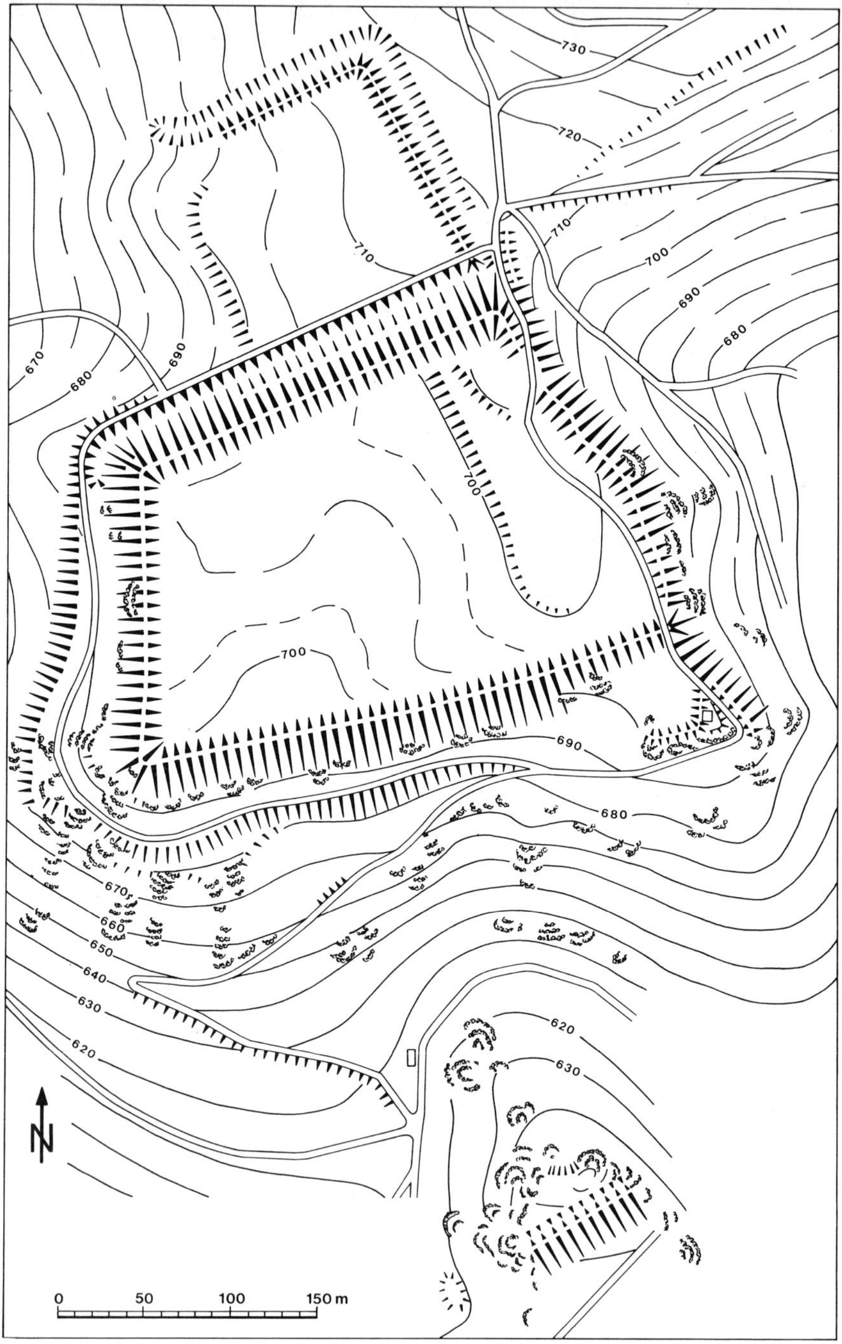

20 Zwiefalten-Upflamör, Kr. Reutlingen. Plan der ›Großen Heuneburg‹ (nach Kelten in Baden-Württemberg)

Oberschwaben mit dem Federseegebiet kontrollierte. Doch sind dies alles natürlich Spekulationen, die man nur anstellen darf, wenn man sich gleichzeitig der einstweiligen Brüchigkeit der Quellen bewußt ist.
Was die Denkmäler im Norden der Heuneburg selbst anbelangt, so können sie hier nur summarisch genannt werden. Südwestlich Zwiefalten, zwischen Upflamör und Friedingen, liegt auf einem, nach drei Seiten steil abfallenden Kalkplateau die »Große Heuneburg« mit einem umlaufenden Steinwall und einem mächtigen Grabensystem im Norden zur Abriegelung des Plateaus gegen die Albhochfläche (Abb. 20). Angebaut sind eine Vorburg im Norden und eine Flankenburg im Südosten. Wie flüchtige Grabungen gezeigt haben, ist eine ältereisenzeitliche (späthallstättische) Besiedlung des Plateaus erwiesen, doch steht eine vielfältige Erweiterung der Gesamtanlage, vermutlich bis ins frühe Mittelalter hinein, außer Frage.
Eine nicht minder eindrucksvolle Befestigungsanlage ist die, zwischen Friedingen und Langenenslingen auf einem langgestreckten Sporn des nach Südwesten abdachenden Albrandes gelegene »Alte Burg«, die zu den großartigsten Anlagen ihrer Art gehört (Abb. 21). Auch hier sind späthallstättische Besiedlungsspuren mit Sicherheit nachgewiesen, doch gehören die gewaltigen Ausbauten mit umlaufenden tiefen Gräben, begleitenden Außenwällen (contreescarpes) und riesigen, parallel zur Spornlage verlaufenden Terrassen mit großer Sicherheit in spätere Zeit, vermutlich wieder ins frühe Mittelalter.
Unübersehbar für den Wanderer, der die ausgedehnte Forste zwischen Heiligkreuztal und der Heuneburg durchstreift, sind weiterhin die zahlreichen großen und kleinen Grabhügelgruppen, die sich westlich des Soppenbachtälchens verteilen (Abb. 22). Sie dürften weit überwiegend der älteren Eisenzeit, also der Hallstattzeit angehören, und man möchte sie nicht ungern mit den Friedhöfen locker im Gelände verstreuter großer Einzelgehöfte in Zusammenhang bringen, die zutreffendenfalls natürlich auch mit dem Oberzentrum der Heuneburg in Verbindung gestanden haben dürften. Vermutlich haben dabei in den Hügeln selbst nur die Angehörigen der Bauernfamilien Aufnahme gefunden, während das zugehörige Gesinde wohl nur in einfachen, um die Hügel verteilten Flachgräbern beigesetzt wurde.
Fraglos die interessanteste und zugleich größte dieser Grabhügelgruppen ist die am Südrand des Waldgebietes gelegene Gruppe um den »Hohmi-

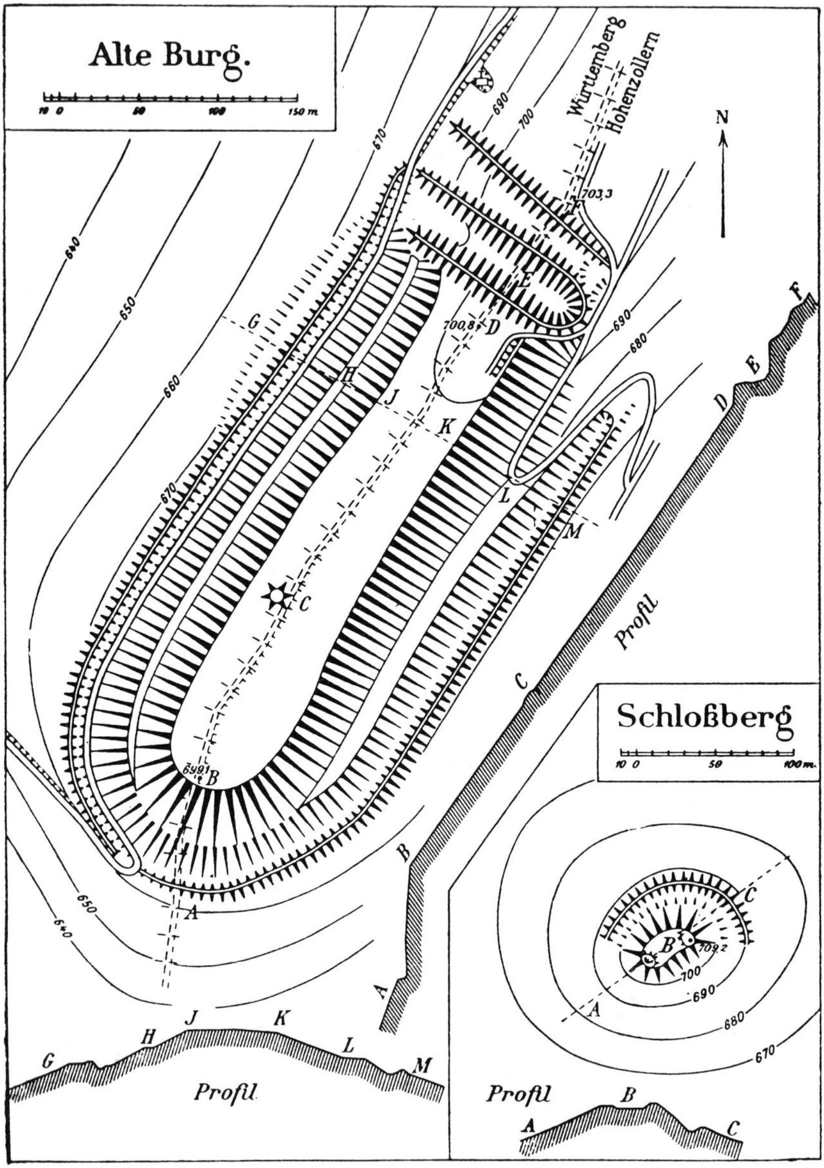

21 Langenenslingen-Friedingen, Kr. Biberach. Plan der ›Alte Burg‹ bei Friedingen (nach OA Riedlingen)

chele«. Hier liegt inmitten von mindestens 30 Hügeln mit rund 14 m Höhe und fast 80 m Durchmesser einer der größten Grabhügel Mitteleuropas, zu dem, kaum 100 m nordwestlich, noch ein zweiter, freilich stark zerstörter Riesenhügel, der »Kleine Hohmichele« gehört (Abb. 23). Über die bewegte Geschichte des »Hohmichele« wird in einem späteren Kapitel noch Genaueres zu sagen sein (S. 189 ff.). Hier sei nur so viel angemerkt, daß wir in seinem einstigen Grabherren vermutlich den Begründer der älteren Heuneburgdynastie und den Erbauer der ältesten eisenzeitlichen Heuneburg erblicken dürfen. Ist unsere oben geäußerte Ansicht vom Vorhandensein mächtiger Bauernfamilien als dem Grund-

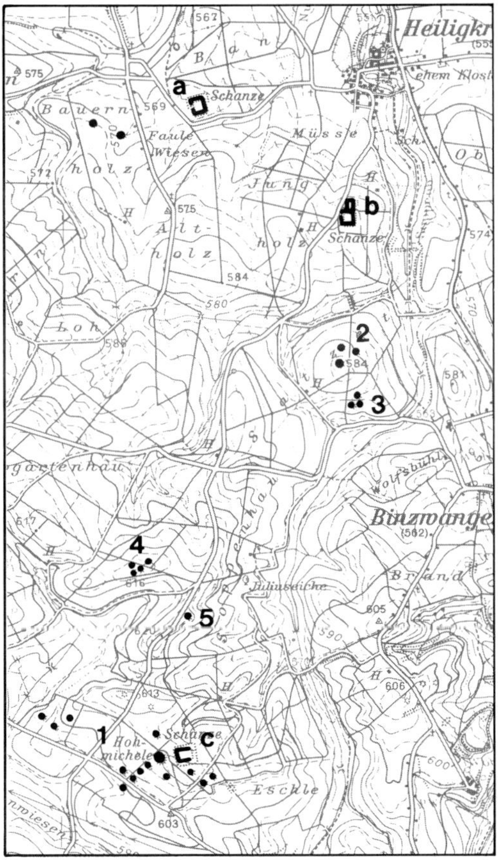

22 Altheim-Heiligkreuztal. Grabhügelgruppen und Viereckheiligtümer (›Viereckschanzen‹) (a–c) zwischen Heiligkreuztal und der Heuneburg (nach Kelten in Baden-Württemberg)

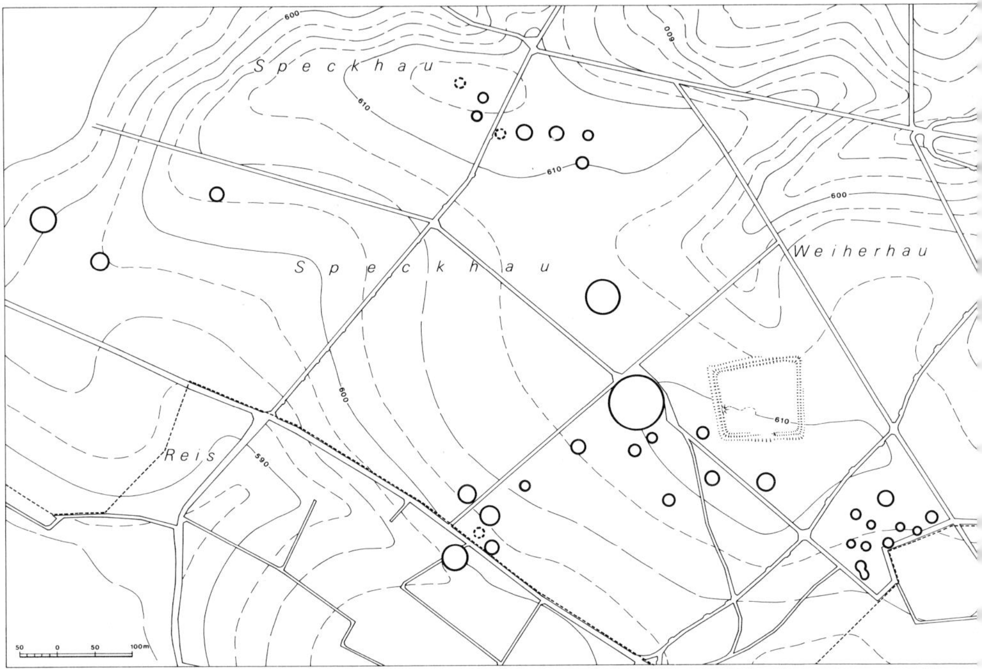

23 Altheim-Heiligkreuztal. Die Grabhügel um den ›Hohmichele‹ und das zugehörige(?) Viereckheiligtum (›Viereckschanze‹)

stock der damaligen Sozialstruktur richtig, dann müßte der Grabherr des »Hohmichele« ein zu Macht und Einfluß gelangter Vertreter eines solchen Bauernadels gewesen sein, der sich gleichwohl seiner Herkunft bewußt war und sein gewaltiges Grabmonument inmitten seiner Großfamilie errichten ließ. Dieses ausgeprägte Herkunftsbewußtsein scheint dann mit den Angehörigen der jüngeren Heuneburgdynastie verlorengegangen zu sein. Die vier mächtigen Grabhügel, unmittelbar nördlich der Heuneburg im Gießübel/Talhau und östlich des Soppenbachtales gelegen, demonstrieren – zusammen mit den gleichfalls die Isolation suchenden anderen Riesenhügeln rings um die Heuneburg – einen deutlichen Sinneswandel, ja ein verändertes Selbstverständnis der jüngeren Burgherren, die sich offenbar ganz bewußt als aus der Masse herausgetretene Nobiles, als Dynasten, fühlten.

Es ist in dieser Sicht vielleicht kein Zufall, daß sich in den Waldungen nördlich der Heuneburg noch eine weitere Denkmälergruppe verbirgt, deren betonte Bezogenheit auf Grabhügel schon immer aufgefallen ist. Es sind dies, früher Viereckschanzen genannte, mehr oder weniger quadratische Anlagen, hinter denen sich, wie man heute mit Sicherheit weiß, keltische Heiligtümer verbergen. Ein Blick auf unser Kärtchen Abb. 22 zeigt, daß die drei, in den Wäldern zwischen Heiligkreuzthal und dem Hohmichele verstreuten Schanzen, darunter eine Doppelschanze unmittelbar südlich von Heiligkreuzthal, in auffallender Weise auf die oben beschriebenen Grabhügelgruppen zu orientiert sind. Es hat geradezu den Anschein, als ob einstmals eine Gehöftgruppe, die zugehörige Nekropole und ein Heiligtum eine feste Einheit gebildet hätten, von der aus verständlichen Gründen nur die Hügel und die Wälle des Heiligtums erhalten geblieben sind. Der unmittelbare Bezug von Grabhügel und Heiligtum wird am Hohmichele am eindrücklichsten sichtbar, wo das Heiligtum kaum 100 m neben dem, es weit überragenden, Riesenhügel gelegen ist (Abb. 23, 24).

Solcher sich anbietenden Erklärung stehen freilich im Augenblick Schwierigkeiten chronologischer Art entgegen. Daß es sich bei den quadratischen Anlagen um Kultplätze unter freiem Himmel, also ohne ein tempelartiges Bauwerk im Innern, gehandelt hat, die der Grieche als

24 Altheim-Heiligkreuztal. Der ›Hohmichele‹ mit den umliegenden Grabhügeln und dem zugehörigen Viereckheiligtum (›Viereckschanze‹). Rekonstruktionsversuch (Zeichnung Susanne Höfler)

25 Spätkeltisches Viereckheiligtum (›Viereckschanze‹). Rekonstruktionsversuch (nach Kelten in Baden-Württemberg)

Temenos, der Kelte als *Nemeton* bezeichnet haben würde, steht nach neueren Ausgrabungen zwar ohne jeden Zweifel fest, doch hat es im Augenblick den Anschein, als gehörten die aufgeschütteten Erdwälle mit einem Tor zumeist im Nordwesten und einem umlaufenden Graben sowie mit seltsamen Kultschächten oder Kultbrunnen im Innern erst der späten Keltenzeit, also dem 2. und 1. vorchristlichen Jahrhundert an (Abb. 25). Auch die in diesen *›Nemeta‹* gemachten, zumeist nur spärlichen Funde, weisen in die gleiche Epoche. Doch gibt es inzwischen Hinweise darauf, daß es auch ältere, lediglich durch einen Holzzaun abgegrenzte Einfriedungen gegeben haben muß, deren Spuren natürlich in aller Regel längst verschwunden sind, die sich aber – sofern sie am gleichen Ort wie die späten Anlagen errichtet waren – unter deren Wallanschüttungen erhalten haben dürften. Wo gäbe es, so fragen wir in diesem Zusammenhang, einen Platz, an dem sich eine so bewegende Frage besser klären ließe als an dem von Wällen eingefriedeten Heiligtum neben dem Hohmichele?!
Ein völlig verändertes Landschaftsbild bietet sich uns dar, wenn wir von

unserem bisherigen südöstlichen Beobachtungspunkt zur südwestlichen, genau 600 m hoch gelegenen Ecke der Heuneburg überwechseln. Von hier aus schweift der Blick ungehindert nach Westen, von Hundersingen am Donauhochufer über das mehr zurückliegende Beuren bis hinüber zum Dollhof. Hier im Westen dehnt sich eine wellige Hochfläche, die heute weitgehend unter dem Pflug liegt, die aber noch im 19. Jahrhundert stark bewaldet war und nur kleinere Siedlungsinseln freiließ. Nur schwer kann man sich heute vorstellen, daß diese fruchtbare Hochebene dereinst für unsere Heuneburgbewohner zum Alptraum wurde, denn hier im Westen verbreiterte sich der sonst nach allen Seiten abfallende Sporn in gleichmäßig ebenes Hinterland, über das ein Feind jederzeit ungehindert an die Burg heranrücken konnte (Abb. Innendeckel vorn). Hier im Westen lag also der neuralgische Punkt der Heuneburg, hier war die eigentliche Gefahrenseite, und so nimmt es nicht wunder, wenn schon die ersten Siedler der Bronzezeit den Westabschnitt der Burg mit Wall und vorgelagertem Graben bewehrten, ein System, das von den Burgherren der älteren Eisenzeit übernommen und verbessert wurde und das mit der Anlage der beiden, heute noch vorhandenen gewaltigen Gräben aus der Zeit der Ungarneinfälle während des 9. Jahrhunderts n. Chr. seinen eindrucksvollen Endausbau erfuhr (S. 186f.).
Blicken wir vom gleichen Punkt aus abschließend nach Süden und wählen wir dazu einen Tag aus, an dem der Föhn weht und die Luft durchsichtig ist wie Glas, dann bietet sich uns noch einmal ein Rundblick von faszinierender Großartigkeit. Gleich im Vordergrund auf dem benachbarten Sporn liegt die Staatsdomäne Talhof, die nach vereinzelten Funden sowohl wie nach ihren zur Donau abfallenden künstlichen Terrassierungen in vorgeschichtlicher wie in frühmittelalterlicher Zeit eine unübersehbare Rolle im ökonomischen wie strategischen Konzept der Heuneburgbewohner gespielt haben muß (S. 204f.). Vom Talhofsporn wie von der Heuneburg führten Wege hinunter zu einer Donaufurt, in welcher der Fund einer hallstättischen Schlangenfibel ihr Alter und ihre Bedeutung schlagend offenbart.
Jenseits des Talhofsporns breitet sich die Talweite um Herbertingen aus, wo die scharf nach Westen umbiegende Donau zuerst die Ostrach, kurz darauf die Ablach von Süden her aufnimmt und wo sich heute die großen Bundesstraßen nach Ulm, Ravensburg und Sigmaringen gabeln. Von hier aus sind es keine 50 km Luftlinie bis zum Bodensee.

Aber das eigentlich Beherrschende dieses Ausblickes nach Süden sind die Bayerischen, Österreichischen und Schweizer Alpen mit dem Säntismassiv in der Mitte, die wie eine gewaltige Zackenlinie den Horizont begrenzen. Hat man besonderes Glück, dann stehen genau über dem Hundersinger Kirchturm sogar die Bergriesen des Berner Oberlandes mit Jungfrau, Mönch und Eiger und beschließen dieses einmalige Panorama.

Es besteht kaum ein Zweifel, daß diese starrende Alpenfront auch das tägliche Leben der Heuneburgbewohner stark beeinflußt haben muß. Wie uns die Funde noch erzählen werden, wußte man sehr genau, daß an den Alpen die Welt keineswegs zu Ende war, ja man dürfte sogar recht bestimmte Vorstellungen über die Länder jenseits der Alpen besessen haben. Man pflegte gewiß selbst Kontakte mit den Alpenvölkern, vermutlich über das Alpenrheintal bis hinauf zu den Bündner Pässen, aber man empfing auch fremde Händler, die kostbare Waren, vor allem aber mündliche Kunde aus südlichen Ländern brachten, die den Heuneburgbewohnern neugieriges Staunen abgenötigt haben werden. Jedenfalls dürfen wir uns, wie noch zu zeigen sein wird, den Verkehr in und über die Alpen nicht zu gering vorstellen (s. S. 127ff.). Die Alpen stellten durchaus kein trennendes Hindernis dar, wie lange von der Forschung geglaubt wurde. Deswegen schreckten die frühen Kelten auch nicht im geringsten vor ihrer Überschreitung zurück, als sie gegen 400 v. Chr. mit der Jungmannschaft aufbrachen, um in Italien neues Siedlungsland zu gewinnen. Daß dieser, uns von dem römischen Historiker Titus Livius eingehend geschilderte Vorstoß gerade nach Süden zielte, war gewiß kein Zufall. Der Herr der Heuneburg hatte täglich die Alpenfront vor Augen, hinter der er das Ziel mancher Wünsche verborgen wußte. Es muß ein innerer Zusammenhang bestehen zwischen der gegen 400 v. Chr. zu beobachtenden plötzlichen Aufgabe zahlreicher nordalpiner Siedlungen und der gleichzeitigen Aggression der Po-Ebene durch die frühen Kelten. Man mag dies im streng wissenschaftlich-historischen Sinne keinen zulässigen Schluß nennen und doch bietet er sich an. Auch die Archäologie ist eine historische Disziplin und sie hätte ihren Sinn verfehlt, dürften ihr keine vorsichtig vorgetragenen und vor allem glaubhaften Überlegungen dieser Art zugebilligt werden!

Die Schicksale der Heuneburg

Die ältesten Spuren

Von der Heuneburg stammen Bruchstücke von etwa einem halben Dutzend Steinbeile verschiedenster Form, zu denen noch eine Anzahl teilweise bearbeiteter Feuersteinsplisse tritt. Dagegen fehlt keramisches Fundgut neolithischer Zeitstellung einstweilen vollkommen. Aus solchem Bestand auf eine bereits vorhandene steinzeitliche Ansiedlung schließen zu wollen, erscheint kaum statthaft, da Steinbeile und Silexgeräte sehr wohl auch bei gelegentlichen Begehungen umherstreifender Steinzeitmenschen verlorengegangen sein können, denen an einer irgendwie gearteten Besiedlung nicht gelegen war. Hätte eine solche stattgefunden, müßte sich auch ein Niederschlag an Töpferei nachweisen lassen, was nicht der Fall ist. Bei dem Steingerät, insbesondere bei den Steinbeilen, kann es sich aber gut auch um Aufsammlungen späterer Siedler handeln entweder als Kuriosa, wahrscheinlicher aus Gründen magisch-zauberischer Vorstellungen. Erinnert sei hierbei an die bis in die heutige Zeit fortwährende bäuerliche Sitte, Steinbeile als Blitzschutz unter den Dachfirst zu legen.

Bedeutungsvoller als das Steingerät ist der Nachweis eines 9–10 m tiefen Sohlgrabens, der sich gegen 20 m innerhalb und annähernd parallel der einstmals abgeflachten Nordseite der Burg hinzog. Was die Zeitstellung des völlig fundfreien Grabens anbelangt, so ist wichtig zu wissen, daß er mit Sicherheit von einem bronzezeitlichen Grabensystem überschnitten wird. Der Sohlgraben ist also in jedem Falle älter, mehr läßt sich vorläufig nicht sagen. Die Leute, die ihn zugeschüttet haben, gehören der mittleren Bronzezeit an (s. S. 54ff.). Wie lange deren Ansiedlung Bestand gehabt hat, ist noch ungeklärt, doch wird man sie generell dem 15. bis 13. vorchristlichen Jahrhundert zuweisen dürfen.

Der genannte »ältere Sohlgraben« gibt zu verschiedenen Überlegungen

Anlaß. Gehörte er zu einer bereits bronzezeitlichen, vielleicht frühbronzezeitlichen Anlage, die im Zuge eines allgemeinen Ausbaus von den Mittelbronzezeitleuten verebnet wurde oder gehörte er zu einem gänzlich anderen Befestigungssystem, das möglicherweise vor-bronzezeitlich ist? Bei solchen Überlegungen erinnert man sich unwillkürlich an jene großen, überwiegend spätsteinzeitlichen Befestigungs-, vorab Grabensysteme, wie sie in steigendem Maße in Mitteleuropa, im besonderen etwa aus dem württembergischen Neckargebiet und dem donaunahen Bayern bekanntgeworden sind. Es ist nicht von der Hand zu weisen, daß auch auf der Heuneburg als ältestes, von Menschen hier errichtetes Bauwerk eine solche Anlage bestanden haben kann. Freilich sind die Anhaltspunkte noch zu gering, um gesicherte Rückschlüsse ziehen zu können. Diese werden sich erst einstellen, wenn der nordwestliche Innenraum der Heuneburg großflächig untersucht werden kann.

Die befestigte Siedlung der Mittelbronzezeit

Zu den vielen Überraschungen, die im Verlauf der Grabungen zutage traten, gehört auch der Nachweis einer während der Mittel- und Spätbronzezeit angelegten befestigten Siedlung. Die ersten Belege hierfür waren Funde, die in der sog. »Alten Oberfläche« zum Vorschein kamen. Es war dies eine dunkle Lauffläche, die sich während der ersten Bebauung des Burghügels gebildet hatte, als dieser noch mit dem westlichen Hinterland eine zusammenhängende Fläche bildete. Die eisenzeitlich-hallstättischen Überbauungen haben diese bronzezeitlichen Schichten tief im Kulturschutt jüngerer Epochen versinken lassen, weshalb sie nur schwer wieder aufzufinden sind. Es ist daher auch nicht leicht, die geringen, mehr oder weniger zufällig angetroffenen, im Untergrund des heutigen Burghügels gelagerten bronzezeitlichen Baueinheiten zu einem verläßlichen Bild zusammenzufügen. Doch gibt es keinen Zweifel, daß die Heuneburg schon während der Bronzezeit mit einem wohldurchdachten Befestigungsgürtel versehen worden ist.
Schon diese Tatsache bedeutet für die Vorgeschichte des süddeutschen Raumes eine ganz neue Erkenntnis. Stützte sich doch bisher die Wiedergewinnung des bronzezeitlichen Kulturbildes überwiegend auf Grabfunde, hinter denen gut beobachtete Siedlungen fast ganz zurücktraten.

Befestigte Anlagen waren – vom alpinen Bereich einmal abgesehen – überhaupt unbekannt. Der Nachweis einer, etwa zwischen 1500 und 1300 v. Chr. anzusetzenden befestigten Ansiedlung auf der Heuneburg läßt daher die gängige Vorstellung von zerstreut lebenden, friedlichen Hirten und Weidebauern in einem völlig anderen Licht erscheinen. Unvermittelt erhält man jetzt den Eindruck von gut organisierten Stammesverbänden, die – etwa unter der tatkräftigen Führung eines Häuptlings oder Stammesführers – schon in dieser Zeit zu Gemeinschaftsleistungen wie einem zentral gelegenen Burgenbau sehr wohl in der Lage waren.

Aus den im Lauf der Grabungsjahre gemachten Einzelbeobachtungen läßt sich die bronzezeitliche befestigte Siedlung schon recht deutlich wiedergewinnen. Begonnen wurde offenbar mit der Aufschüttung eines mächtigen, aus Molasse bestehenden Dammes von annähernd 4 m Höhe und 20 m Breite, mit dem man die 110 m lange Westfront des Heuneburgspornes gegen das flache Hinterland abriegelte (Abb. 13). Das

26 Modellentwurf der bronzezeitlichen Holzkastenmauer der Heuneburg (nach Gersbach, Ausführung Frey)

Material zu diesem Damm muß man aus einem vorgelagerten Graben gewonnen haben, der dann im Zuge späterer, an der gleichen Stelle angelegter tieferer Grabensysteme zerstört worden ist.
Über diesen Damm und weiterhin rings um den Sporn mit Ausnahme der äußersten Nordostspitze führte eine einfache, in Blockbauweise konstruierte Holzkastenmauer mit überhöhtem Wehrgang (Abb. 26). In die aneinandergereihten, konstruktiv fest miteinander verbundenen 2,50–3,10 m großen Einzelkästen wurde Erde und Schutt eingefüllt. Es war dies eine zwar einfache, aber durchaus zweckmäßige Bauweise, freilich mit dem Nachteil großer Feuergefährlichkeit. Gelang es etwa Brandpfeile in die äußeren Blocklagen zu schießen oder sogar unmittelbar an die Außenfront Feuer zu legen, dann ging das ganze Bauwerk in Flammen auf. Brandspuren wurden bisher keine gefunden, so daß es den Bewohnern gelungen sein muß, sich einen Gegner vom Leibe zu halten. Ja, es spricht sogar manches dafür, daß diese Holzkastenmauer während ihres jahrhundertelangen Bestehens mehrfach, wahrscheinlich dreimal in konstruktiv gleicher Weise erneuert worden ist (Abb. 30).
Die über den Damm im Westen geführte Holzkastenmauer (Abb. 27) besaß natürlich an diesem besonders gefährdeten Punkt eine hohe Abwehrkraft. Diese einfallsreiche Sicherung stellt eine, bisher für die

27 Rekonstruktionsversuch der bronzezeitlichen Holzkastenmauer der Heuneburg (Zeichnung Susanne Höfler)

Bronzezeit unbekannte Leistung dar, die indes ein hohes Maß zusammengefaßter Arbeitskraft voraussetzte. Nicht minder interessant ist die Führung der Holzkastenmauer im Bereich der Nordostspitze. Um sie zu begradigen, schnitt man einfach die vorspringende Geländespitze in einer Breite von 35 m ab, legte aber vor die Mauerfront einen ungewöhnlich großen, nahezu 6 m tiefen und 14 m breiten Graben; vermutlich deshalb, weil der Nordostsporn ursprünglich sehr viel flacher abfiel als heute und somit durchaus die Möglichkeit für einen feindlichen Aufstieg an dieser Stelle gegeben war. Daß die Holzkastenmauer der Bronzezeit auch Tore besaß, darf mit Sicherheit angenommen werden, auch wenn diese noch nicht nachgewiesen sind. Vielleicht befand sich ein Tor im Westabschnitt der Nordfront, unweit der heutigen Auffahrt. Und ein weiteres Tor dürfte an jener Stelle nördlich der Südostecke gelegen haben, wo auch die späteren Mauerbauer eine Toreinfahrt angelegt haben (s. S. 72). Von hier führt nämlich eine flache Senke, im Höhenschichtlinienplan deutlich zu erkennen (Abb. 118), hinunter zur schon erwähnten Furt, die Wasserstelle und Übergang auf die andere Talseite zugleich bedeutete.
Über das Aussehen des von der Holzkastenmauer umschlossenen Innenraums dieser bronzezeitlichen Burg ist noch nicht viel bekannt, nicht zuletzt deswegen, weil beim späteren Ausbau der Hallstattburg über ein Meter dicke Schichten im Inneren abgetragen wurden. Erhalten geblieben ist jedoch etwa 60 m hinter der großen Westbefestigung ein im Südteil rund 30 m verfolgbarer Sohlgraben von 7 m Breite und 4 m Tiefe, der parallel zu dieser verlief und der aufgrund von Fundeinschlüssen ebenfalls als mittelbronzezeitlich anzusehen ist (Abb. 27). Über seine Funktion kann man einstweilen nur Vermutungen hegen. Sicher ist, daß der einst zu ihm gehörige, vermutlich östlich von ihm aufgeschüttete Wall gänzlich abgetragen wurde. Nicht auszuschließen ist, daß diese Innenbefestigung zu einer älteren Anlage gehörte, die dann beim Bau der großen Westbefestigung geschleift worden ist. Doch gibt es auch gute Gründe, beide Anlagen als Teile eines einheitlichen, die Burg bewußt in zwei Hälften trennenden Bauplanes anzusehen. Künftige Grabungen müssen versuchen, hier Klarheit zu schaffen.
Über die Wohnbauten dieser weiträumigen Bronzezeitburg ist leider wenig auszusagen, da die Reste der Häuser späteren Überbauungen zum Opfer gefallen sind. So ist es im Grunde auch müßig, Betrachtungen darüber anzustellen, ob die Besiedlung eine dichte war oder aber ob man

28 Bronzezeitliche Keramik von der Heuneburg. Links verzierte Feinware, rechts grobe Wirtschaftsware

bewußt große Freiräume eingeplant hatte, in die man in Notzeiten außerhalb der Burg wohnende Bevölkerungsteile samt ihrem Vieh aufnehmen konnte. Was bisher an Hausresten beobachtet werden konnte, läßt eher vermuten, daß es sich bei der Bronzezeitburg um eine locker besiedelte Fluchtburg gehandelt hat, die etwa einem Stammesverband zur Verfügung stand, die aber doch eine grundsätzlich andere soziale Struktur besaß wie die späteren Bauplanungen der eisenzeitlichen Hallstattperiode.
Mit Sicherheit läßt sich indes sagen, daß rechteckige Pfostenhäuser mäßiger Größe innerhalb der großen Westbefestigung auf einer unmittelbar am Dammfuß errichteten Wohnterrasse standen mit den Giebeln quer zum Dammverlauf (Abb. 27). Diese Wohnterrasse in so unmittelbarer Nähe des Dammes und der über ihn verlaufenden Holzkastenmauer muß eine wichtige Funktion gehabt haben, was auch daraus hervorgeht, daß man diese Wohnterrasse auch nach Abbruch oder Zerstörung der auf ihr stehenden Häuser immer wieder planiert, dadurch erhöht und in der

Folge mit neuen Häusern bebaut hat (Abb. 13). Dies kann eigentlich nur den Sinn gehabt haben, in nächster Nähe der Befestigung eine in Notfällen rasch einsatzfähige Mannschaft zur Verfügung zu haben, welche den Wehrgang der Mauer besetzen konnte.

Das bisher geborgene Fundmaterial besteht weit überwiegend aus Tonscherben, die zumeist in jener »Alten Oberfläche« gefunden wurden, von der eingangs schon die Rede war. Aber auch die Wohnterrasse am Innenfuß der Westbefestigung hat reichlich keramische Funde erbracht, die bei der ständigen Aufhöhung dieses Platzes vielleicht sogar einmal feinchronologische Anhaltspunkte ergeben werden. Die Bronzezeitkeramik unterscheidet sich unverwechselbar von der späteren Hallstattware (Abb. 28). Sie hat fast durchweg Brauntöne, besitzt eine merkwürdig sandige Oberfläche, so als ob sie mit Wasser in Berührung gekommen wäre, und sie ist vor allem durch auffallend viele und große Kalksteinstückchen gemagert. Diese Eigenschaften verbindet sie mit entsprechenden Funden von anderen Teilen Süddeutschlands.

Der Formenbestand der Bronzezeitkeramik ist einfach. Zumeist handelt es sich um Töpfe und Henkelkrüge mit rundlichen oder abgeplatteten Rändern und eingeschweiften Halsteilen. Sehr auffallend ist die Vorliebe für den Henkelkrug, der in der kommenden Hallstattzeit bemerkenswerterweise nahezu ganz fehlt. Eher selten sind einfache Kalottenschalen. Reichlich vertreten ist die grobe Gebrauchskeramik, die sich nur gelegentlich zu dickwandigen Töpfen ergänzen läßt. Sehr charakteristisch ist die Ziermusterkarte der Feinkeramik. Hier beherrschen Dreiecksmotive aus wenig fein gezogenen Ritzliniengruppen das Feld. Daneben gibt es mit Schrägkerben gefüllte Bänder, wirre Kerbgruppen, die sich um eingesprengte Warzen oder kleine Buckel ordnen, schließlich hin und wieder Kerbschnittmuster geschnitzter, zumeist aber gestempelter Art und selten auch einmal einen Scherben mit Ringabrollung oder dem vor allem für die Frühbronzezeit so kennzeichnenden Doppelhalbkreisstempel. Die Ränder der größeren Töpfe und Krüge sind an ihrer Außenseite mit Vorliebe getupft oder mit dem Fingernagel gekerbt, das gleiche gilt für die aufgesetzten Leisten der groben Gebrauchsware.

Schwierigkeiten bereitet noch immer die zeitliche Eingrenzung dieses bronzezeitlichen Siedlungshorizontes auf der Heuneburg, dessen Tonware erstaunlich konservativ und wenig wandlungsfähig erscheint. In

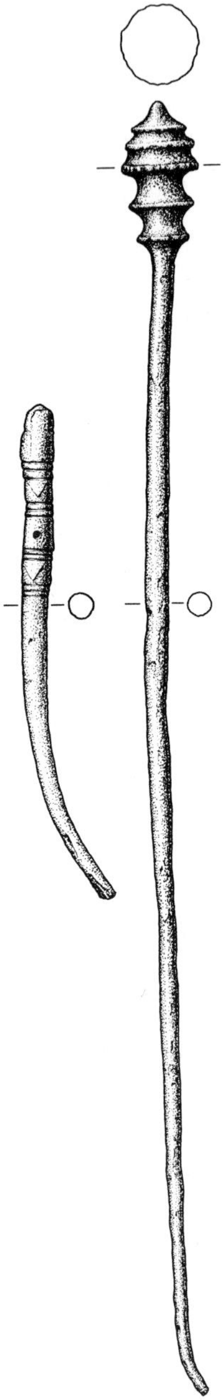

29 Gewandnadeln aus der Bronzezeitsiedlung der Heuneburg. Links Lochhalsnadel der frühen Mittelbronzezeit, rechts Turbankopfnadel der Spätbronzezeit (Bronzezeit D)

dieser Situation dürfen zwei Bronzenadeln als Glücksfunde bezeichnet werden, die gewissermaßen Anfang und Ende dieses mehrere Jahrhunderte überdauernden Zeitabschnitts recht genau bestimmen (Abb. 29). Die einfache Nadel mit Kolbenkopf und gebänderter, von Zickzackgruppen unterbrochener Schaftverzierung und einer Durchbohrung im oberen Schaftdrittel ist sehr charakteristisch für die etwa im 15. vorchristlichen Jahrhundert beginnende frühe Mittelbronzezeit. Lochhalsnadelhorizont nennt man diesen Zeitabschnitt. Durch die Schaftlöcher der Nadeln zog man einen Faden, mit dessen Hilfe Gewand und Nadel fest miteinander verbunden wurden.

Ganz ans Ende der Bronzezeit dagegen gehört eine schwere, fast barock anmutende Nadel mit einem vielfach gegliederten Kopf, den man gelegentlich mit einem Turban verglichen hat. Man kann sie dem 13. Jahrhundert v. Chr. zuweisen. Es ist eben dieses Jahrhundert, in dem die sog. Urnenfelderzeit heraufzuziehen beginnt, benannt nach der Sitte, die Toten zu verbrennen und ihre Asche in Urnen zu bergen. Unsere Bronzezeitsiedlung auf der Heuneburg muß mit dem Einsetzen dieser, ein halbes Jahrtausend überdauernden Epoche zu Ende gegangen sein. Erste Einflüsse dieser neuen Zeit lassen sich noch in einem beginnenden Stilwandel der Keramik erkennen, doch dürfte heute schon sicher sein, daß die Heuneburg während der eigentlichen Urnenfelderzeit besiedlungsfrei geblieben ist.

Die frühkeltische Hallstattburg

Nach nahezu 700jährigem Wüstliegen beginnt auf der vermutlich völlig eingewachsenen Heuneburg mit ihren tief im Boden versunkenen bronzezeitlichen Kulturschichten plötzlich neues Leben. Unvermittelt taucht hier aus der Anonymität vorzeitlicher Kulturen nun eine Bevölkerungsgruppe auf, für die wir mit einem hohen Grad von Glaubwürdigkeit auch einen historisch überlieferten Namen ins Spiel bringen dürfen. Es sind frühe Kelten, die zum ersten Mal in Mitteleuropa in Erscheinung treten und die in unübersehbarer Weise auch bei den Hochkulturen des Mittelmeerraumes Beachtung finden.

Diese frühen Kelten bewegen sich in einem archäologischen Umfeld, für das die Vorgeschichtsforschung die Namen Hallstatt (nach einem großen

Gräberfeld oberhalb des Hallstätter Sees in den Ostalpen) und La Tène (nach einem fundreichen Siedlungsplatz am Nordende des Neuenburger Sees in der Schweiz) gewählt hat. Die beiden Namen Hallstatt und La Tène sind in der Folge auch zu Zeitbegriffen geworden. Die Hallstattzeit (Ältere Eisenzeit) umfaßt dabei den Zeitraum von etwa 750 bis 450 v. Chr., die Latènezeit (Jüngere Eisenzeit) denjenigen von 450 bis Christi Geburt. Die neue Besiedlung der Heuneburg läßt sich etwa in die beiden Jahrhunderte zwischen 600 und 400 v. Chr. einengen, was für unsere Zwecke vollauf genügt, obwohl sich die gelehrte Forschung natürlich bemüht mit Überlegungen der verschiedensten Art, bei denen nicht zuletzt auch naturwissenschaftliche Methoden eine gewichtige Rolle spielen, ein möglichst genaues Anfangs- und Enddatum für diesen neuen Siedlungsabschnitt zu gewinnen.

Moderner Ausgrabungskunst (s. S. 27ff.) ist es dabei gelungen, die während dieses Zeitraums abgelagerten Kulturschichten nahezu lückenlos zu gliedern und aus ihnen die Schicksale abzulesen, welche die Heuneburg in diesem Zeitraum durchlebt, freilich auch durchlitten hat. Der Archäologe hat diese Schicksale in einem nüchternen Diagramm eingefangen, in dem die einzelnen Kulturschichten in ihrer Abfolge von unten nach oben, also in ihrem natürlichen Aufbau, dargestellt sind (Abb. 30). Die Horizontallinien bezeichnen dabei die Siedlungshorizonte – die »Laufflächen« wie der Archäologe sagt –, also diejenigen Oberflächen, auf denen die Bewohner sich längere oder kürzere Zeit bewegt und auf denen sie gewohnt haben. Zu diesen Siedlungshorizonten gehören Befestigungsanlagen – Mauerzüge –, die links im Diagramm dargestellt sind und die sich, wie im übrigen die einzelnen Bebauungshorizonte auch, in ihrer Struktur immer wieder geändert haben. Naturgemäß haben die Mauerzüge länger Bestand gehabt wie die Siedlungshorizonte, so daß etwa zu einem Mauerzug mehrere Laufflächen gehört haben können. Sehr deutlich wird dies etwa bei der großen Lehmziegelmauer (s. S. 72ff.), während deren Bestehen sich gleich fünf Siedlungshorizonte gebildet haben.

Der Ausgräber hat diese Schichtenfolge mit den römischen Zahlen VIII–I gegliedert, wobei VII–V die schon behandelten bronzezeitlichen Schichten anzeigen (s. S. 54ff.), IV–I dagegen die eisenzeitlichen Horizonte verdeutlichen. 22 Siedlungshorizonten stehen also zehn Mauerzüge gegenüber, die sich – wie schon gesagt – auf runde 200 Jahre verteilen.

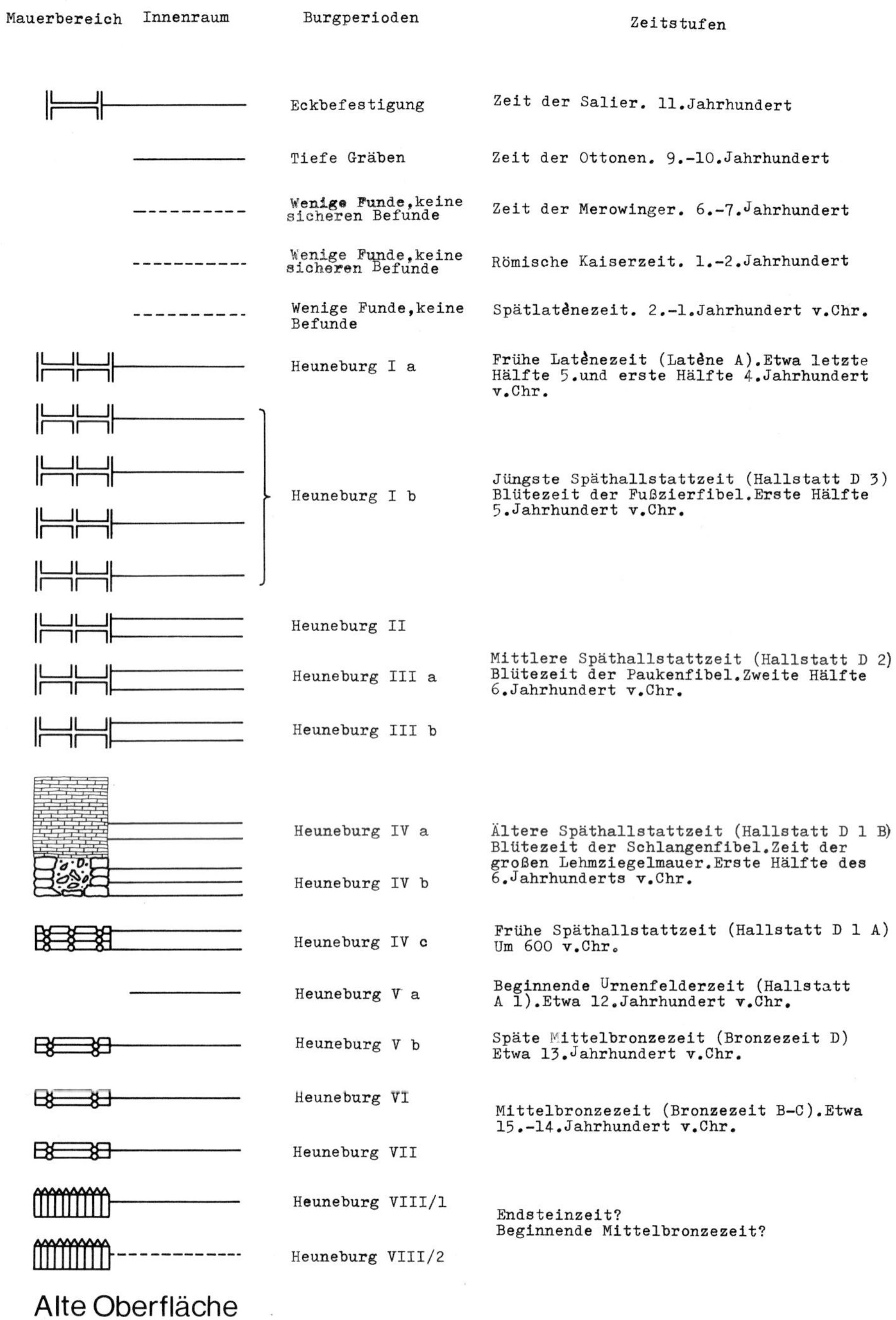

30 Diagramm der stratigraphischen und chronologischen Besiedlungsabfolge der Heuneburg

Verglichen etwa mit mittelalterlichen Städtchen wirkt ein derartig vielgestaltiger und sich zeitlich so rasch ablösender Siedlungsvorgang erstaunlich. Im Falle der Heuneburg ist dieser rasche Wandel wohl nur mit ihrer, an einer geopolitisch neuralgischen Stelle gelegenen Situation zu erklären. Man hat versucht, das runde Dutzend nachgewiesener Mauerzüge auf die vorgegebene Zeitdauer von 200 Jahren aufzuteilen, wobei man den natürlichen Alterungsprozeß einer mit viel Holzdurchschuß (s. S. 68) errichteten Mauer in Rechnung stellte. Man kam dabei auf 15 bis 25 Jahre für einen Mauerzug, doch birgt solche Rechnung natürlich eine Reihe von Unwägbarkeiten, die Vorsicht bei derartigen Überlegungen angezeigt erscheinen lassen.
Archäologisch völlig gesichert sind indes drei große Zerstörungshorizonte, welche nicht nur die Mauerzüge, sondern auch die im Innern der Burg gelegenen Siedlungshorizonte betroffen haben (Abb. 30). Es gibt eine Reihe von Indizien dafür, daß diese Zerstörungen, mindestens in ihrem überwiegenden Teil, durch äußere Angriffe und nicht durch, ja gerade bei dichter Holzbauweise so naheliegenden, etwa durch Blitzschlag oder auch Leichtsinn hervorgerufene Schadenfeuer zurückzuführen sind. Die erste Katastrophe betraf die große Lehmziegelmauer, die mit dem Ende von Periode IVa total verbrannte und mit der auch schwere Zerstörungen im Innern der Burg verbunden waren. Die zweite Katastrophe legte die Holz-Steinmauer von Periode IIIa in Schutt und Asche und die dritte Katastrophe vernichtete die letzte Burgmauer Ia wiederum in einem gewaltigen Schadenfeuer. Danach wurde die eisenzeitliche Heuneburg endgültig aufgegeben und nicht wieder aufgebaut.

Die Burgmauern

Die äußere Sicherheit einer in exponierter Lage befindlichen Siedlung wie der Heuneburg hing von der Stärke und Zuverlässigkeit ihres Mauerrings ab. Um einen solchen planen und ausführen zu können, bedurfte es einer erfahrenen und technisch leistungsfähigen Bauleitung, vor allem aber einer Zentralgewalt, die dafür einstand, daß genügend Menschen zum Mauerbau zur Verfügung standen, daß die sicher umfängliche Organisation eines solchen Unternehmens gewährleistet und daß nicht zuletzt die tägliche Verpflegung der Arbeitermassen garantiert war. Es fällt nicht

ganz leicht, beim Fehlen aller diesbezüglichen Unterlagen, sich den Ablauf eines derartigen Unternehmens vorzustellen.
Daß wir bei der Zentralgewalt an einen Stammeshäuptling, ganz allgemein also an einen Burgherrn zu denken haben, steht außer Frage. Woher dieser kam, woher ihm die notwendige Machtfülle zufloß, wissen wir nicht. Der Gedanke liegt nahe, ihn sich als Vertreter eines Bauernadels vorzustellen, der aus den im Land verteilten großbäuerlichen Familien kam und der sich durch seine Geburt, vor allem aber wohl durch seine Intelligenz und Tatkraft an die Spitze der Gemeinschaft gesetzt hatte. Daß wir es bei diesen Burgherren – und im Verlauf von 200 Jahren müssen es deren viele gewesen sein – nicht mit fiktiven Persönlichkeiten zu tun haben können, sondern mit sehr realen Vertretern einer privilegierten Oberschicht, das beweisen die mächtigen, vielfach bewußt isoliert aufgeschütteten und ganz auf die Heuneburg orientierten Grabhügel, in denen wir mit Sicherheit die Begräbnisplätze der Burgherren erblicken dürfen. Von ihnen wird später noch die Rede sein (s. S. 161 ff.).
Wenn wir zunächst wieder zu den Mauerbauten zurückkehren, dann stößt man sofort auf eine Reihe von Problemen, die hier wenigstens kurz anklingen sollen. Sicher dürfte z. B. sein, daß hinter jedem Festungsbau ein auch wie immer gearteter äußerer Zwang gestanden haben wird. Ist dem so, dann wird jedem Burgenbauer unterstellt werden dürfen, daß er sein Vorhaben möglichst rasch zu vollenden trachtete. Dies bedeutet aber wiederum, daß er über eine beträchtliche Zahl von Menschen verfügen mußte, die zu einem derartigen Unternehmen herangezogen werden konnten. Die Bevölkerungszahl der Heuneburg reichte hierfür mit Sicherheit nicht aus. Man wird also damit zu rechnen haben, daß auch Menschen der näheren, vielleicht sogar weiteren Umgebung, in jedem Fall aber wohl Stammesangehörige, an einem solchen Mauerbau mitgewirkt haben werden. Ob unter Zwang, ob freiwillig, ob vielleicht gegen das Angebot, in Notzeiten selbst innerhalb der Mauern Aufnahme zu finden, all dies wissen wir nicht. Daß man auch Frauen, ja sogar Jugendliche mit herangezogen haben wird, steht wohl außer Frage. Doch darf andererseits nicht vergessen werden, daß auch Menschen da sein mußten, die sich um den Anbau der Äcker und um die Versorgung des Viehs zu kümmern hatten, denn während des Mauerbaus war ja die Verpflegungsbasis stark ausgeweitet. Solche Überlegungen führen zu der weiteren Frage, ob für derartig aufwendige Arbeiten vielleicht auch

Kriegsgefangene zur Verfügung standen, und wenn ja, woher diese kamen? Mit lokalen Stammesfehden auch größeren Umfanges war natürlich zu rechnen und ein Blick in die antike Literatur belehrt uns rasch, daß es allgemein üblich war, Kriegsgefangene in die Sklaverei zu verkaufen. Nur darf über all solchen Erwägungen nie vergessen werden, daß es für die Zone nordwärts der Alpen dafür bisher keinerlei greifbare Anhaltspunkte gibt.

Es wurde schon davon gesprochen, daß bei einem Unternehmen wie einem Mauerbau auch so etwas wie eine Bauleitung vorausgesetzt werden muß. Die, wie wir noch sehen werden, technisch ausgereiften und ideenreichen Konstruktionen waren ohne planende Architekten, vor allem aber ohne kenntnisreiche Zimmerleute und Bauhandwerker nicht durchzuführen, die ihrerseits die Masse der zusammengeführten Hilfskräfte anzuleiten hatten. Auch bei dieser Bauleitung muß es mindestens einen führenden Kopf gegeben haben, der dafür Sorge trug, daß die Masse der Mauerbauer jederzeit richtig beschäftigt war. Hier griffen vielerlei Verrichtungen ineinander. Vor allem die Materialzufuhr mußte reibungslos funktionieren. Mauern mit reichlichem Holzdurchschuß (s. S. 68) machten es notwendig, ganze Wälder abzuholzen, die Stämme entsprechend herzurichten und sie in sorgfältig behauene Balken umzuwandeln. Die entscheidende Rolle spielte dabei das Beil und nicht die Säge. Für die Heranschaffung des Baumaterials waren immer weitere Transporte notwendig, die befahrbare Wege und vor allem leistungsfähige Karren voraussetzten. Das Material der teilweise zentnerschweren Kalksteine für den Sockel der großen Lehmziegelmauer (s. S. 72ff.) mußte aus Steinbrüchen vom Südrand der Schwäbischen Alb herangeschafft werden. Der nächstgelegene, den wir kennen, liegt westlich der Heuneburg bei der etwa 5 km entfernten Staatsdomäne Dollhof. Den für den Ziegelaufbau dieser Mauer benötigten Lehm wird man sich aus Donaunähe besorgt haben, aber dieser Lehm mußte erst in besonderen Ziegeleien mit Wasser, Häcksel und feinem Steingrus angerührt, dann in Holzkästen vorgeformt und getrocknet werden, bis die einzelnen Ziegelplatten baureif waren (Abb. 31). Insgesamt wird man für all diese hier nur überschlägig genannten Verrichtungen, die natürlich durch zahllose weitere zu ergänzen sind, bei jedem Mauerbau mit Hunderten, wahrscheinlich Tausenden von Hilfskräften zu rechnen haben.

Wie sahen die Mauern der Heuneburg in ihrem konstruktiven Aufbau

31 Der Bau der großen Lehmziegelmauer der Heuneburg. Rekonstruktionsversuch (Zeichnung Curt Baradoy)

32 Modellentwurf einer hallstattzeitlichen Holz-Stein-Mauer von der Heuneburg (Periode I a) (nach Gersbach, Ausführung Frey)

aus? Moderne Grabungskunst hat auch hier die Geheimnisse der einstigen Architekten wieder ans Licht geholt und ihre baulichen Überlegungen nachvollzogen. Das Bild, das vorgeschichtliche Befestigungsanlagen dem heutigen Besucher vorspiegeln, trügt. Die sich oft kilometerlang durchs Gelände ziehenden Wälle aus Steinen und Erde von zumeist ganz unterschiedlicher Höhe sind in Wahrheit nur Ruinen einst schreckender Mauerzüge. Tatsächlich birgt die große Masse dieser Wälle in ihrem Kern die Spuren eines sinnreichen Baugedankens, der auf der konstruktiven Verbindung von Holz und Stein beruht (Abb. 32). Auf einer vorbereiteten, planierten Oberfläche errichtete man ein tief im Boden verankertes Rahmenwerk aus zwei, häufig auch aus drei Reihen senkrechter und waagerechter Holzbalken, die man sorgfältig miteinander verband. In dieses Holzrahmenwerk fügte man aus grob zugeschlagenen Steinen Außen- und Innenfronten ein und füllte das Kernwerk mit Gesteinsschutt und Erde auf. Die solchermaßen stabil errichtete Mauer besaß natürlich auf ihrer vorgesehenen Höhe einen horizontalen Umlaufweg für die Verteidiger mit einer nach außen gerichteten Brustwehr.
Wir wissen nicht, wo dieser vielfach variierbare Baugedanke zum ersten Mal verwirklicht wurde. Man hat hierfür früher gerne auf Mitteleuropa verwiesen, doch scheint die Frage so falsch gestellt. Man wird diese Bauweise dort entwickelt haben, wo Holz in ausreichendem Maße zur Verfügung stand. Ohne das nötige Bauholz waren derartige Konstruktionen nicht ausführbar. Gab es kein Holz, dann mußte man auf andere Techniken ausweichen, etwa auf reine Steinbauten oder auf die schon angedeutete Lehmziegelbauweise. Daß indes gerade diese beiden letzteren Bauweisen ihre Heimat nur in holzarmen Gebieten, also im Mittelmeerraum und in Vorderasien gehabt haben können, liegt auf der Hand.
Die älteste, wahrscheinlich zweimal in gleicher Weise konstruierte Burgmauer der Heuneburg gehört in die Mittelbronzezeit (Periode VI–V) (s. S. 54ff.). Man hat dazu ein einfaches Holzkastenwerk in Blockbautechnik aus etwa armdicken, roh zugerichteten Stämmen errichtet, das natürlich in einem ausgehobenen Fundament verankert war (Abb. 26). Die einzelnen, rund 2x3 m im Geviert messenden Holzkästen wurden mit Schutt aufgefüllt. Kasten wurde so an Kasten gereiht, deren Eigengewicht wohl so groß war, daß eine Verbindung der einzelnen Kästen untereinander nur in loser Form zu erfolgen brauchte. Ein Wehrgang und eine Brustwehr müssen vorausgesetzt werden. Der

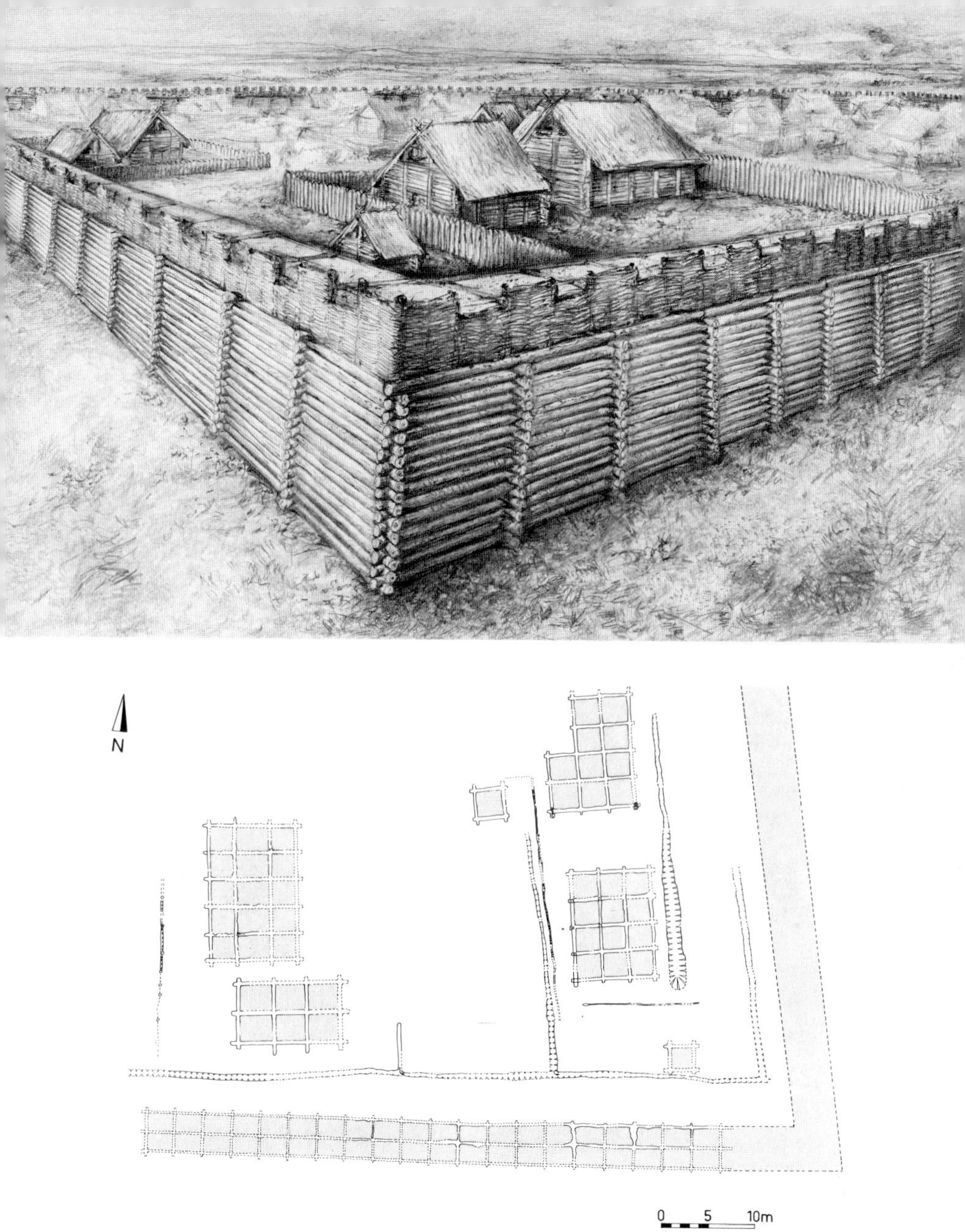

33 Rekonstruktionsversuch und Plan der ersten hallstattzeitlichen Burgmauer (Periode IV c) mit palisadenumzogenen Gehöftgruppen im Innenraum (nach Gersbach, Zeichnung Susanne Höfler)

Hauptnachteil dieser Mauer war wohl ihre Feuerempfindlichkeit, obwohl sich Brandspuren bisher nicht gefunden haben, was aber an den nur geringen Grabungsnachweisen liegen mag. Wo das Tor dieser Holzkastenmauer lag, ist einstweilen unbekannt.

Auch die folgende Mauer, die nun schon in die beginnende Späthallstattzeit (Periode IV c) gehört und damit runde 700 Jahre jünger ist, ist im Grundsatz nicht anders gebaut als die Bronzezeitmauer, auch wenn sie zu einem doppelten Kastensystem erweitert wurde. Vieles spricht dafür, daß sie von dem legendären, einstmals im Hohmichele (s. S. 191 ff.) beigesetzten Begründer der Heuneburg-Dynastie errichtet worden ist. Vom Konstruktiven her hat sich nicht viel bei ihr geändert, ein Zeichen dafür, wie stark die konservativ-beharrenden Kräfte auch auf baulichem Gebiet die Zeiten überdauert haben. Immer noch ist es die gleiche Blockbauweise, auch wenn die Solidität erhöht wurde und die jetzt zweizeilige Kastenmauer auf 4 m Dicke verstärkt worden ist. Entsprechend wird auch ihre Höhe zugenommen haben. Auch diese Mauer folgte dem Umriß des in der Bronzezeit gewissermaßen vormodellierten Burghügels (Abb. 33). Sie überstieg im Westabschnit den alten Erdwall der Mittelbronzezeit und sparte wie auch die späteren Mauerzüge die Nordostspitze der Heuneburg aus bautechnischen Gründen aus. Die Blockbaumauer der Periode IV c besaß anscheinend zwei Tore: eines etwa in der Mitte der Nordseite, das andere unweit nördlich der Südwestecke, von wo der Weg zur Donaufurt hinunterführte. Es sind die gleichen verkehrsgünstig gelegenen Plätze, die auch die jüngeren Mauerbauer für ihre Toranlagen benutzt haben.

Die Holzkastenmauer der Gründerzeit ist dann etwa in der ersten Hälfte des 6. Jahrhunderts abgerissen worden, um einer revolutionierenden Neuschöpfung Platz zu machen, die bisher in der Zone nordwärts der Alpen kein Gegenstück kennt. Mit der Periode IV b unseres stratigraphischen Systems (Abb. 30) beginnt jener Mauerbau, der nach Planung und Bautechnik urplötzlich den Ausblick in eine fremde Welt eröffnet, der an die Stelle eigener, jahrhundertelang erprobter, wenn auch einfachschlichter Holzbauweisen ganz unvermittelt große Architektur setzt und für die kommenden Jahrzehnte an der oberen Donau ein Bauwerk erste-

34 Rekonstruktionsversuch und Plan der großen Lehmziegelmauer (Periode IV b–a). Im Hintergrund das Donautal mit dem Bussen (nach Gersbach, Zeichnung Susanne Höfler)

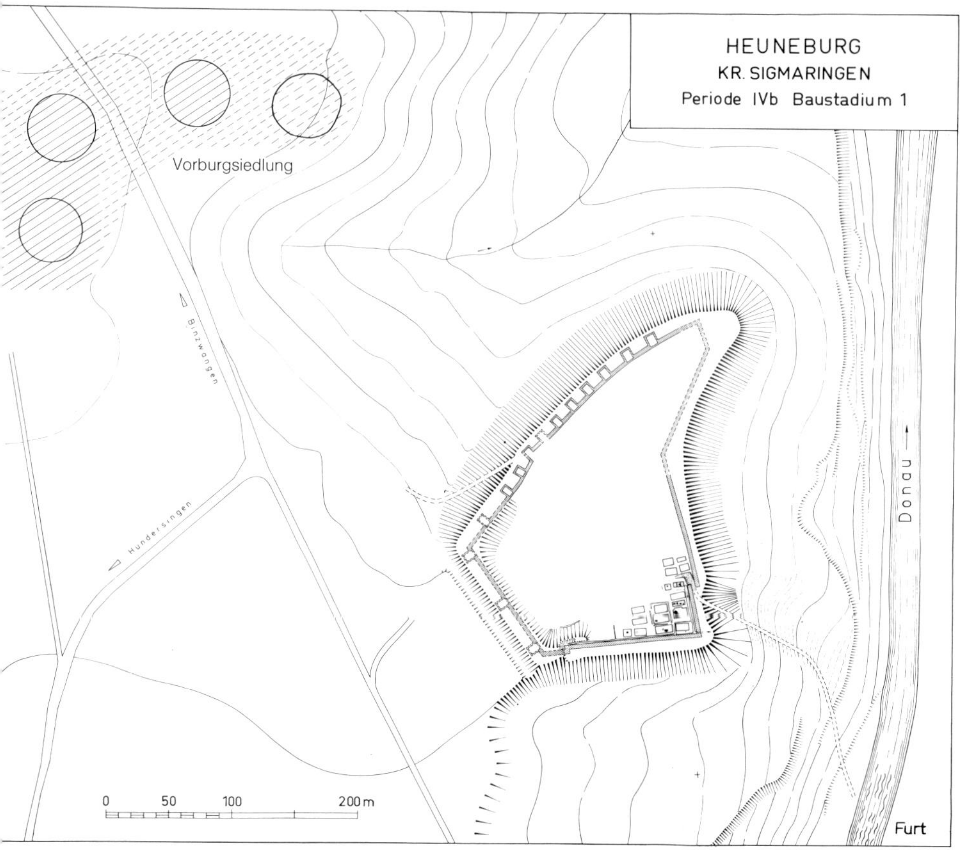
HEUNEBURG
KR. SIGMARINGEN
Periode IVb Baustadium 1
Vorburgsiedlung
Binzwangen
Hundersingen
Donau
Furt
0
50
100
200 m

hen läßt, auf das die Zeitgenossen sicherlich mit Bewunderung, ja Verblüffung geblickt haben werden. Es ist die große, mit vorspringenden Türmen versehene Lehmziegelmauer, die – nach den zugehörigen Laufflächen im Innern zu schließen – am längsten von allen Burgmauern Bestand gehabt haben muß und die erst am Ende der Periode IV a, vermutlich gegen die Mitte des letzten vorchristlichen Jahrtausends, in einem gewaltigen Schadenfeuer zugrunde gegangen ist.

Das grundsätzlich Neue an diesem Bauwerk ist, daß man diesmal auf die feuergefährliche Holzbauweise verzichtet und dafür eine Mauer ganz aus Ziegeln auf einem Steinsockel errichtet. Da die neue Mauer sehr schwer ist, versetzt man sie einige Meter vom Rand des Burgplateaus nach innen, doch verläuft sie mit schnurgerade vermessenen Fronten auch weiterhin im Zuge der älteren Mauerführungen (Abb. 34). Die damals noch immer relativ sanft abfallende und dadurch gefährdete Nordseite wird mit mindestens zehn, sehr dicht stehenden, durchschnittlich 8 m vorspringenden Türmen bestückt. In der Mitte der Nordfront deutet ein plötzlich nach innen abwinkelnder Knick die Stelle eines Tores an, das vermutlich an der gleichen Stelle gelegen hat wie das Tor der abgetragenen Holzkastenmauer von Periode IV c (Abb. 33). Nicht mehr rekonstruierbar ist die nicht minder gefährdete Westseite. Zwar darf die Lehmziegelmauer auch hier vorausgesetzt werden, doch hat man sie hier nach der großen Brandkatastrophe am Ende ihres Bestehens aus irgendwelchen technischen Gründen vollständig abgetragen. So wissen wir nicht, ob die dichte Turmfolge der Nordseite auch auf der Westseite vorhanden war. Da hier jedoch auch der Lehmziegelmauer ein Graben vorgelegt gewesen sein muß und der während der Mittelbronzezeit aufgeschüttete Erdwall noch immer zusätzlichen Schutz bot, mag die Turmfront im Westabschnitt lockerer gewesen sein (Abb. 34). Sicher rekonstruierbar ist dann wieder die Mauer im Südabschnitt der Burg. Sie beginnt an der Südwestecke mit einer massiven Bastion und verläuft dann schnurgerade auf die Südostecke zu. Etwa 20 m westlich dieser Ecke hat man in einer Umbauphase noch einen zusätzlichen Turm angesetzt, wahrscheinlich um den von der Donau zur Burg heraufziehenden Weg flankierend zu sichern. Wo dieser Weg etwa 40 m nördlich der Südostecke die Mauer erreichte, wurde ein 3 m breites solides Tor angelegt (Abb. 34, 35). Erhalten geblieben ist eines der beiden Zapflager für die drehbaren Torflügel, das in einem mehrere Zentner schweren Kalksteinblock eingearbeitet war (Abb. 35).

35 Kalksteinblock mit ausgearbeitetem Zapflager für den drehbaren Torflügel

Die Mauer setzt sich dann 100 m weiter schnurgerade nach Norden fort bis zu einer, durch unterirdischen Wasseraustritt bedingten, über 100 m breiten Rutschstelle, die auch dem hier, leicht nach Nordosten abknikkenden Mauerzug zum Verhängnis geworden ist. Sicher ist, daß auch die Lehmziegelmauer den Nordostsporn der Heuneburg ausgespart hat.

Technisch gesehen ist diese Lehmziegelmauer ein Bauwerk, das nach Idee und Ausführung mit Sicherheit nicht in Mitteleuropa geplant worden ist. Woher der Anstoß kam, ist umstritten, doch kann hierfür nur der Mittelmeerraum, und wie man im Falle der Heuneburg hinzufügen möchte, nur der westliche Teil in Frage kommen, wo die Lehmziegelbauweise auf eine sehr alte Tradition zurückblicken kann (Abb. 36). Man hat zunächst auf vorbereitetem Untergrund einen 3 m breiten Sockel aus grob zugeschlagenen Weißjurasteinen errichtet, mit großen, nach dem Läufer-Binder-System versetzten Blöcken in den beiden Fronten und kleineren, locker gepackten Füllsteinen im Kern des Sockels (Abb. 37). Unvermeidliche Löcher in den Fronten hat man sorgfältig mit kleinen

36 Beispiele von Lehmziegelmauern im westlichen Mittelmeerraum. Unten: Die Lehmziegelmauer von Gela in Südsizilien mit schön gequadertem Steinsockel (4. Jahrhundert). – Oben: Die ganz der Heuneburg entsprechende Lehmziegelmauer von Saint-Pierre-les-Martigues am Etang de Berre westlich Marseille (nach Histoire de la France urbaine)

37 Die Lehmziegelmauer der Heuneburg. Unten: Der Steinsockel mit sorgfältig gesetzter Außen- und Innenfront. – Oben: Der gleiche Steinsockel mit der untersten Lage der Lehmziegelmauer

38 Normierte Lehmziegel. Links: Ein Lehmziegel von der Heuneburg. – Rechts: Ein Lehmziegel von Les Pennes-Mirabeau nördlich Marseille

39 Die Lehmziegelmauer der Heuneburg mit Steinsockel und Ziegelaufbau. Man vgl. dazu die Ziegelmauer von Saint-Pierre-les-Martigues (Abb. 37 oben). Vor der Mauer der Brandschutt des abgestürzten Wehrganges aus Holz

Keilsteinen ausgezwickt, so daß insgesamt glatte Außenwände entstanden. Die Sockelhöhe schwankt zwischen 40 und 80 cm, steigendes Gelände wurde durch eingelegte Absätze bzw. Stufen überwunden. Die Oberfläche des natürlich gegen die Bodenfeuchte gedachten Sockels wurde mit kleinen Steinplatten sorgfältig horizontal ausgeglichen, bevor man mit dem Aufsetzen der Lehmziegel begann.
Diese selbst waren, wohl in Burgnähe arbeitenden Ziegeleien, aus farblich zwischen braun und grünlichgelb wechselndem Ton vorgefertigt worden. Man benutzte dazu vermutlich einfache Holzrahmen mit dem klassischen Ziegelmaß von etwa 40x40 cm Größe und 8–10 cm Dicke (Abb. 31, 38). Die so geformten Ziegelplatten wurden dann wie in einer Torfstecherei gestapelt und an der Luft getrocknet. Die fertigen Ziegel verlegte man anschließend in einer hellbraunen, feintonigen, den echten Mörtel ersetzenden Lehmmasse wie bei einem modernen Plättchenboden. So kam Lage auf Lage bis zu einer ungefähren Höhe von 4 m (Abb. 39). Die Fronten wurden dann mit einem wasserabweisenden Kalkverputz verstrichen, der, wie erhaltene Brocken gezeigt haben, regelmäßig erneuert worden ist. Diesem Verputz war es zu verdanken, daß die für das feuchte mitteleuropäische Klima im Grunde ganz ungeeignete Mauer aus ungebrannten Ziegeln gleichwohl erstaunlich widerstandsfähig war. Tatsächlich war es gerade diese Burgmauer, die – wie schon erwähnt – am längsten von allen gehalten hat. Die Ziegelmauer muß nach oben mit einem hölzernen Wehrgang abgeschlossen gewesen sein, dessen total verbrannte Reste zu beiden Seiten der Mauerbasis aufgefunden wurden (Abb. 39). Ob dieser Wehrgang offen oder gedeckt war, wissen wir nicht. Jedenfalls muß er so konstruiert gewesen sein, daß er ein Eindringen von Regenwasser in den Kern der Ziegelmauer verhindern konnte.
Konstruktiv in manchem ungeklärt ist bisher der Aufbau der Türme. Sie wurden – mit Ausnahme des später angesetzten Turmes an der Südostecke – in einem Zuge mit der Hauptmauer errichtet, was die sorgfältig in die 3 m breite Basismauer eingebundenen Turmmauern deutlich zeigen (Abb. 40, 41). Merkwürdigerweise waren diese im Schnitt nur 1,20 m dicken Turmmauern erstaunlich schwach, so daß sich über Höhe und Oberbau der Türme keine klaren Aussagen machen lassen. Sicher ist, daß sie im Erdgeschoß einen großen, nicht unterteilten Raum besaßen mit einer Türe gegen das Burginnere und einer großen Feuerstelle in der

40 Ausschnitt von der Nordfront der Heuneburg-Lehmziegelmauer. Man beachte die 3 m breite Basismauer mit den rechtwinklig vorspringenden schmalen Turmmauern

41 Ausschnitt von der Nordfront der Heuneburg-Lehmziegelmauer. Man vgl. die Basismauer mit dem Plan Abb. 34. Vor dem Rollzelt der Mauerknick. Man erkennt deutlich zwischen den Profilstegen die nach links (Norden) vorspringenden Turmmauern

42 Runde Herdplatte mit aufgesetztem Feuerbock im Innenraum eines Turmes. Am Rand der Herdplatte stehen verbrannte Gefäße

Raummitte (Abb. 42). Zahlreiche, vielfach an den Wänden aufgestellte Gefäße zeigten, daß die Türme ständig benutzt wurden. Wahrscheinlich besaßen sie ein Obergeschoß, zu dem vom tiefer gelegenen Hauptraum aus eine Treppe hinaufführte, über die man rasch und vor allem gedeckt den Wehrgang erreichen konnte. Angesichts der schwachen Seitenmauern werden die Türme den Wehrgang und die Hauptmauer nur unwesentlich überragt haben. Was die Dachkonstruktion der Türme anbelangt, so wird man sie sich angesichts des mitteleuropäischen Klimas weit eher als Giebeldach denn als Flachdach vorzustellen haben, ganz abgesehen davon, daß die Regenundurchlässigkeit eines Flachdaches mit den damaligen Baumitteln nicht gewährleistet war (Abb. 34 oben).

Die Lehmziegelmauer ist einer umfassenden Brandkatastrophe zum Opfer gefallen, die man sich der ganzen Situation nach nur als Folge einer von außen kommenden Einwirkung, also etwa einer Belagerung, vorstellen kann. Dabei blieb der Baukörper der Mauer mit ihren unbrennbaren Ziegeln im wesentlichen intakt im Gegensatz zu den Turmdächern

und dem weitgehend aus Holz bestehenden Wehrgang. Die brennenden Turmdächer samt der Zwischendecke stürzten in das Turminnere und erzeugten hier eine solche Hitze, daß die Seitenmauern des Turminnern gelegentlich bis zu 5 cm tief rot durchgeglüht wurden. Die herunterbrechenden Balken zertrümmerten zudem die Inneneinrichtung, vor allem die an den Wänden des Hauptraums aufgestellten zahlreichen Tongefäße, die fast durchweg schwere Brandschäden aufweisen. Die Trümmer des Wehrgangs fielen beidseitig der Mauer herunter, wo sie überall dort, wo der teilweise noch über einen Meter hoch erhaltene Kern der Ziegelmauer freigelegt wurde, in Form von verkohltem Brandschutt lagen (Abb. 39).
Mit der Zerstörung der eindrucksvollen und sicherlich weithin berühmten Lehmziegelmauer ging, wie wir noch sehen werden, die Glanzzeit des eisenzeitlichen Dynastensitzes auf der Heuneburg jäh zu Ende. Obgleich die Hauptfluchten des Mauerrings sicherlich noch in beträchtlichem Maße intakt gewesen sein müssen, hat man nicht versucht, sie wieder aufzubauen. Die Gründe dafür kennen wir nicht. Mag sein, daß die neuen Herren der Burg eine andere Bauweise vorzogen, doch könnte man auch daran denken, daß die für einen Wiederaufbau notwendigen Architekten und Handwerker nicht mehr zur Verfügung standen.
Mit Beginn der bald nach 500 v. Chr. anzusetzenden Periode III nimmt dann auf der Heuneburg eine ganz neue Mauerbautechnik ihren Anfang, die sich, im Grundsatz unverändert, bis zum Ende der eisenzeitlichen Heuneburg mit der Periode I a gehalten hat. Es ist ein Bauverfahren, für dessen späte Ausreifung im letzten vorchristlichen Jahrhundert niemand Geringeres als Gaius Julius Caesar selbst den Namen eines *murus gallicus*, einer gallischen Mauer, geprägt hat. Caesar hat diesen Mauertyp, den er während seines gallischen Feldzuges von 58–52 v. Chr. bei gallischen Städten *(oppida)* antraf und der ihm bei Belagerungen schwer zu schaffen machte, bewundernd beschrieben. Spätere Ausgrabungen haben in der Folge seine Angaben in allen Einzelheiten bestätigt.
Der Grundgedanke dieser neuen, von uns oben S. 68f. schon beschriebenen Mauerbautechnik besteht darin, daß man, sicherlich aus Gründen der Feuergefahr, die alte, noch während der Periode IV c praktizierte Blockbauweise aus Holz aufgab und zu einer vereinfachten Holz-Steinbauweise überging. Man konstruierte dabei zunächst ein zwei- bis dreireihiges kunstvolles Rahmenwerk aus senkrechten und waagerechten Holzbalken von 3–4 m Höhe, das man tief im Boden verankerte (Abb. 32).

Diesem sorgfältig verfugten, vielleicht sogar mit Holznägeln vernagelten Rahmen hat man dann Außen- und Innenfronten eingefügt, die variabel gestaltet werden konnten. Das Einfachste war wohl, zwischen die senkrechten Außenpfosten grob zuschlagene Steinblöcke einzusetzen und den so geschlossenen Mauerblock innen mit Gesteinsschutt aufzufüllen. Man konnte aber auch, wie offenbar bei der Heuneburgmauer von Periode III geschehen, horizontale schwere Holzbohlen hinter den senkrechten Außenpfosten aufschichten und so den Kernteil der Mauer schließen. Als Brandschutz und Verblendung zugleich mußte dann noch eine Steinmauer davorgesetzt werden. Solche Verblendmauern wird man sich vermutlich generell vorzustellen haben, nur sind sie bei den bisherigen Grabungen nur selten nachgewiesen worden. Man konnte sich aber durchaus auch mit dem bloßen Einsatz von Steinblöcken zwischen den einzelnen »Schotten« des Holzrahmens begnügen, auch wenn die Mauerfronten dadurch einer erhöhten Beschädigungsgefahr entweder durch gezielte Brandpfeile, durch Feuerlegen oder durch das Herausreißen einzelner Balken ausgesetzt waren. Aber selbst in letzterem

43 Preist, Kr. Bitburg/Eifel. Erhaltener Teil einer ›Pfostenschlitzmauer‹ mit den ausgeräumten horizontalen und vertikalen Holzbalkenrinnen (nach Dehn)

44 Echter ›murus gallicus‹ mit horizontalem, mit Eisenbolzen vernageltem Holzrahmenwerk. Rekonstruktionsversuch (Zeichnung Susanne Höfler)

Falle verhinderte der feste Innenrahmen den Einsturz größerer Mauerteile. Der Archäologe nennt die Ruinen derartiger Holz-Steinmauern eine »Pfostenschlitzmauer« oder, nach einem besonders gut erhaltenen Beispiel in der Südeifel, eine Mauer vom Typus Preist. »Pfostenschlitzmauer« deshalb, weil sich in ihren Fronten meist noch die Aussparungen der längst verwitterten senkrechten Holzpfosten in Form von regelmäßig auftretenden Schlitzen erhalten haben (Abb. 32, 43).

Der von Caesar beschriebene echte *murus gallicus* variiert das eben beschriebene Holzrahmenwerk einer solchen Pfostenschlitzmauer in der Weise, daß jetzt nur noch horizontale Balken bis zur gewünschten Mauerhöhe verlegt werden, deren Kreuzungspunkte man mit schweren, vierkantig geschmiedeten, bis 25 cm langen Eisenbolzen vernagelte (Abb. 44). Der Caesarische *murus gallicus* verzichtet also auf jegliche senkrechten Holzpfosten, was die Widerstandsfähigkeit der Mauern insofern erhöht, als jetzt in den Fronten nur noch die Balkenköpfe sichtbar waren. Vermutlich hat man auch bei diesen echten *muri gallici* gelegentlich noch zusätzliche Verblendmauern davor gesetzt.

Auch das nach der Holzblockbauweise von Periode IV c und der fremdartigen Lehmziegelmauer von Periode IV b–a dritte Mauerbauverfahren der Perioden III–I ist nicht von Katastrophen verschont geblieben, ein Zeichen dafür, daß selbst noch so ausgeklügelte Bautechniken vor der geballten Kraft eines feindlichen Angriffs nicht sicher waren. Am Ende von Periode III (Periode III a) ist auch die neue, in der »modernen« Holz-Steinbauweise errichtete Burgmauer in einem umfassenden Schadenfeuer zugrunde gegangen und das gleiche Unheil hat auch die letzte Burgmauer der Periode I a betroffen. Nach der letzten, gegen 400 v. Chr. eingetretenen Katastrophe ist die eisenzeitliche Heuneburg von ihren Bewohnern verlassen worden.
Überblickt man zusammenfassend noch einmal die verschiedenen Mauerbauten der eisenzeitlichen Heuneburg, dann vermerkt man mit Erstaunen, wie sehr sich im Laufe von nur zwei Jahrhunderten das Befestigungswesen gewandelt hat. Nach der einfachen Kastenmauer in Blockbautechnik aus Holz in Periode IV c kommt es unter fremdem, südlichem Einfluß zu der überraschenden und so völlig anders gearteten Lehmziegelmauer während der Perioden IV b–a. Aber so großartig dieser Mauerbau auch bei den Zeitgenossen gewirkt haben mag, er hat im Bewußtsein der Heuneburgbewohner keinen nachhaltigen Widerhall gefunden. In den teilweise verebneten Schuttberg dieser Mauer fundamentiert man unbekümmert die Mauerzüge jener neuen Pfostenschlitzmauern, die bis zum Ende der eisenzeitlichen Heuneburg beibehalten werden. Fast möchte man vermuten, daß hinter diesen sich so abrupt ablösenden Mauersystemen und ihren jeweiligen Architekten auch verschiedene Generationen von Burgherren stehen. Es gibt gute Gründe dafür, daß der Grabherr des Hohmichele auch der Erbauer der Holzkastenmauer von Periode IV c gewesen ist. Aber wer war der Auftraggeber der großen Lehmziegelmauer? War er der Sohn oder gar schon der Enkel des Toten aus dem Hohmichele und wo liegt er begraben? Solche Fragen machen schmerzlich klar, wie weit die Forschung noch zurück ist bei der Erforschung der um die Heuneburg verteilten »Fürstengräber«. In Frage kämen hier nur die Grabherren vom »Rauhen Lehen« über Ertingen oder diejenigen von der »Baumburg« und vom »Lehenbühl« (s. S. 206ff.). Die Inhaber der vier Fürstenhügel der Gießübel-Talhaugruppe fallen mit Sicherheit aus, da diese auf dem Gelände der nach der Katastrophe der Lehmziegelmauer ebenfalls geschleiften Außensiedlung der Heuneburg

aufgeschüttet sind. Alles spricht vielmehr dafür, daß die Grabherren dieser vier Hügel zu jener Burgherrengeneration gehören, welche den Auftrag zur Errichtung der Pfostenschlitzmauern der Perioden III–I gegeben haben. Aber all dies sind vorerst nur Vermutungen, die noch des Beweises harren. Sicher scheint jedoch, daß hinter den drei großen Mauerbau-Unternehmungen auch Bauherrn von Rang gestanden haben, Persönlichkeiten also, die in der Landschaft an der oberen Donau dereinst Geltung und Ansehen besessen haben müssen. Ihre Namen werden immer unbekannt bleiben und doch darf, ja muß ihnen echtes geschichtliches Wirken zugebilligt werden.

Zur Besiedlungsgeschichte der Hallstattburg

1963 wurde mit der Freilegung des Innenraums der Burg begonnen mit dem Ziel, möglichst genaue Einblicke in die Besiedlungsvorgänge zu gewinnen. Daß diese angesichts der starken und vor allem so vielfältigen Bewehrung der Burg ganz neuartige Aufschlüsse über den Wohnbau der Hallstattzeit insgesamt erbringen würden, durfte als sicher vorausgesetzt werden. Bis 1977 wurden in der Folge 176 je 5 × 10 m große Flächen im Südteil der Burg untersucht, was etwa 40 Prozent des besiedelten Burgareals entspricht. Ein quer über die Burgfläche, Nord-Süd geführter, 10 m breiter Schnitt schloß die auch im Norden angelegten kleineren Innensondagen an die im Südteil gelegene Hauptgrabungsfläche an, so daß sich insgesamt ein, wenn auch zunächst nur partielles, doch ausreichend großes Stück untersuchter Innenfläche ergab, aus dem sich mindestens gewichtige Teile der einstigen Besiedlungsvorgänge ablesen ließen (Abb. 5). Ein paar grundsätzliche Beobachtungen verdienen hier vorweg bekannt gemacht zu werden.

Das im Verlauf der Untersuchungen gewonnene, von Ost nach West und von Nord nach Süd verlaufende Profilkreuz gab wichtige Aufschlüsse über die ursprüngliche Form des alten Burghügels. Dieser fiel nach Norden, Osten und Süden mehr oder weniger steil ab und ging nur im Westen gleichmäßig in das Hinterland über. Die von der Natur her bedingte, leichte Wölbung des Burghügels im Innern wurde entweder zur Zeit der Frühmittelalterburg (s. S. 178) oder sogar noch später zu Beginn der Ackerwirtschaft zu einer gleichmäßig horizontalen Fläche abplaniert. Dies hatte zur Folge, daß die Kulturschichten im Zentrum der

Burg in einer Stärke von ca. einem Meter abgetragen waren, während sie sich gegen die Ränder des Burghügels zu tiefgründig erhalten hatten. Hier lagen bis zu 18 Laufhorizonte in einer Gesamtmächtigkeit von 4–5 m in unberührter Schichtenfolge übereinander, deren Zugehörigkeit zu den einzelnen Mauerzügen sehr genau beobachtet werden konnte. Üblicherweise gehörten zu einer Mauer zwei, zu Mauer I b dagegen vier und zur Lehmziegelmauer sogar fünf selbständige Lauf- bzw. Wohnhorizonte (Abb. 30). Diese bildeten sich zwangsläufig bei länger andauernder Besiedlung, so wie etwa die Fußböden ukrainischer Bauernhäuser alle paar Jahre einen neuen Lehmestrich erhalten, oder sie entstanden bei einer Veränderung des Bebauungsplans bei Um- und Anbauten oder gar bei der Bereinigung eines lokalen Schadenfeuers. Der Gründe hierfür gibt es viele. Jedenfalls wohnte man sich in friedlichen Zeiten allmählich in die Höhe. Dieser Prozeß wurde bei Eintritt einer äußeren Katastrophe schlagartig unterbrochen. Totalbrände wie solche am Ende von IV a, also der Lehmziegelmauerzeit, oder von III a zwangen nicht nur zur Konstruktion neuer Wehrmauern, sondern auch zu einem ganz neuen Bebauungskonzept. Schon der bisherige Ausgrabungsstand läßt erkennen, daß mit den Perioden IV c, IV b/a und III sich der Bebauungsplan der Burg vollständig gewandelt hat. Die sehr mühsame Bearbeitung der Pläne wird zeigen, daß auch für die Perioden II und I ähnliche Folgerungen zu ziehen sein werden. Erst mit dem Untergang der Heuneburg am Ende von I a hört die Besiedlung dann für fast ein Jahrtausend auf.

Eine weitere wichtige Beobachtung war, daß das Burginnere während der gesamten Eisenzeitperioden, also während der beiden Jahrhunderte zwischen 600 und 400 v. Chr. offenbar immer dicht besiedelt war. Ausgenommen war lediglich die Nordostspitze der Burg, die bekanntlich durch alle Burgmauern abgeschnitten wurde (Abb. 27, 34). Dieser Befund macht deutlich, daß es sich bei der Heuneburg nicht etwa um eine Fluchtburg gehandelt hat, in die man sich lediglich in Notzeiten zurückzog. Die Heuneburg muß ganz im Gegenteil ein bedeutendes Zentrum, vermutlich Mittelpunkt eines Stammes oder eines Gaues gewesen sein, in dem sich ein völlig anderes Leben entfaltet hat als draußen auf dem flachen Lande. Haben wir dort in dieser Zeit mit großen verstreuten Einzelgehöften zu rechnen, so muß es auf der Burg schon deutliche Frühformen städtischen Lebens gegeben haben. Vielleicht nicht gleich von Anbeginn an, aber ganz sicher zur Zeit der großen Lehmziegelmauer

und vermutlich auch in abgewandelter Form während der jüngeren Besiedlungsperioden.
Daß dieses städtische Zusammenleben sogar Formen annehmen konnte, die den begrenzten Rahmen der Burg selbst sprengten, das verdeutlicht eindrucksvoll eine während der Lehmziegelmauerzeit (Periode IV) angelegte Außensiedlung, die sich nördlich der Burg entlang des heutigen Waldrandes etwa in doppelter Größe des Burgareals hinzog (Abb. 34). Wir wissen einstweilen nicht, ob sich derartige Außenbezirke auch noch an anderen Stellen des unmittelbaren Burg-Umlandes befunden haben, etwa auf der großen Hangterrasse östlich des Burgplateaus gegen die Donau hin, im westlich der Burggräben vorgelagerten Gelände oder sogar auch auf dem heutigen Talhofsporn im Süden der Burg. Aber es gibt Überlegungen und Hinweise, die solche Außenbezirke zwingend voraussetzen. So haben sich z. B. bis heute keinerlei Spuren von Töpfereien gefunden, die angesichts der riesigen Keramikmasse auf der Burg mit Sicherheit irgendwo in der Nähe angesiedelt waren. Da Töpfereien wegen der Brennöfen immer sehr feuergefährlich sind, wird man sie außerhalb der Burg angelegt haben. Jedenfalls haben wir uns auch *extra muros* – außerhalb der Mauern – gelegenes, dicht bebautes Siedlungsgelände vorzustellen – der Archäologe spricht in einem solchen Fall von einem *suburbium*, einer Unterstadt – aus der die Burg wie eine Akropolis herausragte.
Noch reichen die ergrabenen Teile des Burginnern nicht aus, um die hier liegenden baulichen Anlagen verläßlich zu rekonstruieren. Dies ändert sich mit Sicherheit, wenn alle in der Südhälfte der Burg gewonnenen Baupläne ausgewertet sind und wenn auch genauere Einblicke in die Außensiedlung der Gewanne Gießübel und Talhau oben am Waldrand vorliegen. Aber die Unterlagen reichen schon jetzt aus, um vorsichtige Überlegungen darüber anzustellen, wie das bauliche Konzept eines Besiedlungszentrums wie der Heuneburg ausgesehen haben könnte.
Zu jeder antiken Dorf- oder Stadtanlage gehört zwingend ein freier Platz, auf dem sich das öffentliche Leben abspielen konnte. Es ist die Agora der Griechen oder das Forum der Römer. Man wird einen entsprechenden Freiraum irgendwo in der Mitte des Burginnern vermuten dürfen. Zu fordern ist ferner ein Bezirk, der religiösen Zwecken vorbehalten war. Da die Kelten indes nach allem, was wir wissen, in vorrömischer Zeit keine Tempel oder geschlossene Bauten für heilige Handlungen besaßen,

sie vielmehr ihre Zwiesprache mit den Göttern in heiligen Hainen suchten und fanden, so wird man einen solchen Platz eher außerhalb als innerhalb der Burg vermuten. Ist es vermessen, hier etwa an das Viereckheiligtum am Fuß des Hohmichele zu denken (Abb. 23, 24), das in seiner heute erhaltenen Form zwar sicherlich erst in spätere Zeit gehört, das aber – wie schon mehrfach vermutet worden ist – sehr wohl ältere Vorläufer gehabt haben könnte? Mindestens wäre ein solcher Platz in unmittelbarer Nachbarschaft des Grabmals des Burgbegründers und inmitten einer großen Grabhügelnekropole gut ausgesucht und von hohem symbolischem Wert! Nicht zu übersehen wäre freilich die mit einem Kilometer relativ große Entfernung von der Burg, doch würde sich dieser Eindruck angesichts größerer Außenbezirke abschwächen.

Eine immer wieder gestellte Frage ist die nach dem Wohnbereich des Burgherrn selbst. Bisher haben sich keinerlei Anhaltspunkte für einen solchen Bezirk im Burginnern gefunden. Die wahrscheinlich naive Vermutung, der Burgherr könnte sich die schönste und zugleich geschützteste Stelle des Burgareals als Wohnsitz ausgesucht haben, eine Überlegung, die nicht ohne Einfluß für den Entschluß war, zunächst die sich geradezu anbietende Südostecke der Burg auszugraben, endete mit einer Überraschung. Statt eines »Palastes« wurde ein Handwerkerviertel angetroffen, das hier während der Blütezeit der Burg (Periode IV) angelegt worden war (Abb. 45). Jetzt möchte der Ausgräber Gersbach nicht ungerne an die gegenüberliegende Nordostseite denken, dort wo sich noch heute die kreisrunde Senke eines Brunnens oder einer Zisterne abzeichnet und wo sich gelegentlich Reste von Häusern gefunden haben, die anstelle der üblichen Lehmfußböden richtige Plattenböden aus sauber verlegten Lehmziegeln besaßen. Aber natürlich reichen solche Beobachtungen für eine sichere Lokalisierung des »fürstlichen« Wohnbezirks nicht aus. Hier können nur systematische Ausgrabungen weiterhelfen. Fragen könnte man allerdings auch, ob denn der Burgherr mit seiner Familie überhaupt auf der Burg gewohnt haben muß? Könnte er sich nicht aus dem Getriebe ferngehalten und in vornehmer Isolierung etwa in einem Außenbezirk der Burg seinen Wohnsitz genommen haben? Unwillkürlich erinnert man sich dabei an das von einer Palisade umge-

45 Rekonstruktionsversuch und Plan der Bebauung der Südostecke der Heuneburg während Periode IV (Lehmziegelmauerzeit). Handwerkerviertel mit Donautor (nach Gersbach, Zeichnung Baradoy)

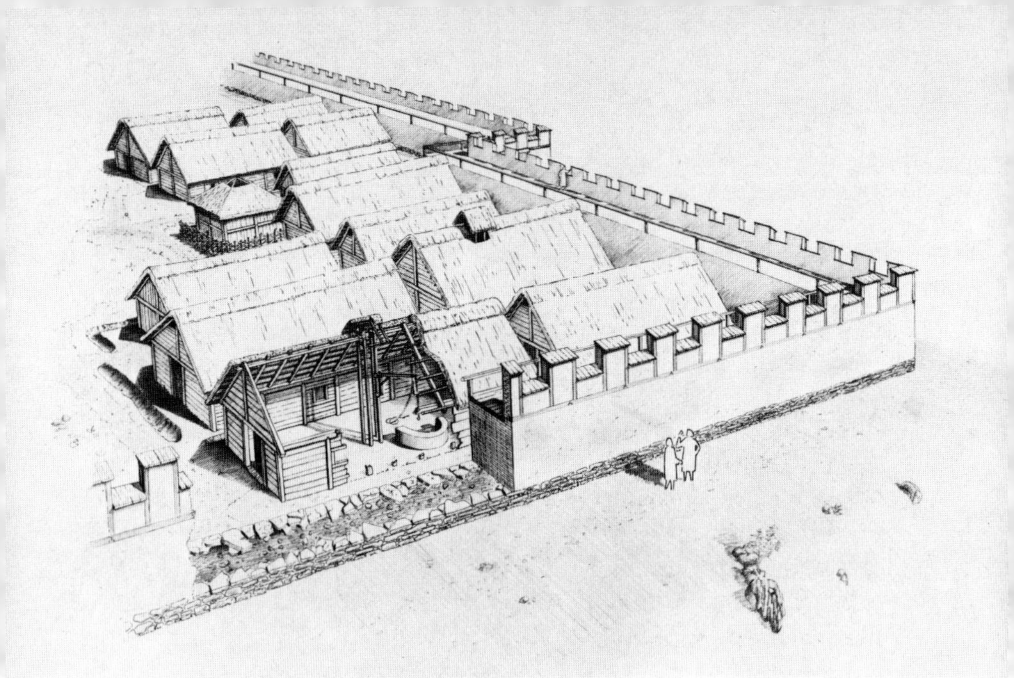

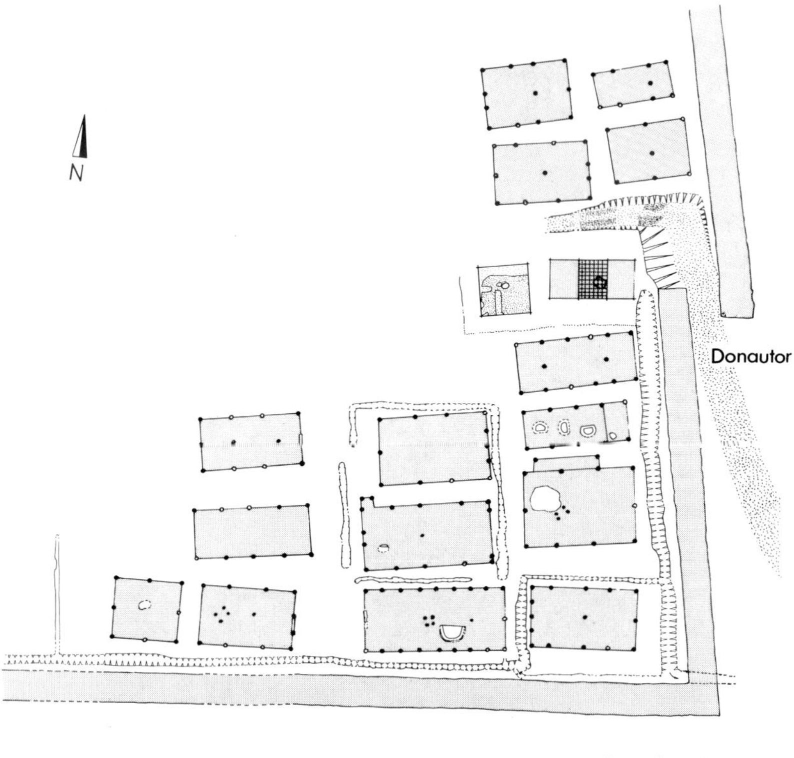
N
Donautor
0
5
10m

bene, wohl gezimmerte Prachthaus, wie es unter dem jüngeren Grabhügel 4 der Talhau-Nekropole zutage getreten ist (s. S. 196ff. mit Abb. 47). Trotz großflächiger Untersuchung der Südhälfte des Burginnern lassen sich die Besiedlungsvorgänge erst in Umrissen erkennen. Die Bebauung des Burgareals während der Gründerzeit, wie man die in die 1. Hälfte des 6. Jahrhunderts fallende Periode IV c nennen könnte, trägt, wenn nicht alles täuscht, noch stark individualistische Züge. Zwar muß es schon jetzt so etwas wie einen überlegten Bauplan gegeben haben, wenn man sich die geradwinklig auf die Mauern ausgerichteten Häuserfronten ansieht (Abb. 33). Auch das durchdacht angelegte System von Wasserabzugskanälen zwischen den einzelnen Häusergruppen verrät eine planende Hand. Was indessen sehr auffällt, sind die locker gruppierten Gehöfte mit zugehörigen Nebengebäuden, darunter viereckigen Speicherbauten, deren Eigenständigkeit noch zusätzlich durch eine kräftige Zaunabgrenzung unterstrichen wird. Fast hat man den Eindruck, daß hier ein ganz auf Eigenbesitz abgestelltes Gehöftsystem, wie man es vom flachen Lande her vermuten möchte, aus Platzgründen auf engem Raum zusammengefaßt wurde. Dabei scheint man einen Weg gesucht zu haben, deutlich beanspruchtes Privateigentum mit den Notwendigkeiten einer Gemeinschaftsplanung zu verbinden. Es wird sich zeigen, ob der noch kleine Planausschnitt, der im Augenblick zur Verfügung steht, solche Überlegungen rechtfertigt, wenn die Planauswertung weiter vorgeschritten ist.

Die Bauweise all dieser Gehöftgruppen ist in erstaunlicher Weise einheitlich (Abb. 10, 33). Stets handelt es sich um nur wenig eingetiefte mächtige Grundschwellenkonstruktionen von regelmäßigen, etwa 5 × 5 m großen Quadraten, die das Fundament für den Oberbau abgaben. Dieser wurde von Ständern getragen, die man je nach Bedarf auf die Kreuzungsstellen der Grundschwellen gestellt hatte. Sicherlich lag auf dem Unterbau ein solider Bohlenbelag als Fußboden. Über die Inneneinteilung der Häuser ist zunächst wenig bekannt, doch waren die bis 14 m langen und bis 9 m breiten Haupthäuser gewiß wohnlich eingerichtet. Lücken in der Bebauung, wie sie unser Plan erkennen läßt, lassen sich wohl eher auf schlechte Erhaltungsbedingungen der Holzsubstruktionen als auf wirkliche Baulücken zurückführen.

In diametralem Gegensatz zu diesen, noch ganz offensichtlich auf Eigenbesitz abgestellten behäbigen Gehöften der Gründerzeit (Periode IV c),

steht die Bebauungsweise der Lehmziegelmauerzeit (Periode IV b–a) (Abb. 45). Jetzt tritt, so scheint es wenigstens, das Individuum hinter einer anonymen Gemeinschaft zurück. Jeglicher, durch abgrenzende Palisaden noch verstärkt hervorgehobene Eigenraum ist jetzt verschwunden, die geradezu normiert wirkenden, in regelmäßigen Reihen stehenden Häuser mit dazwischenliegenden engen Gäßchen und Sträßchen bieten ein Bild, wie wir es bisher aus dem hallstättischen Mitteleuropa einstweilen nicht kennen. Nur Wasserabzugsgräben bzw. Traufrinnen liegen, wie früher auch, dicht um die Häuser herum, die im übrigen jetzt beträchtlich näher an die Mauer herangerückt sind. Entlang dem Mauersträßchen, von dem aus sicher zahlreiche Aufstiegsmöglichkeiten auf die Mauer führten, laufen größere, vermutlich einst abgedeckte Wasserkanäle, die an der Südostecke zusammentreffen und hier durch die Mauer hindurch nach außen entwässern, ein Umstand, der für eine ausreichende Wasserversorgung auf der Burg selbst spricht.
Ein weiteres sollte nicht übersehen werden. Das in der Südostecke der Burg gelegene Quartier war offenbar einer Bevölkerungsgruppe zugedacht, die in irgendeiner Weise mit dem Metallhandwerk zu tun hatte. Jedenfalls haben sich hier Schmelzöfen gefunden, zusammen mit Schmiede- und Gußabfällen aller Art. Eigenartige Vierpfostenstellungen, zumeist neben den Öfen, deuten möglicherweise auf Entlüftungsanlagen hin, also Kamine, die Abgase durch das Dach in die frische Luft leiten sollten (Abb. 45). Dieses Handwerkerviertel, wie wir es einmal bezeichnen wollen, reichte anscheinend bis zum Torweg des Donautores. Nördlich davon beginnt dann ein anders geartetes Viertel mit Häusern zwar des gleichen Bautyps und auch in der gleichen Reihenanordnung, aber bisher ohne jede Spur gewerblicher Wirtschaft.
Die große Brandkatastrophe am Ende der Lehmziegelmauerzeit (Heuneburg IV a) setzt dem allen ein jähes Ende. Der in Periode III b beginnende Wiederaufbau läßt dabei von Anfang an keinen Zweifel, daß man sich jetzt, von älteren, während Periode IV gepflegten Baugedanken zu lösen entschlossen ist. Das zeigt schon die völlige Neukonstruktion der Burgmauer, die den noch weitgehend intakten Baukörper der Lehmziegelmauer mehr oder weniger einebnet und ihn lediglich als Fundament für eine Holz-Steinmauer einheimischer Bauweise benutzt (s. S. 81 ff.) (Abb. 46). Obgleich die Auswertung der Pläne für den Innenausbau der jüngeren Burgperioden noch zu wenig vorangeschritten ist, um hier

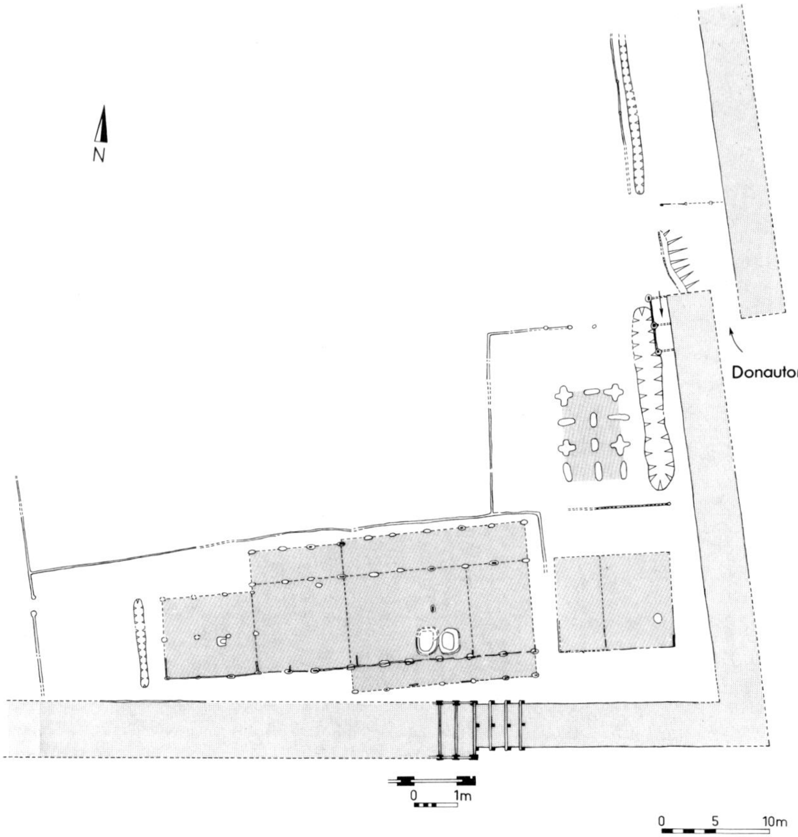

46 Ausschnitt aus dem Bebauungsplan der Periode III der Heuneburg (nach Gersbach)

weiterführende Aussagen machen zu können, läßt sich indes schon jetzt erkennen, daß die während der Perioden III–I zur Ausführung gelangten Besiedlungspläne wiederum von sicher einheimischen Architekten mit eher restaurativen Gedankengängen entwickelt worden sind. Dies bedeutet keineswegs einen technischen Rückschritt. Es entstanden im Gegenteil jetzt sogar bisher unbekannte, sehr große Baukörper mit vielgestaltigen Grundrißformen, darunter dreischiffige Hallenbauten, wie sie in dieser Art im eisenzeitlichen Mitteleuropa zwar nicht ganz unbekannt waren, aber in der Plötzlichkeit ihres Auftauchens doch recht

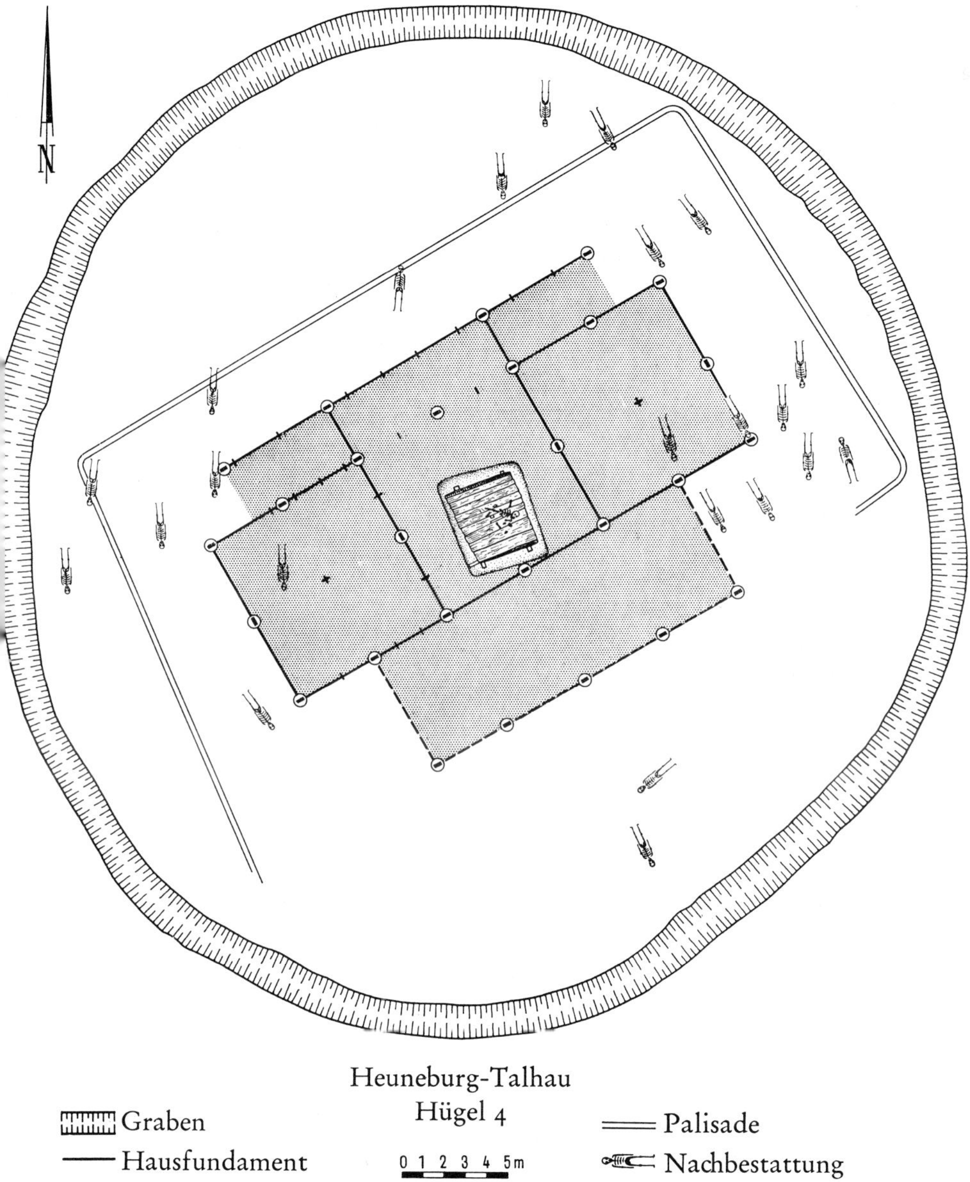

47 Heuneburg-Talhau. Fürstengrabhügel 4 mit Kreisgraben, Zentralgrab und Nachbestattungen. Unter dem Hügel älterer, zur Außensiedlung der Heuneburg (Periode IV) gehöriger, mehrräumiger Großbau, der von einer Palisade umgeben ist (nach Schiek)

ungewöhnlich sind. Insgesamt verraten die Bauten der jüngeren Burgperioden III–I eine andere Geisteshaltung, eine Rückkehr zu mehr individuellen Wohneinheiten unter gleichzeitiger Abwendung von allem Uniformen, wie wir es so ausgeprägt in der Südostecke der Burg während der Periode IV angetroffen hatten.

Nichts zeigt dies besser als der Abriß des dort befindlichen Handwerkerviertels nach dem großen Brand und sein Ersatz durch eine große gehöftartige Hausgruppe (Abb. 46), die nach Anlage und Konstruktionsweise verblüffend an das schon mehrfach erwähnte Großhaus unter dem Grabhügel 4 der Talhau-Nekropole erinnert (Abb. 47). Bei diesem Neubau der Periode III a handelt es sich um ein Mehrzweckhaus mit einer Anhäufung verschiedenartiger Räume und einem dreischiffigen Kernbau mit Backofen und Herd, dies alles unter einem Dach. In der äußersten Ecke liegt ein zweiräumiges Nebengebäude, nördlich davon ein schwerer Speicherbau. Der gesamte Wohnkomplex war mit einer Palisade umzogen, die im Westen einen Zugang besaß, die das Hauptgebäude und auch den Speicher umschloß und nur das in der Ecke gelegene Gebäude freiließ. Dem Palisadenverlauf nach zu schließen muß sich nördlich davon ein weiterer Gebäudekomplex angeschlossen haben. Es wäre sicher verfrüht, in diesem mächtigen, über 30 m langen Baukörper ein »Burgherrenhaus« erblicken zu wollen, aber es ist unbestreitbar, daß dieser Komplex im Grunde zu den Baugedanken der Gründerzeit (Periode IV c) zurückführt, die dem Individuum und seinem privaten Besitz verpflichtet waren.

Solche Vorstellungen scheinen sich auch in der Folge nicht geändert zu haben, wenn wir etwa das wiederum auf dem gleichen Areal errichtete, über 20 m lange dreischiffige Hallenhaus der Periode II betrachten (Abb. 48). Es zeichnet sich durch besonders schwere Fundamentpfosten aus, besitzt ein Mittelschiff von über 9 m Spannweite und muß daher einen besonders konstruierten Dachstock gehabt haben. Auch diesem Gebäude möchte man nicht ungerne eine besondere Funktion zubilligen. Bemerkenswert bei derartigen dreischiffigen Konstruktionen ist, daß hier schon im 5. vorchristlichen Jahrhundert Baugedanken verwirklicht wurden, wie sie späterhin im nordeuropäischen Raum im sog. Fletthaus jahrhundertelang in Übung gewesen sind.

Zu den schwierigsten Aufgaben des Archäologen gehört der Versuch, aus den, lediglich den Grundriß eines Hauses vor Augen führenden

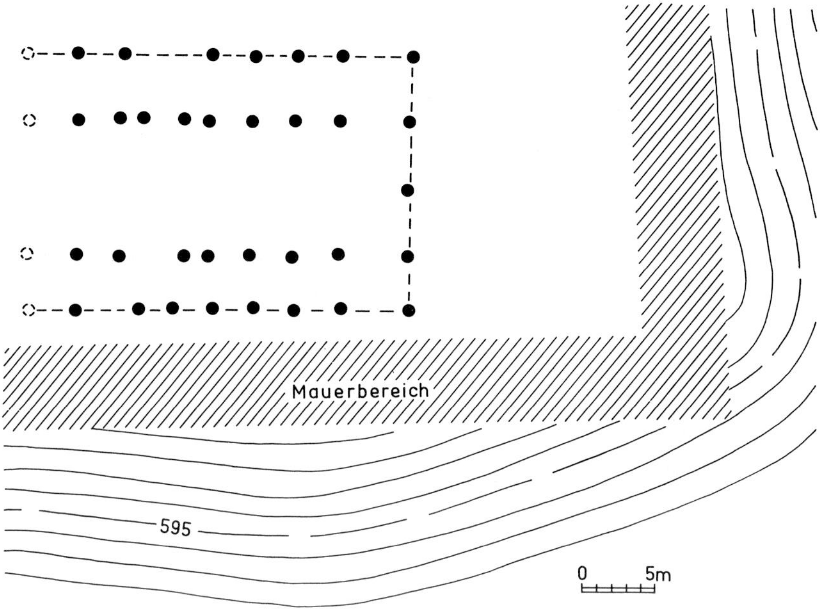

48 Teilstück eines großen dreischiffigen Hallenhauses der Periode II (nach Gersbach)

Fundamentspuren – um mehr handelt es sich ja bei den viel erörterten Pfostenlöchern nicht – den Oberbau des jeweiligen Gebäudes zutreffend zu rekonstruieren. Verläßlich kann dies eigentlich nur ein geschulter Architekt tun, der Ausgräber selbst wird sich mit einigen allgemeinen Angaben zufrieden geben müssen. Besonders schwierig ist es natürlich, die Dachgestaltung zutreffend zu rekonstruieren, da von dieser nur selten Bauelemente erhalten geblieben sind. Günstiger liegen die Dinge bei den Hauswänden, für die es sehr viel häufiger verbindliche Hinweise gibt. Mit Sicherheit aus älterer Bauüberlieferung stammt die Blockbautechnik, die sowohl bei Häusern wie bei Mauerbauten zur Anwendung kam. Sie ist besonders gut bei den Bauten der Mittelbronzezeit zu beobachten (Abb. 26, 33). Blockbauten sind im Grunde einfach, jedoch von dauerhafter Haltbarkeit. Sehr viel mehr zimmermannstechnisches Können erfordert der Ständerbau. Hierbei werden senkrechte Ständer an allen für das Gerüst des Hauses wichtigen Plätzen aufgestellt und zumeist mit Querankern verbunden. Die Zwischenräume werden mit Rutengeflecht

49 Proben von verbranntem Wandbewurf (›Hüttenlehm‹)

ausgefüllt und dieses wiederum wird innen und außen mit Lehm verstrichen. Sicherlich erhielt die getrocknete Lehmwand zusätzlich einen Kalkverputz. Brennt ein solches Haus nieder, dann verbrennt die Lehmfüllung mit dem eingelagerten Rutengeflecht zu einer harten Masse, in der sich die – verbrannten – Ruten in ihrer Struktur genau abgedrückt haben. Der Archäologe spricht in solchen Fällen von Hüttenlehm (Abb. 49). Eine besonders stabile Art der Wandgestaltung ist die Bohlenwand, bei der in die senkrechten Ständer Nuten eingeschnitten werden, in die man dann von oben eine Bohle nach der anderen einschiebt, bis die Bohlenwand geschlossen ist (Abb. 46). Diese kunstvolle, sehr haltbare, aber viel solide Zimmermannstechnik erfordernde Bauweise ist z. B. bei Teilen der Burgmauer von Periode III b angewandt worden, sicherlich aber auch bei besonders aufwendigen Hausbauten. Die Hausböden bestanden üblicherweise aus gestampften Lehmböden, die man sicherlich öfters durch Auftrag einer zusätzlichen Lehmschicht

erneuerte. Um diesen Lehmböden größere Stabilität zu verleihen, hat man gelegentlich zunächst eine dichte Lage von Schwein- und Rinderbackenknochen verlegt und auf dieser dann den Lehmstrich aufgebracht. In einigen Fällen – sie wurden schon erwähnt – hat man auch luftgetrocknete Lehmziegel, wie man sie zum Mauerbau benutzte, als Bodenbelag verwendet. Derartige Böden hatten nicht nur den Vorzug größerer Gleichmäßigkeit und wohl auch Haltbarkeit, vor allem aber wirkten sie wie gemusterte Plattenböden. Technisch sicherlich aufwendig, waren sie wohl nur für besondere Zwecke vorgesehen.
Auf den Böden wurden in bestimmten Räumen Herde und Backöfen errichtet, von denen freilich nur die rot gebrannten Bodenplatten erhalten geblieben sind (Abb. 45 oben). Unter den Herdplatten lagen vielfach stabilisierende und hitzeisolierende Rollsteinpackungen. Es wird im übrigen nicht immer leicht sein, Backöfen und Metallschmelzöfen sicher zu unterscheiden, da die gekuppelten Oberbauten fast immer abgetragen waren. Erstaunlich ist in jedem Fall, daß all diese Anlagen innerhalb geschlossener Räume untergebracht waren, was natürlich die Feuergefahr stark erhöhte.
Über den Oberbau der Häuser, vor allem über Fenster, Türen und Dachkonstruktionen wissen wir fast nichts, da sich Holzteile kaum erhalten haben. Türen waren natürlich vorhanden, desgleichen Fensterluken, die mit Holzläden geschlossen werden konnten. Ganz unklar bleiben die Dachkonstruktionen. Flachdächer, wie man sie sich gelegentlich als Abschluß der Türme der Lehmziegelmauer vorgestellt hat, hat es wohl nie gegeben, da sie im feuchten Klima Mitteleuropas technisch nur schwer gegen Schnee und Regen zu sichern waren. Üblicherweise wird man wohl mit Giebeldächern zu rechnen haben, die vermutlich mit dichten Lagen von Schilf oder Stroh, vielleicht auch mit Schindeln abgedeckt waren, wie dies heute noch bei älteren Bauernhäusern in den verschiedensten Teilen Europas der Fall ist. Was die eigentliche Dachkonstruktion anbelangt, so darf selbst vielfältiges Pfetten und Verzapfen als sicher vorausgesetzt werden. Bei Spannweiten von über 9 m – etwa bei den großen Hallenbauten (Abb. 48) – muß auch mit komplizierten Dachstöcken gerechnet werden, da derartig lange Dachbalken wohl nicht immer zur Verfügung standen.
Daß all diese Bauten – Mauerbauten wie Hausbauten – nur von technisch geschulten und hochqualifizierten Zimmerleuten erstellt werden konn-

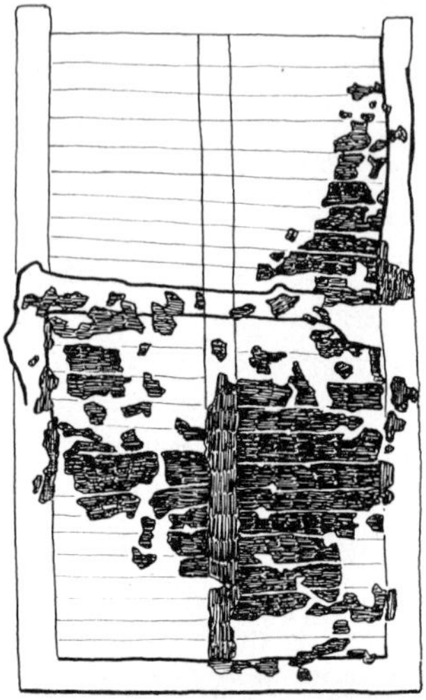

50 Unten: Das verbrannte zweiflügelige Holztor der Periode Ia unter dem großen Grabungszelt. Oben: Plan des aus schweren Eichenbohlen zusammengesetzten Rahmenbodens

ten, kann als sicher gelten. Leider hat sich Bauholz bis auf das verbrannte Nordtor der Mauer von Periode Ia (Abb. 50) nur in Spuren erhalten. Auch das zum Bau notwendige Handwerksgerät ist infolge Wiederverwendung oder auch Plünderung nur in Teilbereichen vorhanden. Dafür geben jedoch die oft vorzüglich als Verfärbung sich abzeichnenden Pfosten in den zugehörigen Pfostengruben recht genaue Auskunft über die Art ihrer Herstellung (Abb. 14). Von hohem Interesse ist hier die Feststellung, daß Großsägen unbekannt waren und das praktisch die gesamte Zimmerei mit verschiedenen Arten von Beilen durchgeführt wurde. Nach den Pfostenverfärbungen hat es runde, quadratische und langrechteckige Pfosten gegeben, die mit einer verblüffenden Genauigkeit zugebeilt waren. Hausgrundrisse oder mit Holz versetzte Mauerzüge lassen erkennen, daß man zu jedem Bauwerk immer gleichartig zugebeiltes Bauholz verwandte. Nicht zuletzt diese Korrektheit in der Auswahl des Materials hat es dem Ausgräber ermöglicht, zusammengehörige Baueinheiten trotz der Dichte der Pfostenstreuung verhältnismäßig leicht auseinanderzuziehen. Insgesamt besteht kein Zweifel, daß gerade die Heuneburg einen gewichtigen Beitrag zur Bauforschung der Hallstattzeit leisten kann und wird.

Die Funde der Hallstattburg

Wirkliches Leben gewinnt die Hallstattburg erst durch ihre zahlreich zutage getretenen Funde. Wären diese nicht vorhanden, so entfiele jede Möglichkeit, die so vielgestaltigen Baueinheiten auch mit den sie einst bewohnenden Menschen in unmittelbare Beziehung zu bringen. Trotzdem sollte man sich von diesen Funden keine übertriebene Vorstellung machen. Siedlungsfunde bestehen zumeist nur aus zerschlagenem Tongeschirr, aus zerbrochenem und daher unbrauchbar gewordenem Metallgerät, das man auch schon in der Vorzeit wieder gesammelt und erneut eingeschmolzen hat. Selten nur finden sich kleine Trachtgegenstände wie Fibeln, Nadeln, Perlen aus Glas und Bernstein und dergleichen mehr, Dinge, die man eines Tages verlor, in den vom Regen aufgeweichten Boden eintrat und daher nicht wiederfand. Und was schließlich gar Edelmetall anbelangt, so muß es als ausgesprochener Glücksfall angesehen werden, wenn sich solches einmal erhalten hat. Was die Heuneburg anbetrifft, so ist in den langen Grabungsjahren nur einmal ein Goldfund – ein kleiner Goldlöffel (Abb. 51) – zum Vorschein gekommen, der aus uns unbekannten Gründen seiner Wiederauffindung oder gar einer Plünderung entgangen ist. In reichem Maße vorhanden sind dagegen Tierknochen aller Art, mit denen die Fundschichten geradezu durchsetzt waren. Ein Fundbild, das insgesamt so wenig attraktiv erscheint wie dasjenige von Siedlungen, hat in früheren Jahren die Ausgräber bewogen, ihre Aufmerksamkeit mehr den in der Regel gut ausgestatteten Gräbern zuzuwenden. Dies führte zwar vorab im 19. Jahrhundert zur wenig sachkundigen »Ausgrabung« vor allem von Grabhügeln, doch blieben dafür aus den genannten Gründen die Siedlungen weitgehend verschont. Gerade die Untersuchung der Heuneburg hat gezeigt, daß auch Siedlungsmaterial höchst interessante und weiterführende Ergebnisse zu liefern vermag. So kann man z. B. aus ihm mit Sicherheit herauslesen, daß nach den großen Katastrophen, welche die Burg betroffen haben, diese von den Eroberern gründlich geplündert worden sein muß. Beim Wiederaufbau wird die Bevölkerung, soweit sie noch vorhanden war, weiterverwendbares Material aufgesammelt und erneut benutzt haben. Ein etwas anderes Bild bietet sich nach Abschluß der letzten, endgültigen Katastrophe, also im Schutthorizont der Periode Ia. Wenn in ihm der Fundanfall verhältnismäßig reichlich erscheint, so kann man daraus schließen, daß der Eroberer zwar das für ihn wertvolle Gut mitgenommen hat, daß aber die ehemalige Einwohnerschaft anschließend keine Gelegenheit mehr fand, irgendwelche, vielleicht sogar während der Belagerung vergrabene Besitztümer zu bergen.

Was die heute nach 2500 Jahren gehobenen Fundstücke anbelangt, so sind sie fast alle durch das lange Liegen im feuchten Boden mehr oder weniger stark in Mitleidenschaft gezogen. Um sie für die wissenschaftliche Auswertung und vor allem für museale Zwecke wieder aussagefähig und attraktiv zu machen, bedarf es mühsamer, langwieriger und nicht zuletzt aufwendiger Konservierungsarbeiten. Scherben müssen vorsichtig gewaschen, oftmals gehärtet, dann zusammengesetzt und die Fehlstellen mit Gips ergänzt werden, bis die ursprüngliche Form des Gefäßes wieder vor uns steht (Abb. 9). Rost und giftige Patina haben die meisten Metallfunde so stark zersetzt, daß es eines komplizierten chemo-physikalischen Prozesses bedarf, um die Form des einstigen Gegenstandes wieder sichtbar zu machen und um einen erneuten Rostvorgang zu verhindern.

51 Der kleine goldene Sieblöffel. Länge 10 cm

Holzresten muß die Bodenfeuchte völlig entzogen werden, um ihren Verfall aufzuhalten. Durch künstliches Zuführen von Bernsteinsäure wird aus einem scheinbaren Erdklümpchen wieder eine Bernsteinperle. Moderne Restauratoren sind wahrhafte Zauberkünstler, ihre Arbeitsstätten gleichen hochtechnisierten Laboren!
Der Fundbestand der hallstattzeitlichen Heuneburg gibt zum erstenmal Einblick in die Bedürfnisse des täglichen Lebens, wie er aus dieser Zeit im nordwestlichen Voralpenraum noch niemals gewonnen werden konnte. Versucht man diesen Fundbestand zu ordnen, dann nimmt die Töpferei

hier fraglos den breitesten Raum ein. Seit der Erfindung gebrannter Tonware in Mitteleuropa im Verlauf der jüngeren Steinzeit, also etwa zu Beginn des 5. vorchristlichen Jahrtausends, ist die Töpferei aus dem menschlichen Dasein nicht mehr wegzudenken. Bei aller Vielgestaltigkeit der menschlichen Kulturentwicklung in den seither vergangenen rund 6000 Jahren ist gerade die Töpferei ein unverlierbares Erbe geblieben. Natürlich hat sie sich den jeweiligen Gegebenheiten angepaßt, haben sich Formen und Verzierungen verändert, aber ohne gebrannte Tonware ist keine menschliche Epoche mehr ausgekommen. Aufgabe und Kunst des Archäologen besteht darin, vorzeitliche Töpfereierzeugnisse exakt zu klassifizieren und sie den jeweiligen schriftlosen Kulturgruppen zuzuordnen. So wie jedes Land heute seine eigenen Briefmarkenserien besitzt und ständig neue entwirft, so besaßen auch vorzeitliche Kulturen ihren festen keramischen Bestand, den der Archäologe wie ein Alphabet kennen muß, um mit seiner Hilfe Standort und Entwicklung eben dieser Kulturen zu bestimmen.

Was die keramische Produktion der Heuneburg anbelangt, so war diese von erstaunlicher Vielseitigkeit. Es kann kaum zweifelhaft sein, daß die in den Töpfereien arbeitenden Personen schon in einer Art von Großbetrieb, in einer Manufaktur, beschäftigt waren, die nicht nur für den heimischen Bedarf, sondern auch schon für einen größeren Umkreis produzierte. Es gibt gute Gründe dafür, daß z. B. die noch zu besprechende rotweiß bemalte Keramik auf der Heuneburg eine Art von Monopol war. Sie wurde weithin im westlichen Hallstattkreis, so bis nach Mainfranken und nach Oberösterreich abgesetzt. Auch wenn die Töpferscheibe als Voraussetzung für alle Massenproduktion erst in einer Spätphase der Burggeschichte, etwa gegen die letzte vorchristliche Jahrtausendmitte, zum Einsatz kam und zunächst vorzugsweise noch für feineres Geschirr Verwendung fand, so muß es gleichwohl Einrichtungen gegeben haben, die eine Massenherstellung gängiger und vor allem notwendiger Gefäßformen ermöglichten. Hinzu kam noch das Bedürfnis nach künstlerisch hochwertiger Feinkeramik, das sicherlich zahlreiche Spezialisten voraussetzte, welche mit der überaus beliebten Gefäßmalerei vertraut waren, die aber auch neue Brenn- und Maltechniken ausprobierten, ja die nicht davor zurückscheuten, auch fremde importierte Töpferwaren wie z. B. attische griechische Keramik (s. S. 136f.) zu imitieren. Daß derartige Töpfereibetriebe mit einer bereits hochentwickelten Tech-

52 Geschweifte Schalen und Schüsseln von der Heuneburg

nik nur an einem politisch übergeordneten Zentrum wie der Heuneburg arbeiten konnten, liegt auf der Hand.

Die Töpferware der Heuneburg läßt sich grob in zwei grundverschiedene Gebrauchsgruppen trennen. Da ist einmal das einfache Hausgeschirr, die Wirtschaftsware, wie man sie bezeichnen könnte, die im täglichen Leben die Hauptrolle spielte und die verständlicherweise die Hauptmasse des erhaltenen Tongeschirrs ausmacht. Und da ist zum andern die schon angesprochene Feinkeramik, über deren Verwendung im Hausgebrauch wir nur unklare Vorstellungen haben, die aber gleichwohl bei unseren Heuneburg-Bewohnern hoch geschätzt gewesen sein muß.

Bei der Wirtschaftsware lassen sich drei Grundformen erkennen, die ganz offenbar als Massenware produziert worden sind: einfache Schalen oder Schüsseln, mehr oder weniger eiförmige Töpfe und sehr große bauchige Vorratsgefäße. Sie alle sind nach Bedarf in unterschiedlich großen Serien produziert worden. Eine Art von Universalform war dabei die in zwei Varianten vorliegende Schüssel (gewölbt und geschweift) (Abb. 52), die

53 Eiförmige Töpfe verschiedener Größen von der Heuneburg

man offenbar zum Trinken, Essen, Schöpfen, Aufbewahren von Speisen und anderen täglichen Verrichtungen benutzte. Weit über die Hälfte des Keramikbruches gehört derartigen Schüsseln an. Kaum minder notwendig war ferner der eiförmige Topf ohne jede Henkelbildung, dessen Außenhaut man bewußt griffig gemacht hatte, damit er einem nicht aus der Hand rutschen konnte (Abb. 53). Die Töpfe sind entweder unverziert oder nur am Rand sparsam mit Fingertupfenreihen oder aufgesetzten plastischen Leisten dekoriert (Abb. 54). Sie dienten wohl vorab zum Kochen, denn sie sind vielfach rußgeschwärzt und zudem häufig im Innern mit anhaftenden Krusten versehen, die kaum anders als von Speisen oder Suppen herrühren können. Sicher der Aufbewahrung oder Speicherung von größeren Lebensmittelmengen, vielleicht aber auch von Flüssigkeiten, zugedacht waren schließlich gewaltige Vorratsgefäße, die wohl in keinem Haushalt fehlten. Diese Vorratsgefäße, die in den mediterranen Kulturen zu Kühlzwecken meist im Boden eingegraben waren, standen in den Häusern der Heuneburg, zusammen mit anderen

54 Auch grobes Gebrauchsgeschirr kann formschön und dekorativ gestaltet sein. Diese Töpfe von der Heuneburg lassen zudem alpine Einflüsse erkennen

Gefäßen, ebenerdig an den Wänden, was besonders schön in den Zentralräumen der Türme der großen Lehmziegelmauer beobachtet werden konnte (Abb. 55). Kellergruben, in denen man solche Vorratsgefäße hätte unterbringen können, sind merkwürdigerweise auf der Heuneburg bisher nicht beobachtet worden. Neben diese drei Grundformen von Schüssel, Topf und Vorratsgefäß treten dann weitere Gefäßgattun-

55 Rekonstruktionsversuch eines Turm-Innenraumes mit aufgestellten Gefäßen und Herdplatten. Blick durch die Tür in die Gäßchen des Handwerkerviertels (Periode IV) (Zeichnung Böttcher)

gen, die im täglichen Gebrauch ebenfalls eine Rolle gespielt haben müssen, ohne daß ihr Zweck immer einleuchtend wäre. Eine wichtige Form war z. B. die mit einem Griff versehene Deckelschüssel (Abb. 56), die in allen Größen vorkommt. Schwieriger zu deuten sind demgegenüber zahllose Klein- und Kleinstgefäße, darunter oft nur fingerhutgroße Gebilde (Abb. 57). Letztere ahmen gelegentlich die gängigen Großformen nach, häufiger sind indes formlose Schöpfungen, für die man meist die Verlegenheitsformel »Spielgefäße« benutzt.

Zu den vielen Dingen, welche die Heuneburg sichtbar aus der Masse sonstiger Hallstattsiedlungen heraushebt, gehört die erstaunliche Produktion an hochwertiger Feinkeramik. Solche wäre undenkbar, wenn hier nicht ein Töpfereizentrum bestanden hätte, in dem man sich über das tägliche Gebrauchsgeschirr hinaus ganz bewußt auch mit der Weiterentwicklung modischer Tonware, mit der Erprobung neuer Brenntechni-

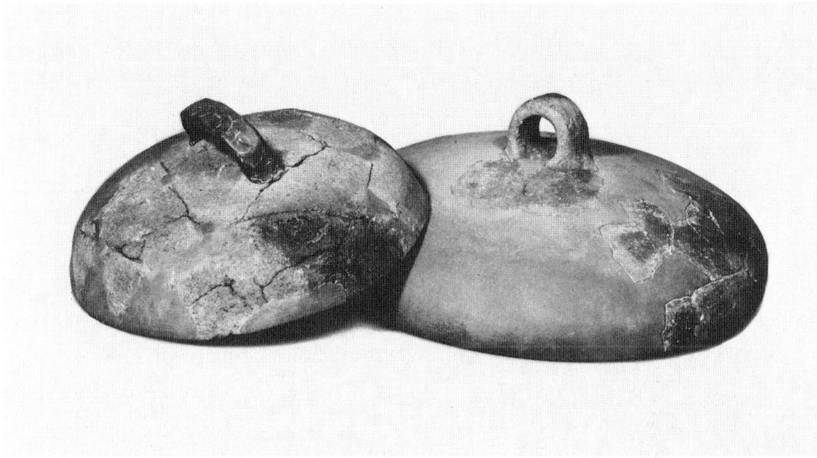

56 Deckelschüsseln mit Griff von der Heuneburg

57 Tonteller mit verschiedenen Formen von Kleinstgefäßen von der Heuneburg

ken und nicht zuletzt auch mit der vom Süden übernommenen schnell rotierenden Töpferscheibe beschäftigt hätte, die ganz neue Möglichkeiten eröffnete. Daß man bei ihrem Gebrauch in, wenn auch qualitätvollen, Anfangserfolgen steckenblieb, lag nicht am fehlenden Pioniergeist der Heuneburgtöpfer, sondern an den politischen Fakten, die das baldige katastrophale Ende der Heuneburg im Gefolge hatte. Aber es ist unbezweifelbar, daß die kommende formschöne Latènekeramik (Abb. 58) – gleich wie im übrigen die viel erörterte Latènekunst – auf der Heuneburg und anderen gleichgewichtigen Plätzen wie etwa dem Hohenasperg in entscheidender Weise vorprogrammiert worden ist. Die feine schwarze Drehscheibenware aus der Spätphase der Heuneburg mit ihren charakteristischen Kanneluren (Abb. 59) verrät bei aller Anlehnung an südliche Vorbilder doch eine sehr eigenständige Lust am Spielen mit dem neuen Drehscheibengerät. Daß hierbei auch der dafür zweckmäßige sandig-

58 Auf der Drehscheibe gearbeitete schwarze Tonflasche von der Heuneburg (Periode I), die schon ganz die Töpferware der Latènezeit vorwegnimmt

59 Auf der Drehscheibe gedrehte schwarze Rippen- und Riefenkeramik von der Heuneburg

feine Ton der künftigen Latènekeramik schon mitverwandt wurde, sei nur am Rande vermerkt.

Was die hallstättischen Heuneburgtöpfer jedoch am meisten beschäftigt hat, das war die Umsetzung ihrer althergebrachten Ritz- und Kerbkeramik – im 7. Jahrhundert ein Glanzstück vorab südwestdeutscher Töpferkunst – in eine neue Maltechnik. Die mit dem Festsetzen griechischer Siedler an der französischen Mittelmeerküste hier nach 600 v. Chr. bekanntgewordene Gefäßmalerei muß auf weite Teile des späthallstättischen Europas wie ein Schock gewirkt haben. Zwar war Farbigkeit (Polychromie) von Gefäßen schon in der Schlußphase der nordwestalpinen Spätbronzezeit des 8. Jahrhunderts durchaus geläufig. Man tunkte damals die Töpfe in einen rotgefärbten Tonschlamm und bemalte dann die vorgetrockneten Gefäße mit silbrig glänzenden Graphitbändern, eine Technik, die sich auch bei der schon genannten Ritz- und Kerbschnittkeramik des 7. Jahrhunderts fortsetzte (Abb. 60). Aber Malerei im echten Wortsinn war dies nicht, weder eine pflanzliche und schon gar keine

60 Ritz- und kerbverzierte Tonware älterhallstättischer Tradition von der Heuneburg. Der Tongrund ist rötlich, die glatten Streifen sind graphitbemalt

61 Rot-weiß gefärbte Hochhalsgefäße von der Heuneburg

figürliche, wie sie jetzt dem Hallstatt-Töpfer, nicht zuletzt durch südliche Importe, plötzlich vor Augen geführt wurde. Dessen Antwort im 6. Jahrhundert war zunächst die Umsetzung der alten geometrisch geritzten und gekerbten Muster in eine reine Maltechnik, was zugleich eine Umwandlung der früher unruhig-rauhen in eine jetzt glattspiegelnde Gefäßoberfläche zur Folge hatte. Träger der neuen Malweise wurde das aus den großen, plumpen Halsfeldgefäßen des 7. Jahrhunderts entwickelte kleinere Hochhalsgefäß, das nunmehr in vielfältigen, aber im Grundtypus gleichbleibenden Varianten serienmäßig hergestellt wurde (Abb. 61, Titelbild). Man wird mit guten Gründen vermuten dürfen, daß dieser neue Gefäßtypus auf der Heuneburg selbst erfunden worden ist. Die ohne Scheibe gefertigte Rohform tauchte man wie früher in eine rote Schlämm-Masse, überzog anschließend die Wulstschulter mit einem gelblichen Weiß und malte nun auf diesem hellen Untergrund all jene altbekannten geometrischen Muster in einem sich gut abhebenden Grauton mit dem Pinsel auf (Abb. 62). Zusätzlich verwandte man rote Streifenmalerei. Unbekümmert verzichtet man dabei auf jegliche Vorzeichnung, beginnt einfach mit dem beabsichtigten Muster an irgendeiner Stelle, malt bei fortwährendem Drehen des Gefäßes munter weiter und ließ sich nicht stören, wenn die Rechnung im Endeffekt nicht aufging. Diese, gelegentlich groteske Unregelmäßigkeit des Musters verleiht gleichwohl all diesen Gefäßen einen besonderen handwerklichen

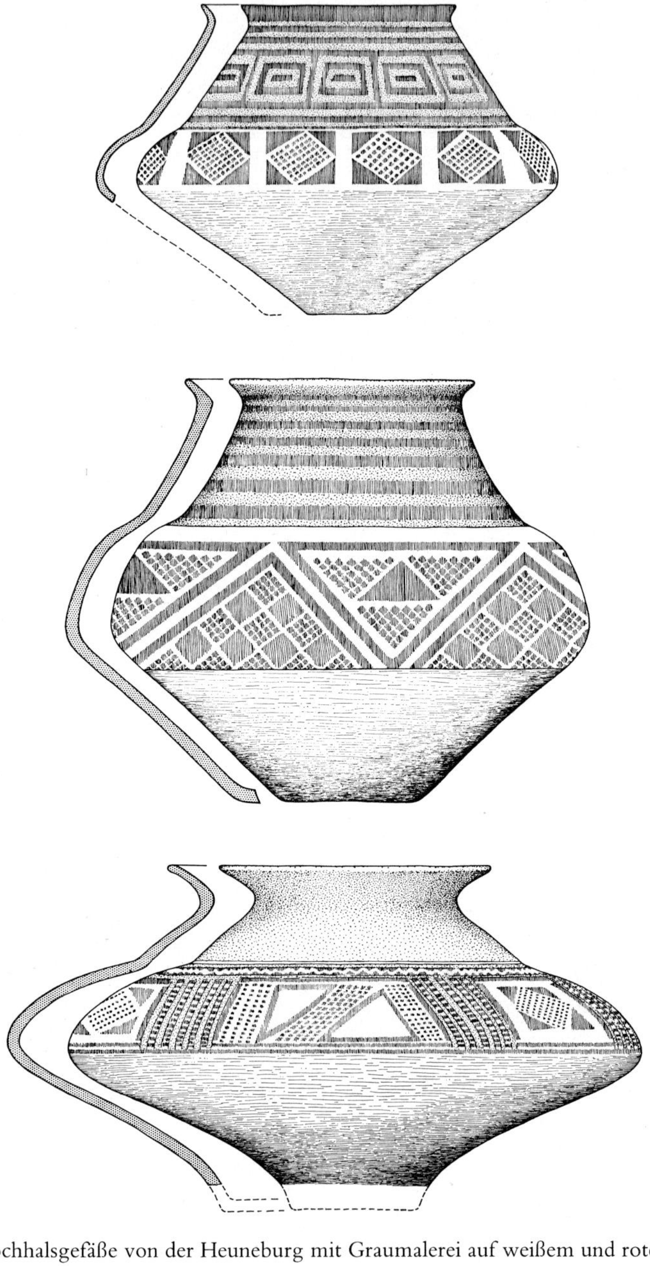

62 Hochhalsgefäße von der Heuneburg mit Graumalerei auf weißem und rotem Grund

Reiz. Das bemalte Hochhalsgefäß erwies sich in der Folge als »Renner«, das weithin verhandelt oder auch ganz einfach nachgeahmt wurde.
Und auch sonst fehlt es den Heuneburgtöpfern nicht an schöpferischer Phantasie. Man weitet die Malerei auch auf andere Gefäße als das Hochhalsgefäß aus. Als dieses mit dem Ende der Periode IV, also der Lehmziegelmauerzeit aus der Mode kommt, bemalt man die auf der Heuneburg so beliebten Schalen (Abb. 63) und man bedient sich dabei jetzt auch in zunehmendem Maße fremder, vom Süden her überkommener Muster wie Flechtbänder, Winkelhaken, komplizierter Mäandroide und kurvolinearer Elemente, die in der alten Hallstattmusterkarte keine Vorläufer besaßen (Abb. 63). Die Heuneburg-Töpfer greifen alles begierig auf, was ihnen von außen her zugetragen wurde, sie beginnen zu experimentieren und scheuen auch nicht vor unmittelbaren Imitationsversuchen fremder Produkte zurück. Immer aber bleibt die eigene Note, gewissermaßen das Gütesiegel der Heuneburgtöpfer erkennbar. An ein paar Beispielen soll dies kurz erläutert werden:
In Oberitalien und entlang der Küsten des Löwengolfs formt man, ganz offenbar unter dem Einfluß der Töpferscheibe, Gefäße verschiedenster Art, deren besonderes Merkmal ein kleiner Hohlfuß ist. Auf der Heuneburg greift man diesen Modehit auf und versieht Gefäße aller Größen ebenfalls mit solch kleinen Hohlfüßen ohne Rücksicht auf einen sicheren

63 Schwarz-rot gebänderte Schale von der Heuneburg mit fremdem kurvolinearem Wellenmuster

64 Heuneburg-Pokale, eine selbständige Nachschöpfung von graeco-etruskischen Kantharoi

Stand. Der Trend zur übertrieben kleinen Standfläche gilt gewissermaßen als ›vornehm‹ und man zerbricht sich heute den Kopf, wozu die oft breit ausladenden Gefäße mit ihren extrem kleinen Standflächen wohl gedient haben könnten. – Besonders beliebt war das Nachahmen fremder Gefäßformen, die den Heuneburg-Töpfern auf irgendeinem Wege bekannt wurden. So hat man etwa den griechisch-etruskischen Kantharos, ein pokalartiges Gefäß mit zwei hochgeschwungenen Henkeln in ganz eigener Weise nachgeformt. Dabei übernahm man die kleinen Hohlfüße, ahmte auch getreu die glänzend schwarze Farbe des etruskischen Bucchero-Tones nach, ließ aber die Henkel weg, die man auf der Heuneburg nicht schätzte. Der Heuneburg-Pokal war geboren, eine durchaus nicht reizlose Imitation des etruskischen Vorbildes (Abb. 64). Warum man in der westlichen Hallstattkultur im übrigen den seit dem Neolithikum bekannten und technisch ausgereiften Henkel als praktischen Gefäßteil ablehnte, gehört zu den unerklärbaren Eigenwilligkeiten dieses Kulturkreises.

Im 6. Jahrhundert beliebt und sehr wahrscheinlich aus oberitalisch-südalpinen Werkstätten stammend, war ein zylindrischer, aus Bronzeblech getriebener und an einer Seite zusammengenieteter Eimer (Abb. 65). Der Eimer wird dabei von zahlreichen herausgetriebenen Rippen umspannt, die den Gefäßkörper zusammenzuhalten scheinen. Solche Bronzeeimer, italienisch: Ciste a cordoni, haben sich in den Burgherrengräbern nördlich der Heuneburg gefunden (s. S. 194). Diese Gefäßform muß den Töpfern der Heuneburg so imponiert haben, daß

65 Goldschmuck, Bronzegefäße und kerbschnittverzierter Tonteller aus den Grabhügeln der Burgherren. Tonteller aus dem Hohmichele, alles übrige aus den Fürstenhügeln im Gewann Gießübel-Talhau nördlich der Heuneburg

man sie in Ton nachbildete, weiß einfärbte und sie anschließend mit roten Streifen bemalte, ganz im Stil der schon beschriebenen Hochhalsgefäße. Selbst die Rippen hat man durch horizontale Wulste wiederzugeben versucht. Zu was diese Schaustücke gedient haben, ist unbekannt; man könnte sie geradezu für Gesellenstücke von Töpfern halten, die zeigen wollten, was sie zu leisten vermochten (Abb. 66).
Noch eine weitere, sehr bekannte oberitalische Gefäßform, eine sog. Situla, hat man auf der Heuneburg vielfach nachgearbeitet. Charakteristisch für diese italischen Tonsitulen sind horizontale rote und schwarze Bänder, die durch ganz feine kantige Leisten getrennt werden. Es gibt von der Heuneburg das Fragment einer solchen gebänderten Tonsitula, die sich kaum von oberitalischen Originalen unterscheiden läßt und bei der lediglich der benutzte Ton einheimische Herkunft verrät (Abb. 67). Vielleicht am eindrücklichsten äußert sich die Virtuosität der Heuneburg-Töpfer bei dem Versuch, auch attisch-griechische Vasen nachzuahmen. Das Auftauchen dieser hochwertigen, vielfach pflanzlich, ja sogar figürlich bemalten Tonware auf der Heuneburg (s. S. 134ff.) muß die hier wirkenden Töpfermeister tief beeindruckt haben. An eine Übernahme des rein Malerischen haben sie dabei wohl nicht gedacht – dies

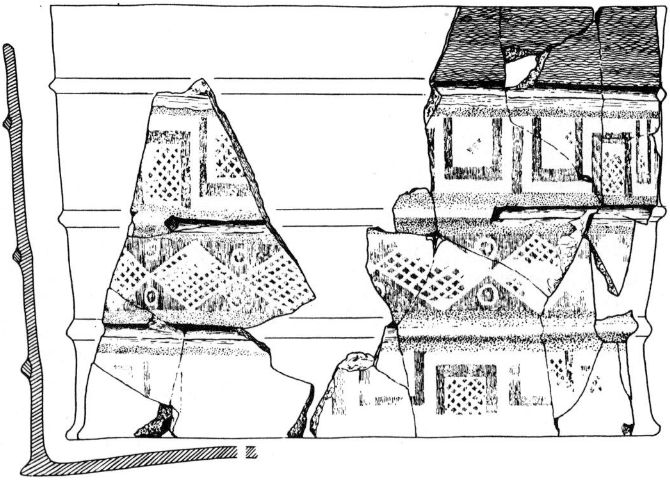

66 Rot-weiß gefärbte und mit Graumustern bemalte Tonziste aus der Außensiedlung der Heuneburg (nach Schiek)

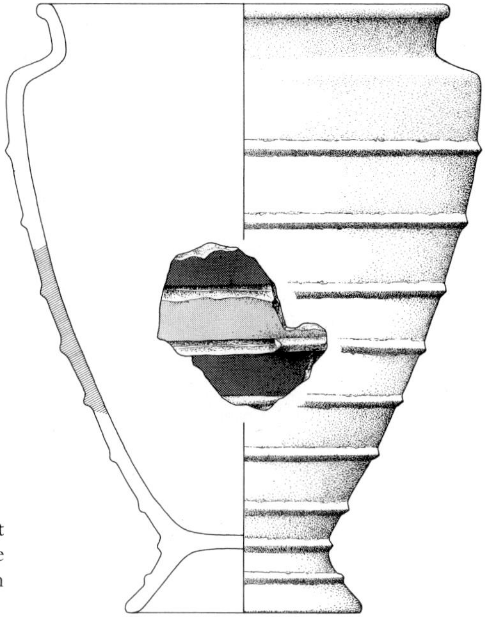

67 Bruchstück einer schwarz-rot gebänderten und durch horizontale Leisten gegliederten Tonsitula von der Heuneburg

hätte vermutlich ihre Möglichkeiten doch überstiegen – aber sie wagten immerhin den Versuch, die äußere Form von Kleinmeisterschalen und vor allem die lackschwarze, glänzende Oberfläche dieser Keramik nachzubilden. Dies ist ihnen so gut gelungen, daß selbst Vasenkenner Mühe hatten, Original und Imitation sicher voneinander zu unterscheiden. Die oftmals extrem dünnwandige schwarzpolierte Ware der Heuneburg, von der es auch eine, vielleicht zufällig beim Experimentieren entdeckte rotpolierte Variante gibt (Abb. 68), gehört zum besten, was hallstättisches Töpferhandwerk hervorgebracht hat.
Die Zahl der aussagekräftigen *nicht*-keramischen Funde beträgt rund 2200 Stücke. Der Wert dieser Menge erhöht sich noch dadurch, wenn man die Masse der bei Plünderungen abhanden gekommenen Materialien bedenkt. Natürlich handelt es sich bei diesem Fundgut nicht um neuwertige Stücke, vielmehr meist um unbrauchbar gewordenen Abfall, doch kann der Archäologe auch aus diesem einen weitgehend verbindlichen Querschnitt durch das einstmals vorhandene Gebrauchsgut einer späthallstättischen Großsiedlung ziehen.

68 Rotpolierte, extrem dünnwandige Tonware von der Heuneburg

Man kann den nicht-keramischen Fundbestand der Heuneburg zwanglos in mehrere Gruppen einteilen. Da ist zum ersten das Trachtgut, das beim Tragen zerbrach oder verlorenging, das in der Folge in den weichen Boden eingetreten wurde und trotz Suchens nicht mehr gefunden werden konnte. Zu diesem Trachtgut gehören Hals-, Arm- und Ohrringe, weiter Brustschmuck, Gürtelteile, Reinigungsbestecke wie Nagelschneider (Abb. 69), Pinzetten und Ohrlöffelchen, vor allem aber Fibeln, Nadeln und Perlen aller Art. Wie beträchtlich gerade dieser Bestand an Kleinschmuck ist, ergibt sich aus nachfolgenden Zahlen. So konnten bisher 466 Bronze- und Eisenfibeln (Abb. 70), großenteils in Bruchstükken, aber vielfach auch unbeschädigt, weiter 403 Nadeln, darunter 27 Nähnadeln und 113 Nadelschäfte, schließlich 49 Perlen, unter ihnen 20 Knochenperlen (Abb. 71), 16 Bernsteinperlen, 7 Glasperlen, 4 Gagat- und 2 Korallenperlen geborgen werden.
Eine zweite Gruppe umfaßt Einzelstücke aus Bronze und Eisen zumeist unbekannter Funktion wie z. B. Beschlagleisten, Bronzebuckel und

69 Bronzener Nagelschneider mit graeco-etruskisch beeinflußtem Palmettengriff. 1:1

Knöpfe, Aufsätze, Riemenschieber, Bronzegriffe, Pferdegeschirrteile, schließlich jenen kleinen goldenen Sieblöffel (Abb. 51), der wie ein Wunder alle Unbilden, die über die Burg hereinbrachen, überstanden hat. Man wird ihn rein stilistisch mit zu jenen späthallstättischen Goldarbeiten zählen dürfen, die mit großer Wahrscheinlichkeit in Goldschmiedewerkstätten entstanden sind, die an Dynastensitzen von der Art der Heuneburg lokalisiert waren (Abb. 65, 90).
Eine dritte Gruppe vereinigt Abfallmaterial aus ehemaligen Werkstätten wie sie sich in der Südostecke der Heuneburg gefunden haben (s. S. 91).

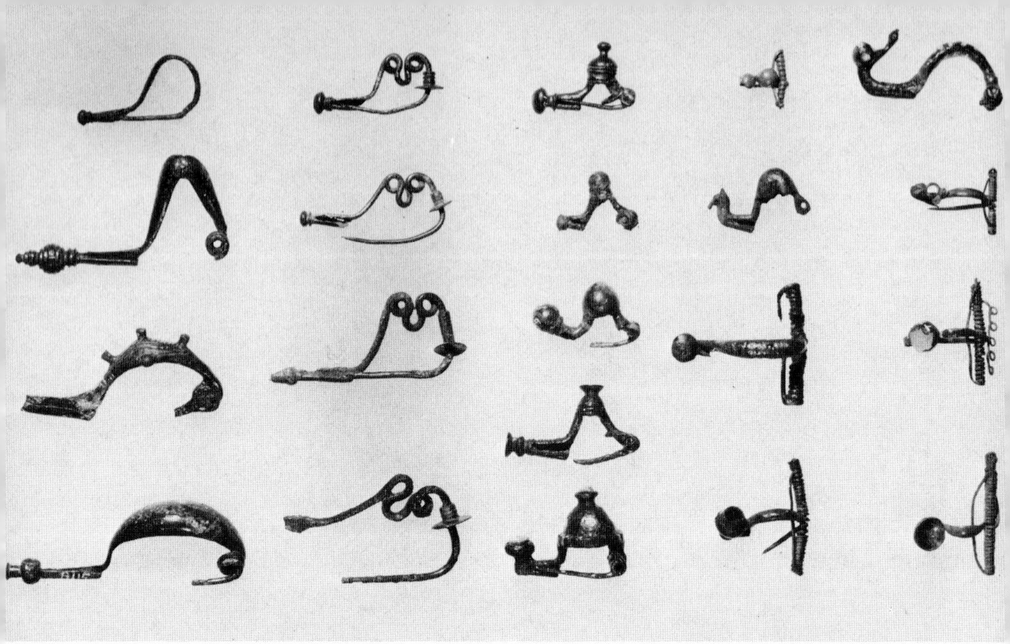

70 Späthallstattzeitliche Fibeln verschiedener Typen von der Heuneburg. 1:2

Zahlreiche Bronzeblechreste weisen darauf hin, daß es ein toreutisches Zentrum für Blecherzeugnisse aller Art wie Bronzegefäße, Gürtelbleche u. a. m. gegeben haben muß. In den Bundmetallgießereien der Südostecke haben sich neben Schlacken aus Bronze und Eisen Gußkügelchen, Gußzapfen, zerbrochene Gußformen und Schmelztiegel gefunden. Besonders wichtig ist ein großer schwerer Eisenbarren mit ausgezogenen Enden (Abb. 72), der durch seine Fundlage auf einer Lauffläche der Periode I einen wichtigen Datierungsanhalt für diese, oftmals gehäuft, aber ohne jede Begleitfunde auftretenden Barren gibt.
Eine vierte Gruppe umfaßt Gerät aus Hirschgeweih, Knochen, fossilem Holzmaterial wie Lignit und Gagat sowie einem weichen, gut zu bearbeitenden Tonschiefer. Das Schnitzen von Horn und Knochen war eine handwerkliche Tätigkeit, die auf der Heuneburg eifrig praktiziert wurde. Vor allem Hirschhorn war ein hochgeschätztes Rohmaterial, das in ganzen Depots gehortet wurde. Wenn unter den nur drei Prozent Jagdtieren, die im Tierknochenanteil der Heuneburg festgestellt werden konnten (mehr darüber S. 218), offenbar besonders dem Hirsch nachgestellt wurde, dann galt dies vermutlich neben dem Fleisch vor allem dem begehrten Hirschhorn. Jedenfalls fertigte man aus Hirschhorn und

71 Gedrehte Röhrenperlen aus Horn von der Heuneburg. 2:3

72 Eiserner Doppelpyramidenbarren von einem Wohnboden der Periode I (Frühlatènezeit). Unten ursprünglicher Zustand, oben aufgeschnitten. 1:4

Knochen Geräte aller Art, vorab Werkzeuggriffe, weiter Pfriemen, Ahlen, Vogelpfeile, schön verzierte, an den Schmalseiten fein durchbohrte Plättchen als Schlußstücke großer Schmuckgehänge (Abb. 73), schließlich Knochenperlen aller Größen, wobei vor allem letztere einen intensiven Gebrauch von Drehbank und Drillbohrer verraten (Abb. 71). Erstere benötigte man auch für die Anfertigung von Armringen und großen Armstulpen aus Lignit und Gagat, sowie aus dem schon genannten Tonschiefer, den man ebenfalls in großen Mengen von noch unbekannten Fundplätzen heranholte.

Zu einer fünften Gruppe lassen sich Stein- und Tongeräte zusammenfassen, die im täglichen Leben eine besondere Rolle spielten. Zu nennen wären hier etwa Wetzsteine, Stößel, Klopf- und Schlagsteine, mit welch letzteren man den, dem Ton beigemischten Magerungsgrus zerkleinerte. Als Rohmaterial benutzte man dazu Gerölle, die sich in der nahen Donau im Überfluß fanden. Was das Gerät aus gebranntem Ton anbelangt, so sind hier in erster Linie die sog. Spinnwirtel zu nennen, kleine durchbohrte und vielfach reich verzierte Tonroller, die man auf die Spindel aufsetzte, um dieser den nötigen Schwung zu versetzen (Abb. 74). Diese Spinnwirtel – von der Heuneburg sind bis heute schon 160 Stück bekanntgeworden – müssen bei der Textilherstellung eine wichtige Rolle

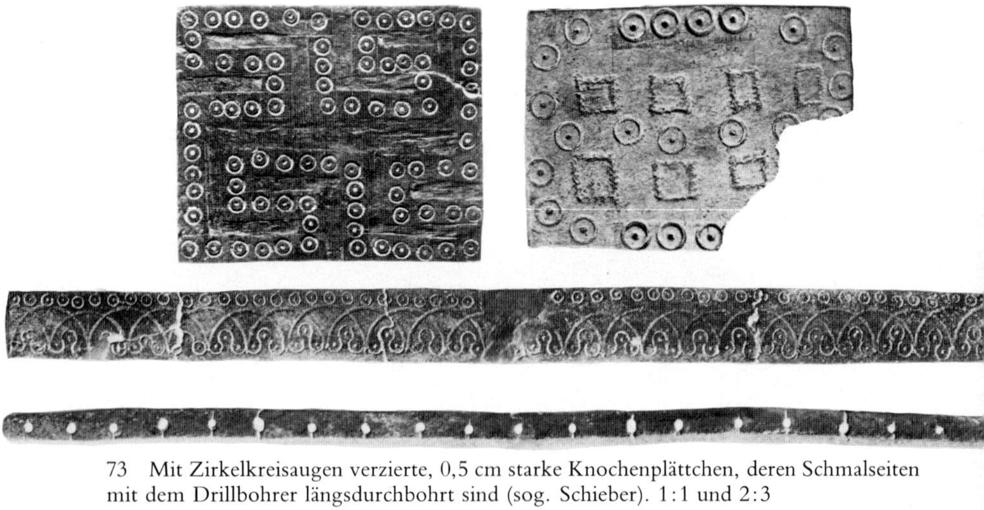

73 Mit Zirkelkreisaugen verzierte, 0,5 cm starke Knochenplättchen, deren Schmalseiten mit dem Drillbohrer längsdurchbohrt sind (sog. Schieber). 1:1 und 2:3

74 Verzierte und unverzierte Ton-Spinnwirtel aller Größen von der Heuneburg

gespielt haben. Da sich diese vermutlich in den einzelnen Wohnhäusern vollzog, erstaunt es nicht, wenn die Wirtel über das ganze Burgareal verstreut sind, zumal sie leicht verlorengingen. Da sie keine Wertobjekte darstellten, wird man nicht weiter nach ihnen gesucht haben. Für Spinnen und Weben nicht weniger von Bedeutung waren Webgewichte, die an den senkrechten Schnüren der Webstühle aufgehängt waren. Es gibt solche mit runden und mit quadratischem Querschnitt, was möglicherweise funktionale Gründe gehabt haben kann. Gelegentlich liegen solche Webgewichte noch in einer Reihe zusammen und geben so Hinweise auf Lage und Größe des Webstuhles.

Was der Heuneburg jedoch einen besonderen Akzent verleiht, ist das in überraschender Zahl erhaltene Eisengerät, das trotz seiner schlechten Erhaltung einen ausgezeichneten Einblick in den hohen Stand der verschiedensten Handwerke vermittelt. Hält man sich dabei vor Augen, daß noch im 8. Jahrhundert v. Chr. Eisen in Mitteleuropa zu den

Seltenheiten gehörte und zumeist nur für Schmuckzwecke, in seltenen Fällen auch schon für kostbare Schwertklingen Verwendung fand, dann macht gerade das vielfältige Eisengerät der Heuneburg den immensen technischen Fortschritt deutlich, der sich in nur etwa 150 Jahren auf dem Gebiet des Handwerks vollzogen hatte. Eisen war jetzt zum Allgemeingut geworden, das jedermann zugänglich war. Dies wiederum setzte eine geregelte Eisenproduktion voraus, die es in der Tat in Mitteleuropa während des 6. vorchristlichen Jahrhunderts bereits in großem Umfang gegeben haben muß. Wie die Heuneburg ihre Eisenversorgung sicherstellte, ist einstweilen unbekannt, doch kann der schon genannte Eisenbarren (Abb. 72) als sicherer Hinweis dafür gelten, daß man das notwendige Rohmaterial in dieser Form von auswärts bezog.
Die nachfolgende Aufzählung des auf der Heuneburg geborgenen Eisengeräts macht deutlich, wie breit schon im 6. Jahrhundert das Angebot war, das etwa dem Waffenträger, dem Handwerker oder auch nur dem in Haus, Hof und Küche Beschäftigten zur Verfügung stand. Und dies trotz der hier nochmals wiederholten Einsicht, daß sicherlich alles irgendwie kostbar erscheinende Material an Waffen und schwerem Eisengerät bei Plünderungen bzw. beim eigenen endgültigen Abzug mitgenommen wurde. Diese Einseitigkeit des Bestandes fällt besonders bei den Waffen auf, von denen lediglich ein eisernes Dolchfragment, ein rundes Dutzend beschädigter Lanzenspitzen und etwa ebenso viele Pfeilspitzen geborgen werden konnten. Dies ist erstaunlich wenig und gibt mit Sicherheit nur ein verzerrtes Bild der Wirklichkeit. Freilich darf hier eine interessante Waffengruppe nicht übersehen werden, die anscheinend noch nie in hallstättischem Zusammenhang beobachtet werden konnte. Es handelt sich um 16 eiserne, bis 15 cm lange, aus starkem Blech zusammengebogene Geschoßspitzen, die an ihrer Stoßkante mit einem rötlichen Hartlot verlötet worden sind (Abb. 75). In diesen, durch einen harten Aufprall mehrfach gestauchten Geschoßspitzen steckt nicht selten noch ein Rest des Holzschaftes, der von P. Klein, Hamburg, als besonders zähes Hartholz vermutlich der Heckenkirsche (Lonicera) bestimmt werden konnte. Hans Drescher, Hamburg, der diese Geschoßspitzen technisch genau untersucht hat, kommt zu dem Schluß, daß es sich bei ihnen nur um die Bolzenköpfe schwerer, bis zu 12,5 mm starker Pfeile gehandelt haben könne, die von besonderen, nicht mehr mit der Hand allein zu spannenden Bögen abgeschossen wurden. Die genannten Geschoßspit-

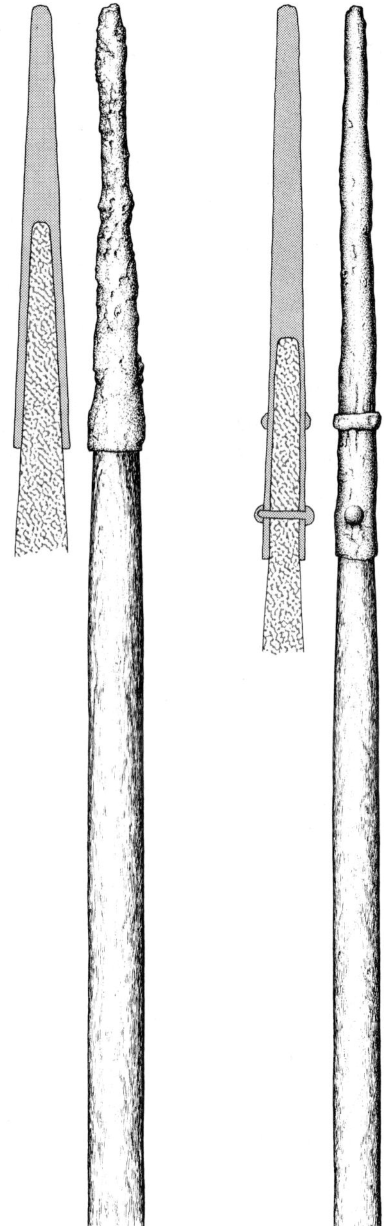

75 Eiserne Geschoßspitzen mit schweren Hartholzschäften, die mit katapultartigen Geräten abgeschossen wurden. 1:2 (nach Drescher)

zen lagen bis auf drei, im Burginnern aufgefundene Exemplare, alle im Außenbereich der Umfassungsmauern, so daß es sich bei ihnen nur um die an den Mauerfronten zersplitterten Geschosse eines besonderen Belagerungsgerätes gehandelt haben kann, das bei Angriffen auf Befestigungsanlagen und deren Verteidiger eine wichtige Rolle gespielt haben muß. Schließlich muß hier auch noch auf eine, gelegentlich in kleinen Häufchen gesammelte Gruppe glatter Donaukiesel hingewiesen werden, die kaum anders denn als Schleudersteine angesprochen werden können. Sie standen in nahezu unbegrenztem Maße zur Verfügung und konnten leicht aus der Donau heraufgebracht werden. Es handelt sich bei diesen Schleudersteinen um eine, nur geringen technischen Aufwand erfordernde Waffe, die bei einiger Übung sehr wirkungsvoll von den Verteidigern eingesetzt werden konnte.

Wenn wir uns jetzt dem eisernen Handwerkszeug zuwenden, so liegen folgende kleinere Geräte von der Heuneburg vor: Hämmer, Zangen, Feilen, Vollschaftmeißel, Tüllenmeißel, Durchschläge, Hohleisen, Tüllenbeile, kleine Sägeblätter, Stecheisen, Stichel und Pfrieme, Messer der verschiedensten Gattungen, schließlich zwei Sicheln und ein Amboß. Aus dieser gewiß lückenhaften und doch auch wieder breiten Palette läßt sich eine Reihe von Handwerkern erschließen, etwa Grob- und Feinschmiede, im Haus wirkende ›Alleskönner‹, vor allem aber Zimmerleute, auf deren qualifizierte Tätigkeit wir schon bei der Beschreibung der Baubefunde hingewiesen hatten (s. S. 92ff.).

Um schließlich noch auf Eisengerät einzugehen, das in Haus und Hof Verwendung gefunden hat, so hat die Heuneburg auch hier Material freigegeben, das interessante Schlaglichter gerade auf das Leben im Haus zu werfen geeignet ist. Schon früher wurde darauf hingewiesen, daß der moderne Archäologe zwar die Grundrisse von Wohnbauten aller Art wiederauffinden und auch ihren Oberbau rein bautechnisch mit einiger Sicherheit rekonstruieren kann, doch bleibt ihm zumeist verschlossen, wie die Menschen in diesen Häusern auch gelebt und gewirkt haben. Das auf der Heuneburg geborgene Eisengerät gibt gerade auch in dieser Hinsicht einige interessante Hinweise. So haben sich etwa Hakenschlüssel gefunden, zum Öffnen und Schließen der Türen, weiter Nägel, Zwingen, Klammern, Beschläge und anderes mehr, alles Dinge, die verdeutlichen, daß die Hausbewohner durchaus in der Lage waren, notwendige Reparaturen durchzuführen oder kleinere Umbauten selbst zu bewerkstelligen, ganz im Sinne des Wortes »die Axt im Haus erspart den Zimmermann«. Und wie es in der Küche ausgesehen haben mag, das illustrieren etwa Fleischgabeln und Bratspieße, aber auch Kettengehänge, an denen die großen Kessel über dem Herdfeuer hingen. Auch solche unscheinbaren Dinge sind also durchaus geeignet, hallstättisches Leben farbiger und inhaltsreicher erscheinen zu lassen. Im Gegensatz zu der gewiß interessanten Gräberkunde ist nur die Siedlungsforschung zu derartigen Aussagen in der Lage.

Die Hallstattburg und ihre Kulturbeziehungen

Das, was die Heuneburg sichtbar aus dem Kreis der anderen, bisher bekannt gewordenen Späthallstattsiedlungen heraushebt, sind ihre weit gespannten kulturellen Beziehungen, die in die verschiedensten Richtungen weisen. Daß die Heuneburg innerhalb des nordwestlichen Voralpenraumes, also Südwestdeutschlands, der Nordwestschweiz und Nordostfrankreichs, anders ausgedrückt eben des westlichen Hallstattkreises, fest integriert war und daß sie in dem hier herrschenden politischen System der auf Burgen residierenden ›Großen Herren‹ und einer sozial abgestuften Bevölkerung (s. S. 146ff.) sicherlich ein erhebliches Mitspracherecht besaß, liegt auf der Hand. Daß sie in diesem Großkreis ihre Produkte verhandelte, umgekehrt aber auch von anderer Seite Dinge aufnahm und weiterentwickelte, ist ein ganz natürlicher Vorgang, da es in diesem westlichen Hallstattkreis sicherlich ganz unterschiedliche Produktionszentren gegeben haben muß. Bei aller Lückenhaftigkeit unserer Kenntnisse glaubt man indes doch schon derartige »interne« Kulturverbindungen erkennen zu können. Was den westlichen Hallstattkreis überregional zusammenhält, ist vor allem seine Tracht. Es gibt hier einen Grundbestand an Trachtzubehör, der natürlich lokal variiert wird, so wie noch heute etwa im Schwarzwald ganz verschiedene Trachten bei gleicher Zugehörigkeit zu einem Volksstamm getragen werden. Im westlichen Hallstattkreis kommt dabei neben Hals-, Arm- und Fußringen und einem reich ausgebildeten Gürtelschmuck vor allem der Fibel als einem besonders empfindlichen Modebarometer erhöhte Bedeutung zu. Mustert man in diesem Zusammenhang das Fibelspektrum der Heuneburg (Abb. 70), dann fallen hier bestimmte Details wie z. B. doppelte Kopf- oder

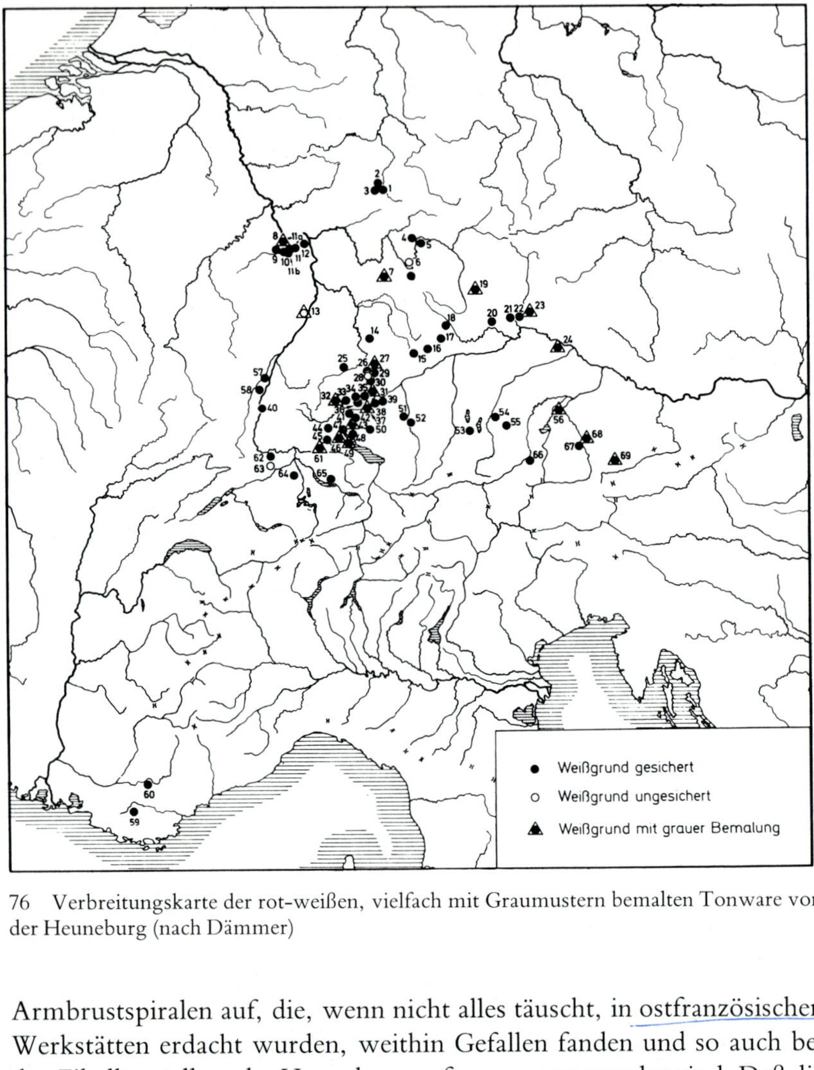

76 Verbreitungskarte der rot-weißen, vielfach mit Graumustern bemalten Tonware von der Heuneburg (nach Dämmer)

Armbrustspiralen auf, die, wenn nicht alles täuscht, in ostfranzösischen Werkstätten erdacht wurden, weithin Gefallen fanden und so auch bei den Fibelherstellern der Heuneburg aufgenommen worden sind. Daß die Heuneburg indes auch selbst etwas zu bieten hatte, das beweist vor allem ihre grau bemalte, rotweiße Ware, die, wie die Karte zeigt (Abb. 76), offenbar weithin verhandelt worden ist. Sie ist, daran besteht kaum ein Zweifel, auf der Heuneburg erfunden worden. Auch wenn sie sicherlich lokal nachgeahmt wurde, so stammte doch sehr wahrscheinlich die »erste

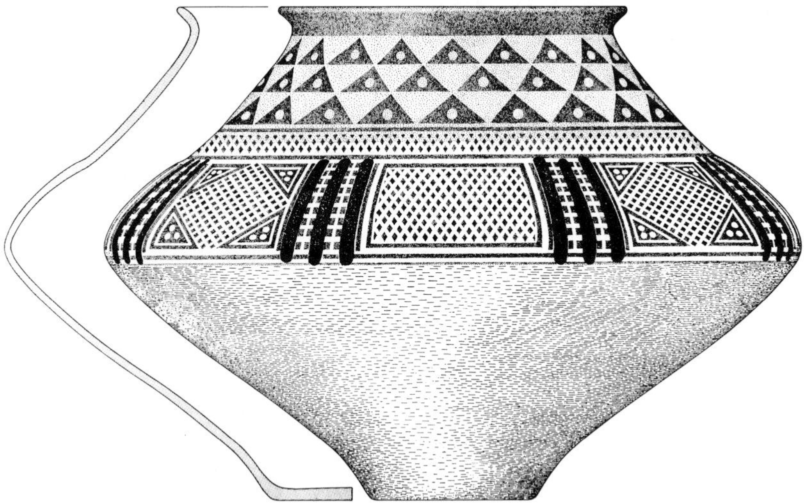

77 Rot-weiß gefärbtes, mit Graumustern bemaltes Hochhalsgefäß aus einem Wagengrab in Mainfranken (nach Wamser)

Wahl« aus Töpfereien der Heuneburg. Vor wenigen Jahren ist in einem Wagengrab Mainfrankens in der Nähe von Würzburg ein bemaltes Hochhalsgefäß gefunden worden, das fraglos auf der Heuneburg gearbeitet wurde (Abb. 77), und es müßte durch Tonuntersuchungen klargestellt werden, ob nicht zumindest ein großer Teil des im Westen bis zum Rheintal und im Osten bis in den Salzburger Raum angetroffenen rotweißen Geschirrs von der Heuneburg stammt.

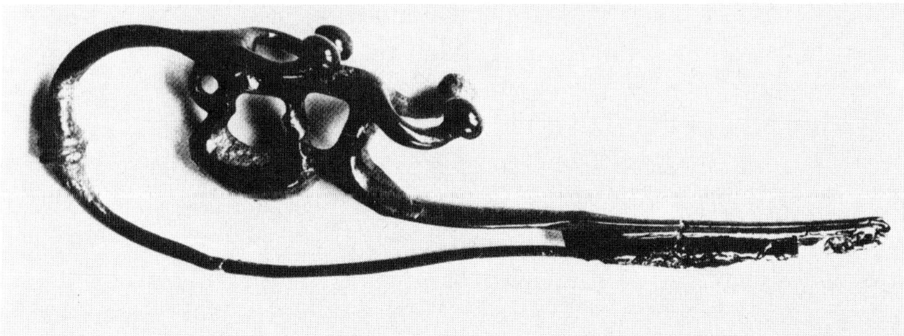

78 Große bronzene Hörnchenfibel, sog. Dragofibel, aus Grab 81 des Magdalenenberg bei Villingen. Die 15,5 cm lange Fibel stammt mit Sicherheit aus einer slowenischen Werkstatt (nach Spindler)

Ist es also kaum zweifelhaft, daß es innerhalb des westlichen Hallstattkreises eine lebhafte Fluktuation von Gütern aller Art gegeben hat, an deren Produktion die einzelnen Herrschaftssitze nach Art der Heuneburg (s. S. 146) unmittelbar beteiligt gewesen sein müssen, so hat der gleiche Großkreis aber auch Beziehungen zu weit außerhalb seines Einflußbereiches gelegenen fremden Kulturen unterhalten. Dies wird drastisch durch zwei Fundstücke kundgetan, die beide aus Nachbestattungen des Fürstenhügels vom »Magdalenenberg« bei Villingen stammen. Das eine ist eine sehr große Hörnchenfibel, die sicherlich in einer slowenischen Werkstatt gearbeitet wurde (Abb. 78), und das andere ist ein bronzener Gürtelhaken fraglos iberischer, also spanischer Herkunft (Abb. 79). Auch wenn wir offenlassen, ob die beiden Trachtstücke als Heiratsgut, als Geschenke oder gar als Raubgut anzusehen sind, so überrascht gleichwohl die Weite ihrer »Anmarschwege«.

Die Heuneburg ist besonders reich an derartigen fremden Gütern, was einmal mehr ihre zentrale Rolle im westlichen Hallstattkreis verdeutlicht. An zwei Beispielen soll dies näher erläutert werden. Da ist einmal der Bernstein, der auf der Heuneburg gar nicht so selten ist und der vorzugsweise zu Perlen und Nadelköpfen verarbeitet wurde. Nach Mainzer Untersuchungen handelt es sich bei ihm um nordischen Bernstein, also um Succinit. Da sein Fundstreugebiet von der Themse bis zum Dnjepr reicht, ist es müßig, Herkunft und Weg des Heuneburg-Bernsteins etwa mit Hilfe sog. Bernsteinstraßen ermitteln zu wollen. Das schließt nicht aus, daß wir im Ostalpenraum einen der großen Umschlagplätze für nordischen Bernstein sehen dürfen, wohin er von der Ostsee über Schlesien und die slowakischen Pässe gebracht und von hier aus weiter in die verschiedensten Richtungen verhandelt wurde, unter anderem ins italische Picenum, also in das adriatische Oberitalien. Es spricht vieles dafür, daß unser Heuneburgbernstein ebenfalls aus diesem ostalpinen Verteilerzentrum stammt, wenn er nicht sogar, was keineswegs undenkbar ist, im Zuge der gleich zu beschreibenden starken Südverbindungen der Heuneburg von Italien aus über die Alpen zu ihr zurücktransportiert wurde. Denken wir freilich an die vielfältigen kulturellen Verflechtungen zwischen Ost- und Westhallstattkreis – als einprägsames Beispiel sei hier nochmals die slowenische Hörnchenfibel aus dem Magdalenenberg genannt (Abb. 78) – so wird man dem direkten Transportweg zwischen Niederösterreich und der oberen Donau wohl den Vorzug geben.

79 Der bronzene Gürtelhaken aus Grab 65 des Magdalenenberg bei Villingen. Wie die Verbreitungskarte zeigt, ist er spanischer Herkunft, jedoch in wenigen Exemplaren bis nach Mitteleuropa und nach Korfu-Kerkyra gelangt (nach Spindler)

Das, was der Heuneburg jedoch einen besonderen Akzent verleiht, sind ihre intensiven Beziehungen zum Süden, und zwar sowohl nach Oberitalien wie zu den Küsten des weitgespannten Löwengolfs. Daß in einem weiteren Sinne Etrusker und phokäische Griechen für diese Südkontakte verantwortlich sind, wird noch zu zeigen sein (s. S. 157 ff.), aber es besteht kein Zweifel, daß auch die einheimischen Volksgruppen Oberitaliens und des Golf-Hinterlandes einschließlich der Alpenvölker für den Ausbau dieser Beziehungen mitverantwortlich gewesen sind. Mustert man das Fundgut der Heuneburg, dann werden diese Südkontakte immer wieder sichtbar, und zwar in einem Ausmaß, das alle übrigen Fremdeinflüsse bei weitem überwiegt.

Mediterran in einem allgemeinen Sinn ist die große Lehmziegelmauer der Periode IV b–a (s. S. 72ff.), die in der 1. Hälfte des 6. Jahrhunderts bestanden haben muß (vgl. Zeittabelle und Abb. 30). Von woher die unmittelbare Anregung kam und wie diese nach Mitteleuropa übermittelt wurde, bleibt einstweilen ungewiß. Die Lehmziegelbauweise als solche wird in allen Trockengebieten der Alten Welt vom Neolithikum an bis heute unverändert geübt. Nach dem eben Gesagten muß jedoch damit gerechnet werden, daß die Anregung für die Lehmziegelmauer der Heuneburg aus dem westlichen Mittelmeer gekommen ist. Seit der Gründung der griechischen Handelsfaktorei Massalia, dem heutigen Marseille, sind vor allem aus dem Bereich des Rhônedeltas Lehmziegelmauern bekanntgeworden, die sich in nichts von der Ziegelmauer der Heuneburg unterscheiden (Abb. 36 oben). Sie umschließen einheimische Ansiedlungen, die nach der Gründung Massalias um 600 v. Chr. einem nachhaltigen Hellenisierungsprozeß unterworfen waren. Ähnliche Lehmziegelmauern gibt es aber auch von der spanischen Ostküste, in der griechischen Kolonialstadt Gela in Südsizilien (Abb. 36 unten) und gelegentlich auch in etruskischen Städten Mittelitaliens. Daß die meisten dieser Lehmziegelmauern jünger sind und überwiegend wohl erst dem 4. Jahrhundert angehören, mag man mit dem Stand der Forschung erklären. Jedenfalls wird man davon ausgehen dürfen, daß es wohl griechischer Einfluß war, der zum Bau der Lehmziegelmauer auf der Heuneburg angeregt hat.

Kaum anders zu erklären ist auch die Siedlungsplanung der Periode IV der Heuneburg mit ihren engen, fast wie auf dem Reißbrett entworfenen Sträßchen und Gäßchen, die in gleicher Weise mediterrane Vorbilder widerspiegeln (Abb. 45). Man findet sie, lediglich noch sorgfältiger geplant und von schon steingemauerten Häuserfronten gesäumt, wiederum in den zahlreichen befestigten Städtchen des Rhônedeltas und im Küstenhinterland des Löwengolfs. Auch die Steinbauweise der Häuser scheint im südfranzösischen Bereich erst dem 4. Jahrhundert anzugehören, was vielleicht erklären könnte, warum die dem ausgehenden 6. Jahr-

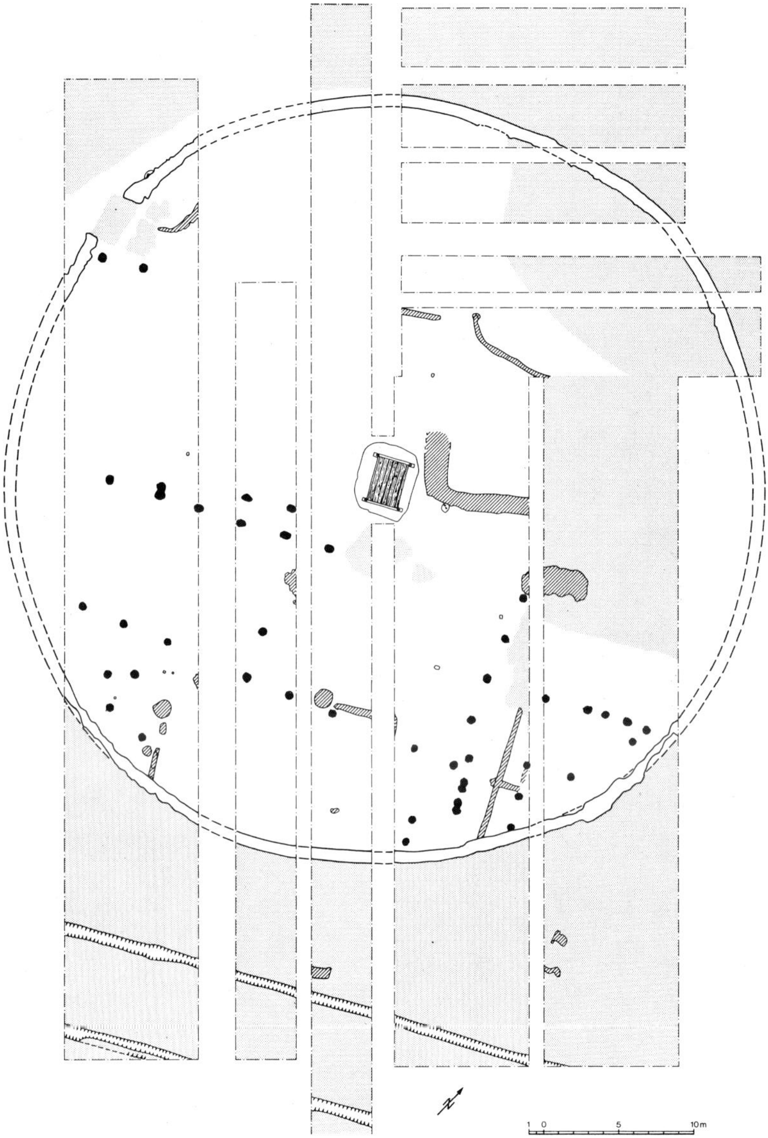

80 Heuneburg-Gießübel. Fürstengrabhügel 2 mit Kreisgraben und Zentralgrab. Auch hier finden sich, wie unter Hügel 4 (Abb. 47), zahlreiche Spuren der unter dem Hügel liegenden Außensiedlung. Die Pfostenstellungen lassen an ähnliche Großbauten wie unter Hügel 4 denken (nach Kurz)

hundert angehörige Heuneburg noch bei der alten Holzbauweise verharrt.

Es ist sicher kein Zufall, daß auch die schon mehrfach genannte, im Norden der Burg gelegene Außensiedlung (Abb. 34, 47, 80) nach den gleichen baulichen Überlegungen angelegt ist wie das Quartier in der Südostecke der Heuneburg. Überall spürt man die Hand eines, an südlichen Vorbildern geschulten Architekten, der versucht hat, die Grundprinzipien einer mediterranen Polis mit der Unterstadt und einer sich aus dieser erhebenden Akropolis auf das Land an der oberen Donau zu übertragen. Wir sind uns dabei durchaus bewußt, daß solche Überlegungen den Fakten vielleicht vorauseilen, und doch bieten sie sich an. Erweist sich im übrigen die Aufteilung des Burginneren in bestimmte Wohnquartiere als richtig, dann gewinnen wir auch damit einen weiteren Hinweis auf mediterrane Lebensformen. Noch heute leben überall im muslimisch bestimmten Mittelmeerbereich die verschiedenen Handwerkerzünfte innerhalb des Medinas (Altstädte) geschlossen beisammen. Es ist dies ein Brauch, der sich aus dem Altertum bis in die Jetztzeit ungebrochen erhalten hat. Insgesamt wird man also in der Heuneburgperiode IV mit ihrer von einer Lehmziegelmauer umgürteten und sorgfältig geplanten Innenbebauung samt der zugehörigen Außensiedlung den mitteleuropäischen Reflex auf eine im Süden entwickelte Lebensweise erblicken dürfen, die mit großer Wahrscheinlichkeit aus dem westgriechischen Kolonialbereich stammt.

Am eindrücklichsten werden die Südbeziehungen der Heuneburg im Spiegel ihrer Funde sichtbar. Zwar handelt es sich bei diesen überwiegend um die Bruchstücke von Tongefäßen, doch sprechen diese eine eindringliche Sprache. Dabei ist wichtig zu wissen, daß sich dieses Südgut keineswegs auf die Periode IV, also auf die Zeit der großen Lehmziegelmauer beschränkt, was anzunehmen zunächst naheliegen würde. Tatsächlich hält aber der Zustrom südlicher Importgüter auch während der jüngeren Burgperioden an, ja scheint sich sogar noch gesteigert zu haben, ein Zeichen dafür, daß die Bedeutung der Heuneburg als handelspolitisches Zentrum im Raum der oberen Donau bis zu ihrem endgültigen Untergang offenbar keine Einbuße erfahren hat.

Am meisten in die Augen springen natürlich die Fragmente von bisher einem Dreiviertelhundert attisch-schwarzfiguriger Vasen, die überwiegend in Athener Töpfereien, aber auch in solchen der Magna Graecia,

81 Verbreitungskarte der attisch-schwarzfigurigen Keramik. Gerastert ist das etruskische Kernland, wo sich Hunderte griechischer Vasen in den Gräbern finden (Entwurf Kimmig)

also Großgriechenlands, hergestellt worden sind. Auf welchem Wege diese z. T. sehr kostbaren Stücke zur Heuneburg gelangten, ist natürlich schwer nachzuvollziehen. Der Kenner griechischer Vasen kann zwar mit einiger Prägnanz das Jahrzehnt ihrer Entstehung bestimmen, aber ihre weiteren Schicksale bleiben im dunklen. Zwar spricht vieles dafür, daß ein Großteil von ihnen zu Schiff nach Massalia und von hier über die Rhône und das Schweizer Mittelland zur oberen Donau gelangt ist, doch läßt unsere Verbreitungskarte (Abb. 81) auch an eine Reise adriaaufwärts bis zu der graeco-etruskischen Handelsniederlassung Spina im Po-Mündungsgebiet denken, von wo aus dann freilich ein mühsamer Transport über beschwerliche Alpenwege notwendig geworden wäre. Jedenfalls ist damit zu rechnen, daß die kostbaren Erzeugnisse griechischer Vasenmaler durch viele Hände liefen, bis sie endlich an ihrem

Bestimmungsort angekommen waren. Wie lange dies gedauert hat, ist eine offene Frage, so daß das Datum der Herstellung nicht gleichbedeutend mit dem Datum des Eintreffens auf der Heuneburg sein kann. Dem Scharfsinn eines Vasenkenners wie Brian Shefton aus Großbritannien ist es gelungen, selbst kleine Bruchstücke solcher Vasen exakt zu bestimmen, so daß wir heute einen im ganzen zutreffenden Einblick in den Formenbestand der auf die Heuneburg gelieferten griechischen Vasen besitzen. Danach handelt es sich keineswegs nur um besonders aufwendige Stücke, die man etwa in Form von Diplomatengeschenken den Burgherren der Heuneburg zukommen ließ. Im Verein mit den gleich noch zu besprechenden Weinamphoren wird vielmehr deutlich, daß die Herren der Heuneburg alkoholischen Freuden keineswegs abgeneigt waren und daß ihnen hierfür regelrechte Service zur Verfügung standen. Diese beinhalteten große Weinmisch-Kratere, Kannen, vor allem aber Trinkschalen und Becher, die im übrigen von recht unterschiedlicher Qualität waren. Neben sorgfältig von erstklassigen Meistern bemalten Stücken, vor allem den genannten Krateren, und mit kleinen Genre-Bildern dekorierten sog. »Kleinmeisterschalen« gibt es auch einfache unverzierte Stücke und teilweise auch recht rustikales Geschirr. Einige besonders schöne Stücke seien im folgenden kurz beschrieben: Von einem großen, mindestens 50 cm hohen Voluten-Krater (Abb. 82) hat sich neben Resten des breiten spiralig eingerollten Henkels, einigen Wandstücken und dem Teil des scheibenförmigen Fußes vor allem ein Fragment des Halsfrieses erhalten, auf dem trotz eines unglücklichen Pickelhiebes eine bewegende Szene zu erkennen ist. Ein mit Helm, Schild und Lanze schwer gerüsteter Krieger nimmt Abschied von seiner Frau, von der in der linken Ecke gerade noch ein Teil des Kopfes zu erkennen ist. Hinter dem Krieger steht sein Schildknappe mit einer merkwürdigen, mehrzipfligen Mütze, der einen mit Pfeilen gefüllten Köcher umhängen hat. Zwischen Krieger und Schildknappe bewegt sich, rückwärts gewandt, ein Hund, der zu dem alten Vater blickt, der am rechten Bildrand sitzt und sich trauernd auf seinen Stab stützt. Diese in sich geschlossene Szene, die man »Kriegers Abschied« nennen könnte, ist indes nur ein kleiner Teil eines den ganzen Hals des Kraters umspannenden Frieses, auf dem vermutlich eine Geschichte aus der griechischen Mythologie erzählt wurde. Der Fries wird oben durch einen schlichten Mäander und unten durch eine Blattranke abgeschlossen.

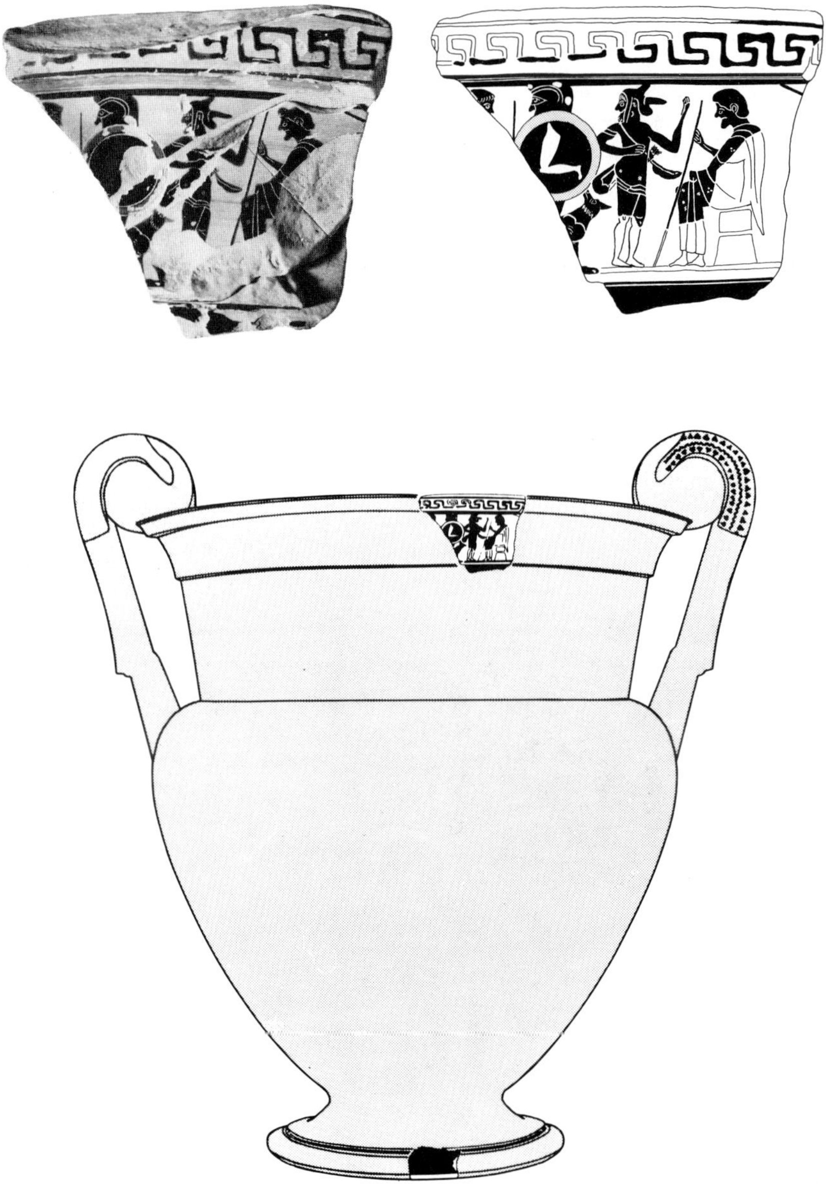

82 Attisch-griechischer Volutenkrater von der Heuneburg. Zugehörige Fragmente sind eingezeichnet. Darüber (links) der beschädigte Originalscherben, rechts die zeichnerische Wiederherstellung. Man beachte das abgewinkelte Bein als Schildzeichen des Kriegers

Entbehrt der figürliche Fries des Voluten-Kraters nicht deutlicher dramatischer Akzente, so weist demgegenüber das ebenfalls nur in Teilen erhaltene kleine Genre-Bild von einer Kleinmeisterschale liebenswürdig-verspielte Züge auf. Was es hier zu sehen gibt, ist ein sportlicher Ringkampf in einer Arena (Abb. 83, 84). Im Zentrum befinden sich zwei Kämpfer in gebückter Haltung, die sich umlauern oder schon gepackt haben. Von dem linken Kämpfer ist gerade noch der Oberschenkel und das leicht gehobene Bein zu sehen. Hinter ihm steht ein Schiedsrichter mit erhobenem Stab, der eingreifen wird, wenn seinem Schützling etwa ein »Foul« zugefügt werden sollte. Auf der anderen (abgebrochenen)

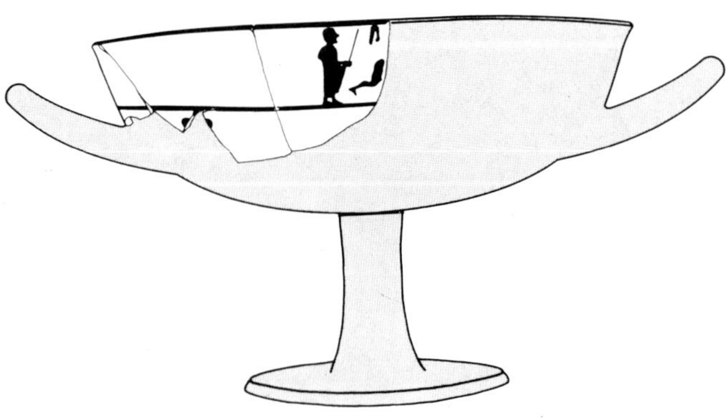

83 Fragment einer attisch-griechischen Kleinmeisterschale von der Heuneburg. Darunter zeichnerische Rekonstruktion

84 Fragment einer attisch-griechischen Kleinmeisterschale von der Heuneburg. Vergrößerte Wiedergabe 2:1

Seite ist der Gegner und ein entsprechender Schiedsrichter zu ergänzen. An der Wand über den beiden Kämpfern sind deren Kleider aufgehängt. Die Qualität dieses nur 4 cm hohen Bildchens ist deutlich schlechter als die Kriegerszene auf dem Krater, gleichwohl besticht auch hier die Leichtigkeit und Ausdruckskraft der Darstellung. Was die griechischen Vasenmaler im übrigen nicht minder glänzend beherrscht haben, waren kunstvolle pflanzliche Gebilde, die bei aller Vielfalt im Detail immer mathematisch genau konstruiert waren. Die abgebildeten Fragmente geben Proben solcher Könnerschaft (Abb. 85).
Was die schon genannten Transportamphoren anbelangt, so handelt es

85 Schwarzfigurig-griechische Scherben mit pflanzlich-naturalistischen Motiven von der Heuneburg

sich bei ihnen um große schwere Tonbehälter mit zwei kräftigen Tragehenkeln und einem extrem kleinen Fuß, der verrät, daß man diese Amphoren üblicherweise in einen kühlen Kellerboden eingrub (Abb. 86). Von der Heuneburg sind bis heute Bruchstücke von mindestens einem Dutzend solcher Amphoren bekanntgeworden. Sie sind alle auf der Scheibe gedreht, starkwandig und von hellgelblich-rötlicher Farbe. Durch ihre gleichmäßige Durchbrennung unterscheiden sie sich völlig von dem im Kern stets dunklen Ton der einheimischen Heuneburg-Keramik. Die genaue Herkunft dieser Amphoren ist noch nicht geklärt. Ein Teil von ihnen scheint griechisch-mutterländisch zu sein, ein anderer Teil stammt jedoch fast sicher aus einheimischen Töpfereien des massaliotischen Hinterlandes, nicht aber aus Massalia selbst, weil die dort produzierten Amphoren immer einen starken, an Fischschuppen erinnernden Zusatz von Glimmerplättchen enthalten. Diese Transportamphoren sind in riesigen Mengen hergestellt worden. Auf Hochseeschiffen verwandte man sie als Behälter von Trinkwasser und leicht verderblichem Getreide, an Land dienten sie vorzugsweise zum Transport von Wein und Olivenöl. Daß die auf der Heuneburg gefundenen Amphoren einstmals Wein enthielten, kann kaum zweifelhaft sein, da ihr Auftauchen in irgendeinem Zusammenhang mit dem vornehmen griechischen

86 Graeco-provencalische Transportamphore für Wein von der Heuneburg

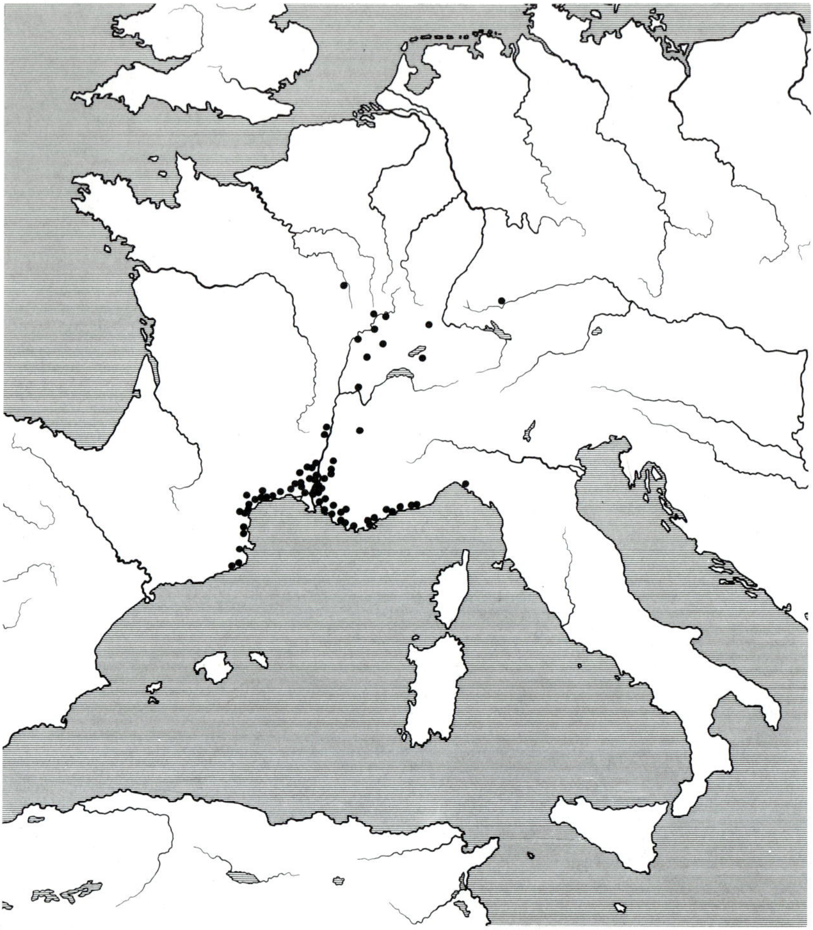

87 Verbreitungskarte der graeco-provencalischen Transportamphoren im mitteleuropäischen Raum (Entwurf Kimmig)

Trinkgeschirr stehen muß. Daß im übrigen den Herren der Heuneburg mit Sicherheit mehr an dem nördlich der Alpen unbekannten Südwein gelegen war als an Olivenölsendungen, liegt auf der Hand. Wie sehr den Burgherren alkoholische Tafelfreuden am Herzen lagen, verraten im übrigen auch die schon beschriebenen Heuneburgpokale, die man etruskischen Kantharoi aus Bucchero nachgemacht hatte (s. S. 114) (Abb. 64). Vermutlich lagen diese den trinkfesten Herren besser in der

Hand als die flachen griechischen Schalen. Auf welchem Wege man die nach ihrer Füllung sehr schweren Amphoren zur Heuneburg gebracht hat, verdeutlicht unsere Karte Abb. 87. Nach Ausweis der bisherigen Fundpunkte kommt wohl nur die Rhône und Saône aufwärts führende Talpassage in Betracht. Alpenpfade wird man für derartige Transporte soweit als möglich vermieden haben.

Unter den nach Süden weisenden Fundstücken der Heuneburg das interessanteste, freilich auch mit den meisten Fragen belastetste, ist das Fragment einer Gußform, deren Ausguß einen Silenkopf zeigt, wie er mit Vorliebe am Henkelabschluß, also der sog. Attasche etruskischer Bronzekannen angebracht wurde (Abb. 88). Stilistisch läßt sich der Kopf mit der ihn tragenden Palmette in die erste Hälfte des 5. Jahrhunderts verweisen. Da die Gußform mit Sicherheit aus bei der Heuneburg

88 Gußformfragment von der Henkelattasche einer italischen Bronzekanne von der Heuneburg. Der Ausguß zeigt einen, über einer Palmette stehenden Silenskopf

gewonnenem Ton besteht, also an der oberen Donau gearbeitet wurde, erhebt sich die Frage, ob hier etwa ein wandernder etruskischer Bronzegießer für den Herrn der Heuneburg Bronzekannen hergestellt hat oder ob – umgekehrt – ein keltischer Kunstschmied von der Heuneburg nach Etrurien, also nach Mittelitalien, gereist ist, um hier zu lernen und dann nach seiner Rückkehr mit eigenen Güssen zu beginnen. Es ist dies die Gretchenfrage, die wir auch schon im Zusammenhang mit dem Architekten der großen Lehmziegelmauer gestellt hatten. Handelt es sich aber bei unserer Gußform, wie wir annehmen möchten, um einen einheimischen keltischen Bronzegießer, der sich die Kenntnis derartiger Güsse irgendwo angeeignet hatte, dann wirft ein solcher Vorgang ein bezeichnendes Licht auch auf die Entstehung der kommenden keltischen Kunst, die keineswegs ohne Vorstufen »wie vom Himmel gefallen« plötzlich entstand, die vielmehr eine Experimentierphase durchlaufen haben muß und die wohl nur an den hallstattzeitlichen Dynastensitzen von der Art der Heuneburg ihren handwerklichen Standort gehabt haben kann.

Mit dem griechischen Trinkgeschirr, den Transportamphoren und der Attaschengußform ist der wichtigste Bestand an südlichem Fundgut auf der Heuneburg aufgezählt. Daß es daneben noch eine Fülle von eher unscheinbaren Dingen gibt, die einen lebhaften kulturellen Austausch mit dem Süden belegen, wird nach dem bisher Gesagten nicht überraschen. Offensichtlich etruskischer Herkunft ist der Gebrauch von eisernen Bratspießen, von denen ein fast vollständiges, noch 46 cm langes Exemplar in einem der Nordtürme der Lehmziegelmauer aufgetaucht ist. Bruchstücke von weiteren Bratspießen liegen vor, die erkennen lassen, daß sich die Heuneburgbewohner mindestens teilweise auch südlichen Eßgebräuchen angepaßt haben. Von besonderem Interesse ist weiter das Auftauchen von Koralle, von der es neben Einlagen in Fibeln auch ein paar kleine Korallenäste gibt. Plinius der Ältere hat als Korallenlieferanten seiner Zeit eine Reihe von Fundplätzen im westlichen Mittelmeer, darunter die Stoichades-Inseln gegenüber dem antiken Olbia an der Côte d'Azur, die heutigen Iles d'Hyères, genannt. Auf welchen Wegen sich der Korallenexport nach Mitteleuropa vollzog, wird sich kaum mehr präzise feststellen lassen, doch wird man vermutlich alle zur Verfügung stehenden Passagen von der Rhône-Saône-Straße im Westen bis zu den verschiedenen Alpenübergängen benutzt haben. Bevor freilich nicht alle korallenverdächtigen Objekte in mitteleuropäischen Hallstattfunden mit

89 Mediterrane Cardiummuschel von der Heuneburg 1:1

naturwissenschaftlichen Methoden untersucht sind, muß auch mit der Verwendung von Muschelsubstanz, ja sogar von Elfenbein gerechnet werden. Von der Heuneburg stammt eine mediterrane Kardiummuschel, die sehr wohl als Rohmaterial für Schmuckeinlagen gedacht gewesen sein kann (Abb. 89). Wie breit im übrigen der Kulturaustausch der Heuneburg mit dem Süden gewesen ist, das beweisen die im Tierknochenbestand der Burg erstmals in Mitteleuropa nachgewiesenen Hühner. Welchen Eindruck dieses nützliche Federvieh, von den Ägyptern »die täglich gebärenden Vögel« genannt, gemacht haben muß, das beweist die bildende Kunst Mitteleuropas in dieser Zeit, in der plötzlich der Hahn eine unübersehbare Rolle zu spielen beginnt. Nicht vergessen werden sollten auch die wenigen, im Tierknochenbestand der Heuneburg nachgewiesenen Esel bzw. Maulesel, deren mediterrane Herkunft gleichfalls vorausgesetzt werden muß. Es wäre sicherlich naiv, in diesen Knochen die nach anstrengendem Zug über die Alpen mit kostbarem Südgut für die Heuneburg beladenen und anschließend hier eingegangenen Maultiere wiedererkennen zu wollen, doch machen all diese neu in Mitteleuropa eingebürgerten Tiere – Hühner wie Maultiere – die ganze Breite und Tiefe des im 6. Jahrhundert begonnenen Kulturaustausches mit dem Süden sichtbar, der den Hallstattgruppen nördlich der Alpen eine unübersehbare Steigerung ihres Lebensstandards auf fast allen Gebieten bescherte.

Die Hallstattburg und ihre Stellung im nordalpinen Raum des 6. und 5. Jahrhunderts v. Chr.

Die berechtigte Frage, die sich im Anschluß an die überraschenden Ausgrabungsergebnisse auf der hallstättischen Heuneburg stellt, ist, ob es sich bei ihnen um einen durch Ausgräberglück bedingten Sonderfall handelt oder ob sich eine derartige, aus der Topographie, aus der Art ihrer Bebauung und aus ihrem Fundanfall ergebende ökonomische und soziale Struktur auch anderswo im Raum nördlich der Alpen dieser Zeit beobachten läßt. Die Antwort darauf fällt nicht schwer. In der Tat sind nördlich des Alpenbogens von Slowenien im Osten bis hinüber nach Ostfrankreich im Westen zahlreiche Fundplätze bekanntgeworden, die – gleich ob nur angegraben oder noch überhaupt nicht untersucht – trotzdem die gleichen Merkmale struktureller Natur wie auf der Heuneburg erkennen lassen. Sucht man für ihr plötzliches Sichtbarwerden nach einer einleuchtenden Erklärung, dann kann hierfür nur eine großräumig entstandene historische Konstellation verantwortlich gemacht werden, die mit den geschilderten Verhältnissen im westlichen Mittelmeerraum in einem ursächlichen Zusammenhang steht (s. S. 127 ff.).
Was zunächst die, der Heuneburg vergleichbaren Fundplätze anbelangt, so möchte man auch bei ihnen an kleine Dynastensitze denken mit einem unterschiedlich großen Machtbereich, auf denen im Sinne von Caesar oder später Tacitus Principes oder Nobiles, also die Häupter von Stammesaristokratien, eine lokale Herrschaft errichtet hatten. Derartige Burganlagen kennen wir von Novo Mesto und Sticna im slowenischen Unterkrain, zu denen Grabhügel mit reichen Waffengräbern gehören, die fraglos den Burgherren zuzuschreiben sind (dazu die Karte Abb. 90). Ganz ähnlich liegen die Verhältnisse beim Burgstallkogel im kärntnerischen Sulmtal, an dessen Fuß die riesigen Grabhügel von Klein-Klein mit wiederum reichen Waffengräbern liegen. Kein Zweifel, daß auf dem Burgstallkogel der zugehörige Dynastensitz gelegen hat. Besondere Verhältnisse müssen in Hallstatt selbst und auf dem Dürrnberg bei Hallein vorgelegen haben. Die hier zutage getretenen reichen Gräberfelder wird man vermutlich einer gesellschaftlichen Oberschicht reicher »Salzherren« zuzuschreiben haben, welche die nahegelegenen Salzstöcke ausbeuteten und mit dem gewonnenen Salz einen lukrativen Fernhandel betrieben. Mag sein, daß einer dieser Salzherren als *primus inter pares* auf

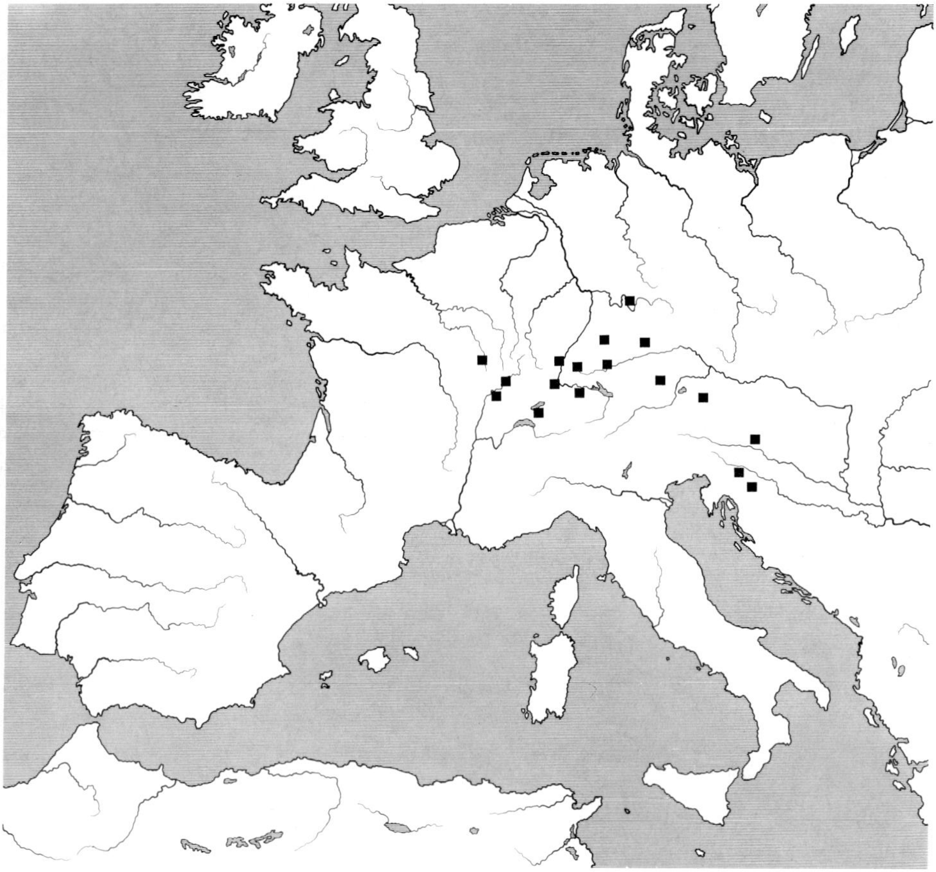

90 Verbreitung späthallstattzeitlicher Dynastensitze im mitteleuropäischen Raum (Entwurf Kimmig)

dem Hellbrunner Berg vor den Toren Salzburgs seinen eigenen Herrensitz besaß.

Besonders deutlich tritt diese Schicht adliger Nobiles im nordwestlichen Voralpenraum, also im Westhallstattkreis, in Erscheinung. Nicht zu übersehen ist freilich, daß diese Schicht in sich differenziert gewesen sein muß, daß wir es gewissermaßen mit »großen Herren« und »kleinen Häuptlingen« zu tun haben, eine Unterscheidung, die sich natürlich auch im Charakter der zugehörigen Siedlung, im Fundbild und in etwa

91 Der Ipf bei Bopfingen auf der Ostalb. Blick von Norden auf die Befestigungsanlagen. (Luftbild A. Brugger, Stuttgart. Freig.-Nr. 2/10653)

aufgefundenen Gräbern zu erkennen gibt. Sicher nur kleinerer »Bauernadel« war auf den teilweise untersuchten Burganlagen vom Kyberg bei Unterhaching nahe München und auf dem Goldberg am Westrand des Nördlinger Rieses ansässig. Auf beiden Anlagen gibt es zwar durchaus qualitätvolle Späthallstattfunde, doch mangelt es einstweilen an fremdem Importgut und auch zugehörige reiche Gräber sind einstweilen nicht bekannt geworden. Deutlich anders dürfte die Situation auf dem mit mächtigen Befestigungen gekrönten Ipf bei Bopfingen (Abb. 91), ebenfalls westlich des Nördlinger Rieses, und dem Marienberg bei Würzburg gewesen sein. Zwar haben größere Grabungen an beiden Plätzen bisher nicht stattgefunden, doch sind hier wie dort Bruchstücke attisch-schwarzfiguriger Vasen zum Vorschein gekommen, die den besonderen Rang dieser beiden Herrensitze ahnen lassen. Im Falle des Marienberges scheinen auch mehrere, in seiner näheren Umgebung befindliche, sehr große Grabhügel auf mögliche Burgherrengräber hinzudeuten.
Im engeren württembergischen Bereich sind es dann vor allem die hier

eingehend beschriebene Heuneburg und der auf dem »Langen Feld« in beherrschender Lage zwischen Glems, Enz und Neckar gelegene Hohenasperg bei Ludwigsburg, die den Typus der hier angesprochenen Dynastensitze besonders gut verkörpern. Zwar dürfte die mittelalterliche Überbauung auf dem Hohenasperg den späthallstättischen Dynastensitz weitgehend zerstört haben, doch verraten dafür zahlreiche, in näherer und weiterer Entfernung um den Asperg gruppierte, zumeist mit Gold und qualitätvollem Südgut ausgestattete »Fürstengräber« sehr deutlich die Machtfülle der hier residierenden Burgherren (Abb. 92). Der Reichtum der fürstlichen Gräber um den Hohenasperg macht es wahrscheinlich, Macht und Einfluß seiner Burgherren noch um ein beträchtliches

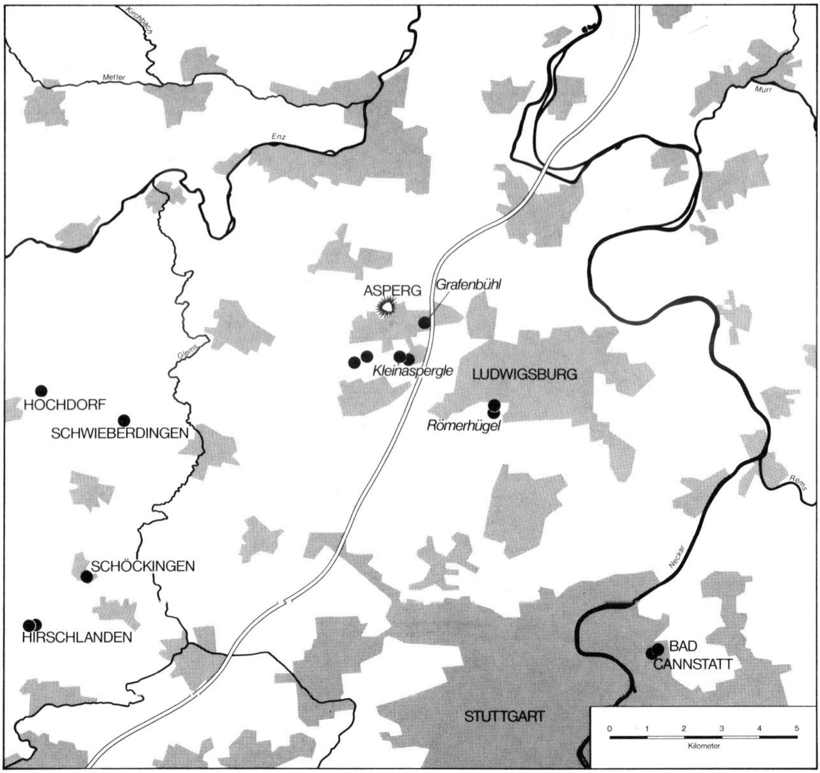

92 Der Hohenasperg bei Ludwigsburg mit den zugehörigen Fürstengräbern (Entwurf Fischer)

93 Villingen/Schwarzwald, Magdalenenberg. Blick auf die große, von schweren Steinen geschützte Grabkammer. Das Loch im Kammerboden wurde schon 1890 bei der ersten Ausgrabung ausgesägt, weil man darunter Funde vermutete (Aufnahme Fischer)

höher anzusetzen als bei den Herren der Heuneburg. Ein sehr bedeutender Mann muß auch der, in einer 6 × 8 m großen, aus Eichenstämmen gezimmerten Grabkammer beigesetzte Tote des »Magdalenenberg« bei Villingen im Schwarzwald gewesen sein. Um sein, schon antik ausgeraubtes Grab waren ringförmig noch 127 Nebengräber angelegt, fraglos

Angehörige der der Adelsfamilie zugeordneten Klientel (Abb. 93, 94). Der Grabherr selbst residierte einst auf einer nur wenige Kilometer entfernten, eher bescheidenen Burganlage, dem »Kapf«. Seine Machtfülle muß ihm aus der Ausbeutung der Eisenerzvorkommen im Raume Furtwangen zugewachsen sein.

Auch die einstmals von Rheinarmen umflossene mittelalterliche Inselfestung Breisach muß einen späthallstättischen Dynastensitz getragen

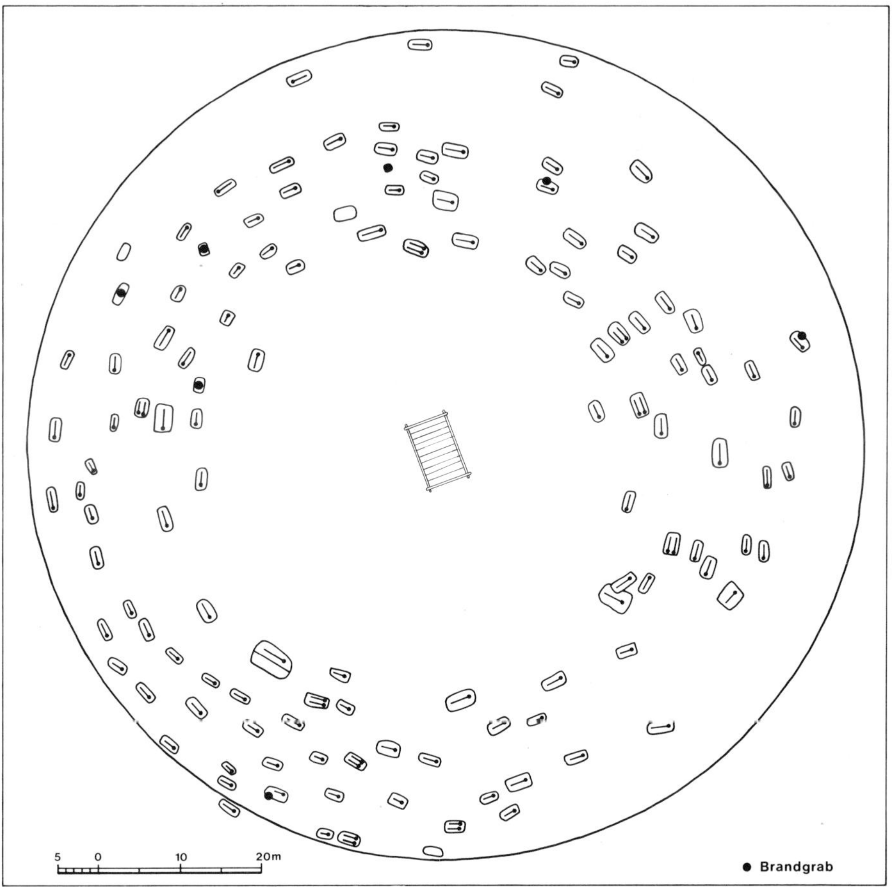

94 Villingen/Schwarzwald, Magdalenenberg. Plan des Grabhügels mit der zentralen Holzkammer und den ringförmig darum angelegten 127 Nachbestattungen (nach Spindler)

haben. Es gibt heute schon vom Breisacher Burgberg provencalisches Importgeschirr und vor allem jene scheibengedrehte schwarze Feinkeramik, die schon am Beginn zur Latènezeit steht und die wir reichlich auch von der Heuneburg besitzen (Abb. 59). Auch um Breisach verteilen sich näher und weiter, z. T. reich ausgestattete Grabhügel, die man wohl als die Gräber der Burgherren ansprechen darf. Breisachs Lage am Rhein entspricht im übrigen ganz der topographischen Situation der Heuneburg, des Marienbergs bei Würzburg und in gewisser Hinsicht auch der des Hohenaspergs. Werfen wir schließlich einen Blick auf die nordwestliche Schweiz und das nordöstliche Frankreich, dann treffen wir hier auf so gleichgeartete Kulturverhältnisse, daß an der inneren Geschlossenheit der hier beschriebenen Sozialstruktur bei aller lokalen Differenzierung kein Zweifel bestehen kann. Auch hier gibt es überall größere und kleinere späthallstättische Dynastenburgen, die nach ihrer topographischen Lage, ihrer Fundstreuung und den zu ihnen gehörigen Burgherrengräbern (Abb. 95) oftmals verblüffend dem entsprechen, was uns auf der Heuneburg begegnet ist.

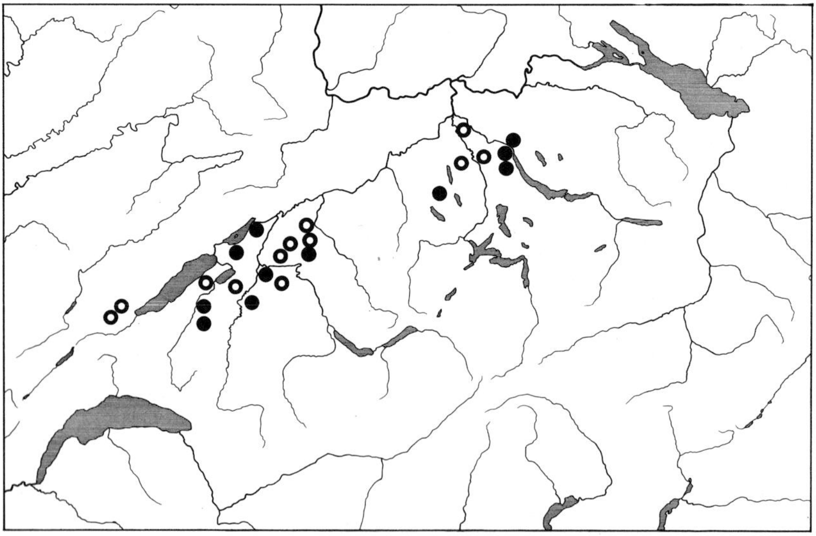

95 Dynastengräber in der Schweiz. Die schwarzen Punkte bezeichnen Gräber mit Goldfunden (Entwurf Drack, Kimmig)

In der Nordschweiz ist es der den Großraum Zürich beherrschende Uetliberg, der in seiner Bedeutung als späthallstättischer Dynastensitz immer mehr ins Blickfeld der Forschung gerät. Vom Gipfelplateau des Berges stammt das Fragment eines schwarzfigurigen Kolonettenkraters. Grabungen Walter Dracks haben Proben der schon von der Heuneburg bekannten dunklen Drehscheibenware zum Vorschein gebracht, die anscheinend auf keinem wirklichen Dynastensitz zu fehlen scheint. Transportamphoren und aus dem provencalischen Raum stammendes Geschirr sind mit Sicherheit zu erwarten. Auch die zu den Dynastensitzen gehörigen reichen Gräber fehlen nicht. Die lange bekannte große Goldschüssel von Zürich-Altstetten gehört mit größter Wahrscheinlichkeit zu einem am Fuß des Uetliberg gelegenen zerstörten Fürstengrab, und 1979 hat Drack einen weiteren, schon frühlatènezeitlichen, leider ausgeraubten Fürstengrabhügel am Nordwesthang des Uetlibergs untersucht, in dem die Grabräuber glücklicherweise bestimmbare Goldplättchen liegen gelassen hatten.
Auch die schon seit dem letzten Jahrhundert bekannten goldreichen Wagengräber der Südwestschweiz (Abb. 95) haben seit 1973 einen dicht bei Freiburg in der Schweiz gelegenen Siedlungsschwerpunkt erhalten, der kaum anders als der zugehörige Dynastensitz erklärt werden kann. Auf dem hoch über dem Zusammenfluß von Saane und Glane gelegenen befestigten Platz mit Namen »Châtillon« hat Hanni Schwab seitdem die gleichen, schon von der Heuneburg bekannten charakteristischen Keramikserien eines späthallstättischen Herrensitzes zutage gefördert: Schwarzfigurige attische Ware, Transportamphoren sowie provencalische graue wellenverzierte Ware (poterie grise), die in einem Fragment auch auf der Heuneburg nachgewiesen ist. Wenn im übrigen nicht alles täuscht, wird man in der Nordwestschweiz noch mit einem weiteren Dynastensitz zu rechnen haben. Es ist der, die enge Passage zwischen Mittelland und Jura beherrschende, hoch über dem Nordufer des Murtensees gelegene Wiestenlacher Berg (Mont Vully), auf dessen Gipfelplateau neben spätlatènezeitlichen Funden und Befestigungen auch späthallstättische Funde, darunter schwarze scheibengedrehte Ware der bekannten Art (Abb. 59) zum Vorschein gekommen sind.
Wenn wir schließlich noch einen Blick auf Nordostfrankreich werfen, dann muß hier zunächst der Britzgyberg bei Illfurth westlich Mühlhausens genannt werden, der – am Juranordrand gelegen – wie ein Wächter

die Burgundische Pforte kontrolliert. Kleinere Sondagen Roger Schweitzers haben hier auf Anhieb Fragmente von attischen Kleinmeisterschalen sowie Transportamphoren erbracht. Zugehörige Gräber sind einstweilen nicht bekannt, doch können solche jederzeit zum Vorschein kommen. Westlich der Burgundischen Pforte, zwischen Jura und mittlerem Saônetal gelegen, müssen dann zwei weitere Fundpunkte genannt werden, die sicherlich zur Gruppe späthallstättischer Dynastensitze gerechnet werden müssen, die aber – wie etwa beim Hohenasperg – einstweilen nur aus Indizien zu erschließen sind. Das ist einmal die Burg von Gray, die einen wichtigen Saôneübergang kontrolliert, lagemäßig also gut mit der Heuneburg, dem Würzburger Marienberg oder Breisach zu vergleichen ist, von der aber infolge mittelalterlicher Überbauungen, gleich wie beim Hohenasperg, aussagekräftige Funde noch nicht zum Vorschein gekommen sind. Dafür sind aber südwestlich und nordöstlich von Gray, in unmittelbarer Nähe des Flusses, goldreiche, z. T. mit Wagen ausgerüstete und mehrfach mit Transportamphoren versehene große Tumuli bekanntgeworden, die nur als die zu Gray gehörigen Burgherrengräber zu verstehen sind. Läßt sich also der Dynastensitz nur anhand der zugehörigen Gräber identifizieren, so liegt der Fall bei dem, versteckt im nordwestlichen Randgebiet des Jura gelegenen Camp-de-Château bei Salins gerade umgekehrt. Hier kennen wir den stark befestigten, auf einer Bergkuppe gelegenen Dynastensitz, der als einzig bisher bekannter schwarz- und rotfigurige griechische Vasenfragmente, weiter die üblichen Transportamphoren, sowie provencalisches Importgeschirr erbracht hat. Was dem Camp-de-Château einstweilen fehlt, sind die zugehörigen Burgherrengräber. Gerade die beiden Beispiele von Gray und Salins machen klar, wie lückenhaft hier überall noch unsere Kenntnisse sind, was aber auch, denken wir an die Heuneburg, bei planmäßigen Grabungen alles zu erwarten steht.
Ganz am Westflügel des nordwestlichen Voralpenraumes liegt schließlich im Tal der oberen Seine der Mont Lassois, 5 km nordwestlich von Châtillon-sur-Seine (Abb. 96). Dieser steil aus der Ebene aufragende, mit einem mächtigen Gipfelplateau versehene Zeugenberg verschließt wie ein Korken den engen Flaschenhals des oberen Seinetals, durch das eine wichtige, zur Küste führende Handelsstraße verlaufen sein muß. Der Mont Lassois hat, obwohl nur sporadisch angegraben, eine Fülle an Fundmaterial erbracht, das in seinem Grundbestand ganz dem der

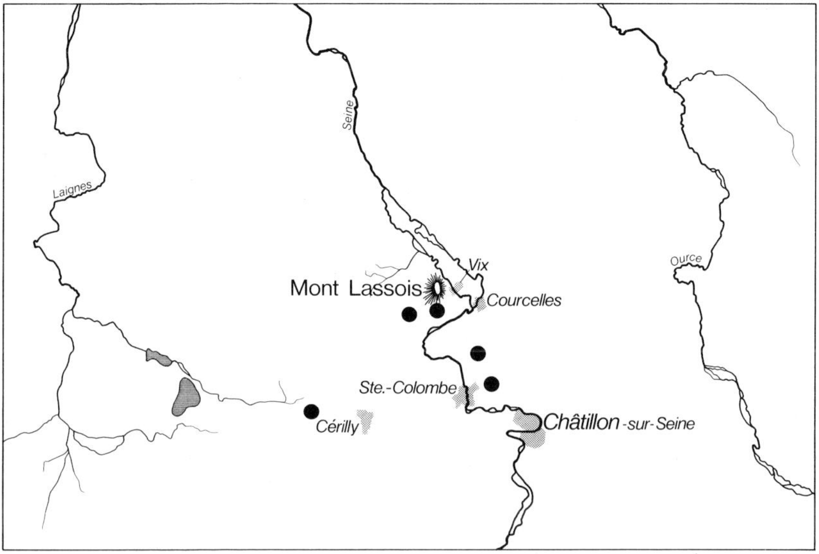

96 Der Mont Lassois bei Châtillon-sur-Seine in Ostfrankreich mit den ihn umgebenden Burgherrengräbern, darunter das Grab von Vix (Entwurf Fischer)

Heuneburg ähnelt. Man kennt vom Gipfelplateau bisher weit über hundert attisch-schwarzfigurige Vasenfragmente, zahlreiche Transportamphoren, provencalisches Importgeschirr, scheibengedrehte dunkelfarbige Keramik von der Art der Heuneburg, schließlich eine hochwertige bemalte Ware, die – anders in ihrer Technik und in ihrer Musterkarte wie diejenige der Heuneburg – nur als durchaus eigene Antwort auf die große, von Süden ausgehende Gefäßmalerei verstanden werden kann (s. S. 110f.). Was jedoch den Mont Lassois am unmittelbarsten mit der Heuneburg verbindet, das sind die in seinem nahen Umkreis gelegenen Burgherrengräber, unter denen das dicht an seinem Fuß gelegene reiche Grab von Vix mit dem 1,65 m hohen griechischen Bronzekrater (Abb. 97) zu den ganz wenigen unberührten Gräbern dieser Art gehört. Heuneburg und Mont Lassois, am Ost- und am Westflügel des Westhallstattkreises gelegen, verkörpern trotz ihres ganz unterschiedlichen Ausgrabungsstandes am einprägsamsten den Typus des späthallstättischen Dynastensitzes mit seinem, mediterranen Vorbildern angeglichenen Lebensstil und den um ihn gruppierten selbstbewußten Grabmonu-

97 Der große Bronzekrater aus dem Fürstengrab von Vix (nach Joffroy)

menten der Burgherren. Was diesen Adelsburgen durch planmäßige Ausgrabungen an kulturgeschichtlichen Einsichten abgewonnen werden kann, hat die Heuneburg in drastischer Weise gezeigt. Kein Zweifel, daß ähnliche, vielleicht noch farbigere Ergebnisse an verwandten Anlagen wie dem Uetliberg, in Châtillon-sur-Glane oder auf dem Mont Lassois zu erzielen sind, wenn an ihnen der Spaten des Archäologen in großem Ausmaß angesetzt wird.

Wie aber kommt es, so fragen wir zum Schluß dieses Kapitels, zu diesem erstaunlichen Kulturwandel, der vom 6. vorchristlichen Jahrhundert ab die Länder nordwärts des Alpenbogens in sozialökonomischer, aber sicherlich auch in politischer Hinsicht so tiefgreifend verändert hat? Was ist der Anlaß gewesen, der die in einer langen mitteleuropäischen Tradition stehenden Volksgruppen »hallstättischer« Art so plötzlich nach Süden blicken läßt, um sich einem von hier kommenden bewunderten Lebensstil anzupassen? Es unterliegt heute keinem Zweifel, daß der unmittelbare Anlaß hierfür die griechische Kolonisationstätigkeit gewesen ist, die im 7. und 6. vorchristlichen Jahrhundert zur Begründung der Magna Graecia in Süditalien und Sizilien und zur Anlage zahlreicher Handelsfaktoreien an den Küsten des Löwengolfs geführt hat, für die das um 600 v. Chr. gegründete Massalia (Marseille) Mittelpunkt, zugleich aber auch Basis für einen in der Folge intensiven kulturellen Ausgriff nach Norden in Richtung auf Mitteleuropa gewesen ist. Aus dieser rastlosen Gründerzeit gibt es eine um 500 v. Chr. als Fragment erhaltene Notiz des Hekataios von Milet, aus der hervorgeht, daß die Stadt Massalia von griechischen Phokäern im Land der Ligurer gegründet worden sei und daß ihr Territorium gegenüber der »Keltike«, also dem Keltenland, gelegen habe. Es ist die früheste Nennung des keltischen Namens überhaupt. Und wenn nur 50 Jahre später Herodot von Halikarnaß, den man gerne den Vater der Geschichte zu nennen pflegt, die Donau, den Istros, bei den Kelten entspringen läßt, dann darf man aus all solchen Äußerungen ein plötzlich erwachtes Interesse der neuen Kolonisten an ihren nördlichen Anrainern herauslesen, das in der Folge sicherlich auch zu unmittelbaren Kontakten geführt haben wird.

Im Zusammenhang mit diesen Ereignissen vollziehen sich auch in Italien schwere innere Umwälzungen, deren Auswirkungen für die Alpenländer und ihre nördlich angrenzenden Gebiete gleichfalls nicht ohne Folgen geblieben sind. Die in Mittelitalien beheimateten Etrusker, die zeitweise die Könige in Rom stellten und im 8./7. Jahrhundert ihren Einfluß bis zum Golf von Neapel ausdehnen konnten, geraten nach dem Erstarken des römischen Stadtstaates mehr und mehr in die Defensive. Als auch ihre einstmals blühende Seeherrschaft verlorengeht, scheinen die Etrusker ihre Aktivitäten mehr und mehr nach Norden in die Po-Ebene verlagert zu haben. Hier müssen sie dann rasch mit den Alpenvölkern in Berührung gekommen sein.

Der Drang von Griechen und Etruskern nach Norden konnte nicht ohne Folgen bleiben. So liegt es auf der Hand, daß sich die etruskischen und griechischen Neusiedler zwischen oberer Adria, Po-Ebene und dem Golfbogen beiderseits des Rhônemündungsgebietes sicherlich lebhaft für ihre Nachbarn als potentielle Handelspartner interessiert haben werden. Die erste Folge war eine kulturelle Durchdringung des einheimischen Hinterlandes, dessen Bewohner mehr und mehr mit einer graeco-etruskischen Tünche überzogen wurden. Kein Wunder, daß das einheimische Fundgut in dieser Kontaktzone immer stärker mit hochkulturellen Elementen durchsetzt ist. Von dieser Nahzone aus wird dann auch der inneralpine und nordalpine Hallstattraum erfaßt. Der Vorgang gleicht einem in einen glatten Wasserspiegel geworfenen Stein, dessen Wellen sich nach allen Seiten ausdehnen. Die Volksgruppen Mitteleuropas blicken jetzt mit Anteilnahme und sicherlich auch mit Neid auf diese Vorgänge und werden alles getan haben, um in irgendeiner Form Anteil an der neuen, gehobenen Lebensweise zu gewinnen. Eine solche kulturelle Fluktuation setzt aber entsprechende, nicht zuletzt zahlungskräftige Partner voraus. Diese muß es, wie wir sahen, im nordwestlichen Voralpenraum gegeben haben. Es waren die frühkeltischen Nobiles, die auf ihren Burgen von der Art der Heuneburg, des Hohenasperg, des Uetliberg und des Mont Lassois saßen (Abb. 90). Und es werden wohl auch die am Salzhandel reich gewordenen Salzherren von Hallstatt selbst und vom Dürrnberg bei Hallein gewesen sein, die in diesem gegenseitigen Kulturaustausch kräftig mitgemischt haben.

Was die Herren Mitteleuropas freilich zu bieten hatten, ist bis heute ungeklärt. Hier kann man nur Vermutungen hegen. Salz wurde schon genannt, in Erwägung ziehen kann man Bernstein im Zwischenhandel, landwirtschaftliche Produkte wie Fleisch, Häute und Felle, aber auch Honig und Wachs. Metalle, hauptsächlich wohl Eisen, wenn wir etwa an den Grabherrn des Magdalenenbergs bei Villingen denken, mag gleich-

falls eine Rolle gespielt haben. Vor allem aber sollten auch Sklaven nicht vergessen werden, die bei der damaligen Lebensweise im Süden, aber sicherlich auch bei vermögenden Leuten in Mitteleuropa von großer Wichtigkeit waren. Wer aber waren die Herren selbst? Warum treten sie im Gegensatz zu früheren Jahrhunderten jetzt plötzlich im 6. und 5. Jahrhundert so auffällig in Erscheinung, um dann vom 4. Jahrhundert ab in scheinbare Geschichtslosigkeit zurückzusinken? War etwa die ganze Feudalstruktur, wie sie uns so unvermittelt mit ihren Dynastensitzen und den aufwendigen Grabmonumenten entgegentritt, ebenfalls nur ein Reflex südlicher Zeiterscheinungen wie etwa der sog. Tyrannis, während der die Häupter mächtiger Familien überall in den zahlreichen griechischen Stadtstaaten die Macht an sich gerissen hatten? Waren die Herren der Heuneburg, des Hohenasperg oder des Mont Lassois etwa wesensverwandt mit den Peisistratiden Athens oder des Polykrates auf Samos? Dürfen wir uns also vorstellen, daß der Versuch der Anpassung an mediterrane Lebensformen so weit ging, daß sich in Mitteleuropa die Angehörigen eines am Ort gewachsenen alten Bauernadels plötzlich auch mit äußerem Glanz umgaben und ihre im Grunde längst vorhandene Machtfülle nun auch äußerlich zu dokumentieren versuchten? Und daß diese »hallstättischen« Nobiles im Augenblick des Zusammenbruchs der Feudalstruktur im Süden und des hier zu beobachtenden allmählichen Übergangs zu demokratischeren Lebensformen nun auch im Raum nördlich der Alpen wieder zu Verhältnissen zurückkehrten, die – rein archäologisch gesehen – nicht mehr durch auffallende Monumente auch äußerlich sichtbar wurden? Möglich schiene so etwas schon, denn auch die bei Caesar im letzten vorchristlichen Jahrhundert genannten Angehörigen des keltischen Hochadels – ihrer Namen gibt es viele – treten archäologisch einstweilen überhaupt nicht in Erscheinung! Archäologie und historische Wirklichkeit sind also beim Fehlen schriftlicher Quellen oft ganz verschiedene Dinge, die vor allem im ersteren Fall sehr behutsamer Interpretation bedürfen!
Ganz sicher aber bleibt, daß das Vorrücken von Griechen und Etruskern an die Nordflanken des Mittelmeerraumes im Alpenbereich und im angrenzenden Mitteleuropa eine Faszination hervorrief, die man sich nicht eindringlich genug vorstellen darf. Fraglos hat hierbei die Nobilität, der einheimische Adel, den Vorreiter gespielt, da er schon aus wirtschaftlichen Gründen hierzu am ehesten in der Lage war. In der Folge drang

dann das südliche Kultur- und Gedankengut mehr und mehr auch in die breiten Volksschichten ein. Die Heuneburg mit ihrer großen Lehmziegelmauer und die neuen, dem Süden angepaßten Wohnvorstellungen sind ein gutes Beispiel hierfür. Daß gleichzeitig auf einer unteren, nichtherrschaftlichen Ebene ein Strom handwerklicher Fertigkeiten ins Land drang, der dem hallstättischen Mitteleuropa rasch einen fühlbaren Vorsprung gegenüber dem germanischen Nordeuropa einbrachte, läßt sich kaum übersehen. Insofern ist also durch die Begegnung von Nord und Süd während des 6. und 5. vorchristlichen Jahrhunderts in Mitteleuropa ein Nährboden bereitet worden, der sich Jahrhunderte später bei der

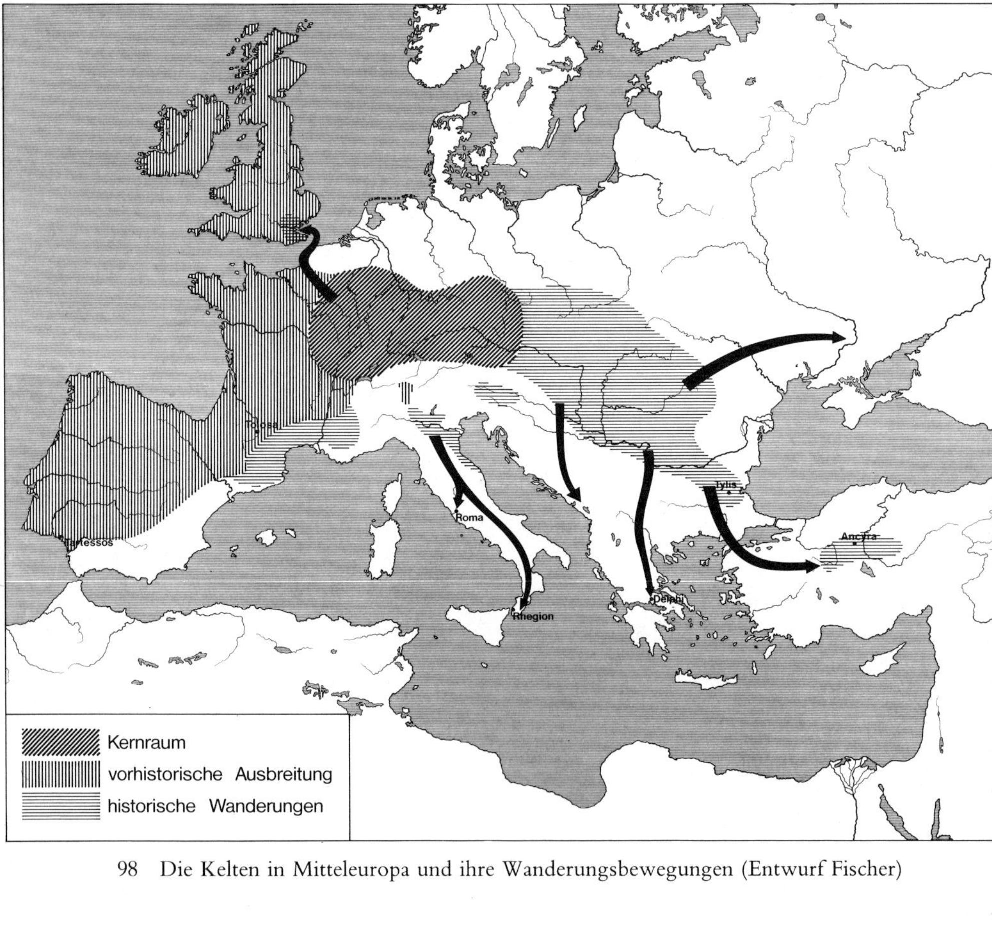

98 Die Kelten in Mitteleuropa und ihre Wanderungsbewegungen (Entwurf Fischer)

Romanisierung Galliens und der Donauländer als fruchtbar und ertragreich erweisen sollte. Rom traf, wie es Paul Jacobsthal einmal formuliert hat, an Rhône, Rhein und Donau auf vorgepflügten Boden! Die vom Süden sicherlich nicht erwünschte Folge dieser Vorgänge war dann freilich der im späten 5. Jahrhundert beginnende, die Mittelmeerwelt erschütternde Einbruch keltischer Volksteile an fast allen Nordflanken von Spanien über Oberitalien und Griechenland bis hinüber nach Kleinasien (Abb. 98). Über 400 Jahre lang hatte sich der Süden mit dem Keltentum auseinanderzusetzen, das zäh an seiner ethnischen Eigenart festhielt und das nur sehr allmählich in die Volkskörper der Gastländer eingeschmolzen werden konnte.
Wir kehren zurück zu dem, was wir eingangs sagten (s. S. 52): Der Herr der Heuneburg hatte täglich die Alpenfront vor Augen, hinter der er das Ziel mancher Wünsche verborgen wußte. Es muß ein innerer Zusammenhang bestehen zwischen der um 400 v. Chr. zu beobachtenden plötzlichen Aufgabe zahlreicher nordalpiner Siedlungen und der gleichzeitigen Aggression Oberitaliens durch die frühen Kelten. Die Ausgrabung der »hallstättischen« Heuneburg hat schon jetzt einen gewichtigen Beitrag zu solch umfassenden historischen Fragestellungen geliefert!

Die Grabhügel der Burgherren

Untrennbar mit der Burg und der Landschaft verbunden sind die Grabhügel der Burgherren. Die Burg schützend in ihre Mitte nehmend umgibt ein Kranz von neun mächtigen Grabhügeln den festen Platz. An markanten Punkten aufgeschüttet, vielfach bewußt die Isolation suchend, bald näher, bald weiter von der Burg entfernt und doch stets in ihrem Blickfeld bleibend, sind diese Hügel in einem übergeordneten Sinn mit der Burg verknüpft. Nicht anders scheint dies, zumindest im Grundsatz, auch bei den anderen Dynastensitzen zu sein, besonders deutlich beim Hohenasperg (Abb. 92) oder beim Mont Lassois (Abb. 96), wo die auffallend reichen Gräber dicht um den Herrensitz geschart sind. Freilich ist nicht zu übersehen, daß fürstlich ausgestattete Gräber auch in weiterer Entfernung von der zugehörigen Burg angelegt werden können. Dies ist etwa der Fall bei Breisach, bei der vermuteten Burg von Gray, aber auch beim Hohenasperg, wo die beiden Cannstatter Gräber und vor allem das überreiche Grab von Hochdorf außerhalb des von Neckar und Glems abgegrenzten »Langen Feldes« liegen. Ähnliches findet sich auch bei der Heuneburg, wo der »Rauhe Lehen« jenseits des Donautales in 5 km Luftlinie von der Burg entfernt aufgeschüttet worden ist. Ist die Zuordnung der reichen Hügel im Umkreis von Gray und Breisach gerechtfertigt, dann beträgt die Entfernung von der zugehörigen Burg sogar bis zu 25 km. Feste Regeln lassen sich also zunächst nicht aufstellen und auch Spekulationen darüber, ob etwa entfernt aufgeschüttete Hügel die Grenzen des Herrschaftsbereiches markieren oder ob wir in solchen Hügeln vielleicht die Grabstätten von »Vasallen« des regierenden Dynastengeschlechtes erblicken dürfen, entbehren einstweilen jeglicher Grundlage. Sicher ist dagegen, daß die Vierergruppe des Talhau-Gießübel im Norden der Heuneburg (s. S. 194 und Abb. 34) zu einer jüngeren Burgherren-Nekropole gehört im Gegensatz zum Hohmichele (s. S. 189ff.) oder auch zum »Rauhen Lehen« (s. S. 215ff.)

Versucht man, unter Beiziehung aller Einzelbeobachtungen in gut untersuchten fürstlichen Gräbern des westlichen Hallstattraumes, sich ein zutreffendes Bild von der Grablege eines hallstättischen Nobilis zu machen, dann ergeben sich faszinierende Einsichten in die Pracht und die Ausdrucksfülle, mit der das Leichenbegängnis einer vornehmen Persönlichkeit vor 2500 Jahren zelebriert worden ist.

Gleich nach Eintritt des Todes wird man den Verstorbenen aufgebahrt haben, um der Sippe und der Klientel die Möglichkeit zum Abschiednehmen zu geben. Unterdessen wurden alle Kräfte zusammengefaßt, um an dem zuvor ausgewählten Bestattungsplatz die Vorbereitungen für die Grablege zu treffen. Hierzu mußte eine mächtige Grabgrube ausgeschachtet werden, welche die hölzerne Grabkammer aufnehmen konnte. Die Maße solcher Kammern schwanken zwischen 2 × 3 und 5 × 8 Metern. Die Grabkammer des Magdalenenberg bei Villingen war aus mindestens 90 zugebeilten Eichenstämmen zusammengesetzt, wobei man für den Kammerboden bis zu 50 cm dicke Stämme benötigte (Abb. 93). Für derartige Kammern mußte ein kleiner Wald geschlagen werden. Bis die gefällten Bäume entastet und zugerichtet waren, vergingen mit Sicherheit mehrere Tage, es sei denn, man hätte vorsorglich das notwendige Kammerholz bereitgelegt. Nach dem Ausheben der Grabgrube und dem Einbau der Kammer mußte, wie das Grab von Hochdorf

99 Die südlich neben der Grabkammer des Magdalenenberg bei Villingen (Abb. 93) aufgefundene ›Bahre‹ (nach Spindler)

gezeigt hat, eine Rampe über den ringförmigen Aushub gebaut werden, damit man den Toten ohne Schwierigkeit zu seinem Ruheplatz bringen konnte. Zum Transport über den wahrscheinlich schon im Entstehen begriffenen Hügel benötigte man eine Bahre, wie sie noch neben der Kammer des Magdalenenberg liegend angetroffen wurde (Abb. 99). Wie lange all diese und gewiß zahlreiche andere Vorbereitungen bis zum Bestattungstag selbst andauerten, wissen wir nicht. Hält man sich aber an Homers Schilderungen über Patroklus oder Hektors Bestattung, liest man die bis ins einzelne gehenden Berichte Herodots über die Beisetzung skythischer Könige oder hält man sich gar an die uns erhalten gebliebenen Totenrituale hethitischer Großkönige, dann weiß man, daß sich eine solche fürstliche Grablege über viele Tage, ja Wochen hinziehen konnte,

wobei das trauernde, aber auch staunende Volk mit geheimnisvollen Zeremonien und Leichenspielen beeindruckt werden sollte.
Am Bestattungstage wurde, um wieder in den Hallstattraum zurückzukehren, der tote Burgherr aus seinem Hause getragen und auf einen prunkvollen, speziell zu diesem Zweck gebauten vierrädrigen Wagen gelegt, der von einem Doppelgespann gezogen wurde (Abb. 100). Gefolgt von Klagefrauen, Angehörigen, Priestern und bewaffneten Leibwächtern wird sich der Zug, vorbei an dem herbeigeströmten Volk, langsam zum Grabplatz bewegt haben. Hier wurden die Pferde ausgespannt, der Tote wurde vom Wagen gehoben und auf die bereitstehende Tragbahre gelegt. Dies alles geschah mit Sicherheit wiederum im Zuge eines ausgedehnten Zeremoniells, denn man brauchte jetzt erneut Zeit

100 Der in Wien nachgebildete Grabwagen aus der Býčiskála-Höhle in Mähren, der als Modell für die hallstättischen Grabwagen auch des Westhallstattkreises gelten kann (nach Nat. hist. Museum Wien)

101 Rekonstruktionsversuch der großen Grabkammer von Hochdorf, Kr. Ludwigsburg (nach Biel, Zeichnung Susanne Höfler)

zur Herrichtung der Grabkammer selbst. Diese mußte wohnlich eingerichtet werden, denn der Tote hatte Anspruch darauf für die lange Reise ins Jenseits seinem Stande gemäß mit allem Notwendigen ausgestattet zu werden. Das unberührte Grab von Hochdorf hat eindringlich gezeigt, an was hier alles gedacht werden mußte (Abb. 101). Natürlich gab es bei der Einrichtung solch fürstlicher Grabkammern graduelle Unterschiede je nach Macht und Reichtum des Toten und doch hat man sich offenbar streng an gewisse Normen gehalten, die Glaube und Tradition vorschrieben. Als erstes hat man die nackten Holzwände der Grabkammer sorgsam mit Tüchern verkleidet, deren Bahnen im Hochdorfer Grab mit Bronzefibeln zusammengesteckt waren. Dann wurde der Platz für den Toten ausgesucht. Daß auch dies nach strengen Regeln erfolgte, versteht sich von selbst. In Hochdorf lag der Tote an der Seite und blickte nach Norden. Auch die Doppelbestattung in der Nebenkammer VI des Hohmichele (s. S. 192 u. Abb. 102, 103) blickte in allgemein nördlicher Richtung. Nicht anders war dies bei dem Toten aus der Kammer 1 des

102 Plan der Grabkammer VI aus dem Hohmichele. Doppelbestattung von Mann und Frau mit darübergestelltem Grabwagen (nach Fischer)

»Römerhügels« bei Ludwigsburg, der zur Asperg-Dynastie gehört. Strenge Nord-Süd-Richtung hielt auch das unberührte reiche Grab von Vix am Fuß des Mont Lassois, doch blickte diesmal die hier bestattete Frau nach Süden, was vielleicht auf eine bewußt unterschiedliche Orientierung von Mann und Frau im Grabe schließen läßt (Abb. 104).
Die früher oft vertretene Ansicht, daß der Tote *auf* seinem Wagen im Grabe niedergelegt worden sei, muß genauso korrigiert werden wie die

Meinung, daß es sich bei dem zur Grablege benutzten Wagen um den gleichen gehandelt habe, der von dem Verstorbenen im Leben als äußeres Zeichen seines vornehmen Standes gefahren wurde. Der im Grabe meist gegenüber vom Toten aufgestellte vierrädrige Wagen ist bei allem äußeren Aufwand im Grunde ein ganz schlichter, an eine Lafette erinnernder Grabwagen, der ausschließlich für die Fahrt zum Grabe gebaut wurde. Das erklärt vermutlich auch, warum man die Pferde, am Grabplatz angekommen, ausschirrte, sie aber nicht tötete und mit in der Grabkammer beisetzte. Ihre Funktion war schon vorher beendet. Zwar wurde der Grabwagen mit ins Grab gestellt und man belud ihn hier, wie etwa in Hochdorf (Abb. 101), auch mit dem Pferdegeschirr samt Zügeln,

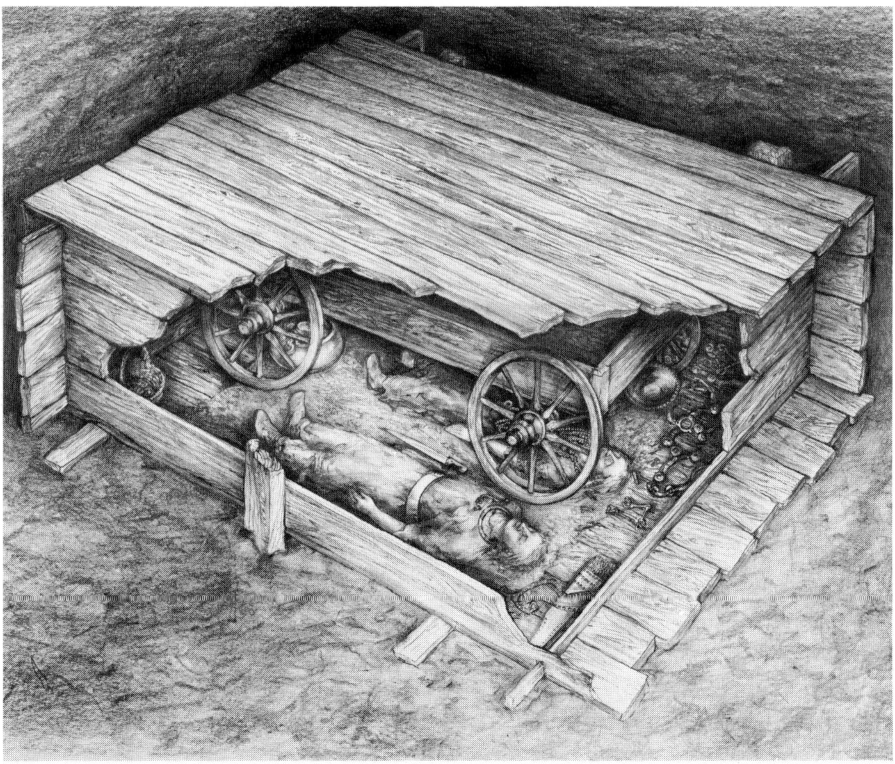

103 Rekonstruktionsversuch der Grabkammer VI aus dem Hohmichele (Zeichnung Susanne Höfler)

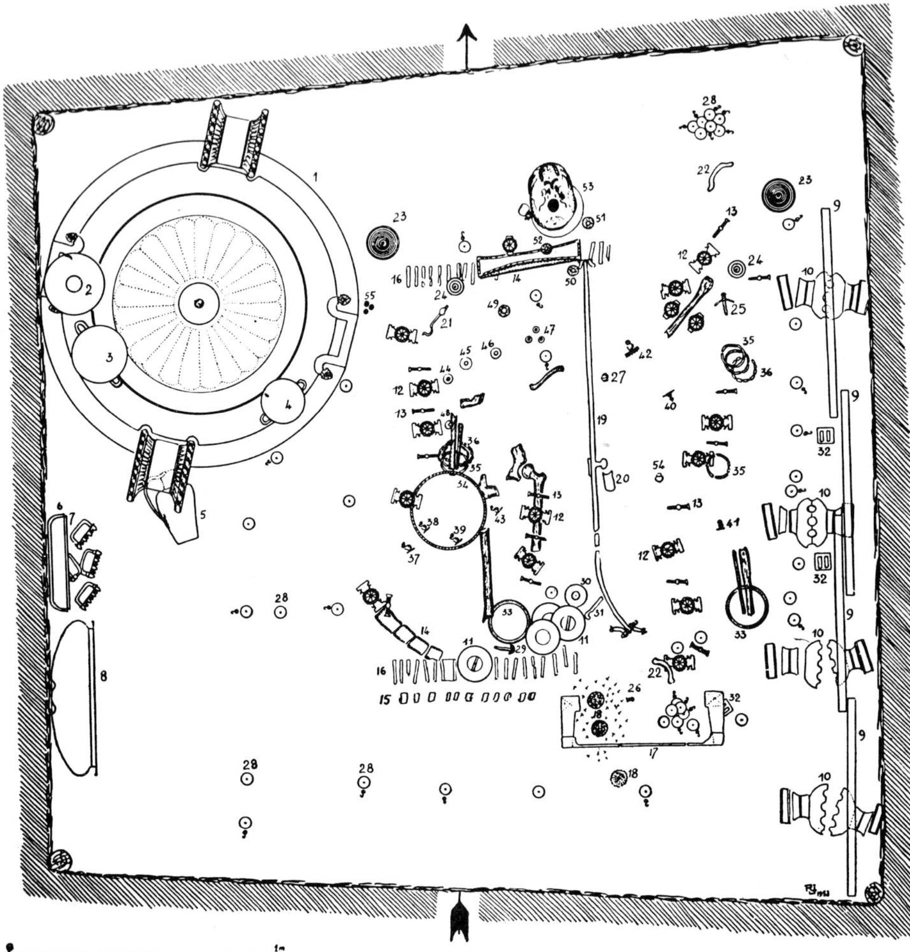

FIG. 1

104 Plan des Fürstengrabes von Vix bei Châtillon-sur-Seine in Ostfrankreich (nach Joffroy)

dem Antreibestachel für die Pferde, ja sogar mit den Jochen, aber er diente nicht für die Weiterfahrt ins Jenseits, da man auf ihm auch zahlreiche Bronzeteller und Becken, sowie auch Gerät zum Schlachten von Tieren abgelegt hatte. Im Grabe von Vix hatte man den Wagen sogar auseinandergenommen und die Räder an die Seite der Kammer gestellt (Abb. 104), im »Römerhügel« stand der Wagen leer in der Osthälfte des

Grabes und in der Kammer VI des Hohmichele hatte man den Wagen ebenfalls leer über die tote Frau gestellt.

Die fürstlichen Toten der Hallstattzeit liegen also nicht auf den Grabwagen, sie haben vielmehr ihren eigenen, sorgfältig hergerichteten Liegeplatz im Grabe. In Hochdorf lag der Tote auf einem kostbaren bronzenen Ruhebett, einer sog. Kline (Abb. 101). Weniger aufwendig war das Totenlager im Römerhügel, wo es aus organischen, nicht mehr erhaltenen Bestandteilen aufgebaut war. Noch einfacher, vermutlich dem niedereren Rang der beiden Toten entsprechend, vollzog sich die Aufbahrung in der Nebenkammer VI des Hohmichele (s. S. 192 u. Abb. 102, 103). Hier hatte man die Frau und den Mann einfach auf, am Boden ausgebreitete Rinderfelle niedergelegt.

Die Vorstellung unserer Hallstattherren vom Leben nach dem Tode entsprach nicht der griechischen Idee von einem unterirdischen Totenreich, in dem die Seelen der Verstorbenen ein Schattendasein führten. Ihnen schwebte vielmehr vor, daß die Toten in der Abgeschiedenheit ihrer Grabkammer das gleiche Dasein weiterführen würden wie im wirklichen Leben. Die Kammer mußte also wohnlich eingerichtet und ausgestattet werden. Hatte man im Leben fröhliche Feste gefeiert, so mußte dies auch im Tode möglich sein. Dazu benötigte man entsprechend dem Stand des Toten ausreichendes Eß- und vor allem Trinkgeschirr, das in kaum einem dieser Gräber fehlt. Die Idee des Gelages im Grabe, eines sog. Grab-Symposions, ist dem Griechen fremd. Hier hat offenbar etruskischer Einfluß eine wesentliche Rolle gespielt. Man kennt zahlreiche etruskische Grabkammern, sowohl Felsgräber wie unter großen Hügeln angelegte, die reich mit Gelagen und sonstigen Freuden des Lebens ausgemalt sind. Ganz in diesem Sinne sind die hallstättischen Burgherrengräber ausgestattet. Das Grab von Vix (Abb. 104) enthielt einen riesigen, 1,64 m hohen griechischen Bronzekrater mit aufgelegtem Sieb und einem Fassungsvermögen von nahezu 1200 Litern (Abb. 97). Auf seiner Schulter standen zwei attisch-griechische Schalen, eine von ihnen reich in schwarzfigurigem Stil bemalt, sowie eine silberne Phiale mit goldbeschlagenem, aufgewölbtem Fuß (Omphalos). Zu Füßen des Kraters standen eine etruskische Schnabelkanne, ein Bronzekessel und zwei bronzene Henkelbecken. Neben dem Toten von Hochdorf stand in der Nordwestecke des Grabes ebenfalls ein großer Bronzekessel mit großen Henkeln und auf dem Rand lagernden Löwen (Abb. 101). In dem

etwa 400 Liter fassenden Kessel lag, vermutlich als Schöpfer, eine kleine getriebene Goldschale. Die Untersuchung der Rückstände am Boden des Kessels ergab überraschenderweise Honigmet, also keinen Wein, doch besteht kein Zweifel, daß auch dieser berauschende Wirkung besaß. An der Südwand des Grabes waren neun mit Bronze und Goldblech beschlagene Trinkhörner aufgehängt, denen neun Bronzeteller und drei größere Bronzeplatten entsprachen, die man auf den Wagen gestellt hatte. Man kann aus dieser Zusammenstellung schließen, daß dem Toten Gelegenheit gegeben war, zusammen mit neun Gefährten zu essen und zu trinken. Ähnliche Trinkservice kennen wir aus den am Fuß des Hohenaspergs selbst liegenden Burgherrengräbern. Im schon etwas jüngeren Nebengrab des Kleinaspergle fand sich wiederum ein großer Kessel mit einer inliegenden Holzschale als Schöpfer, mit dem man sicherlich ein im Kessel eingefülltes berauschendes Getränk herausschöpfen konnte. Neben dem Kessel standen ferner ein zweihenkliger etruskischer Eimer, ein sog. Stamnos, eine einheimisch-keltische Bronzeschnabelkanne, eine vermutlich aus dem Tessin stammende bronzene Rippenziste und zwei attische Trinkschalen, von denen eine in diesmal rotfiguriger Maltechnik bemalt war. Auch in diesem Grab fehlten nicht zwei kostbare goldene Trinkhörner. Fast die gleiche Ausstattung besaß auch der Tote vom »Römerhügel«. Wieder lagen in der Nordwestecke des Grabes zu Füßen des Grabherrn ein großer Bronzekessel, ein Bronzeteller und ein Bronzebecken, eine bronzene Rippenziste und der Rest eines goldbeschlagenen Trinkhorns. Diese Beispiele zeigen, daß es für besonders vornehme Leute eine Art von Grundausstattung gab, die man im einzelnen variieren konnte, bei der aber doch bestimmte Gefäße mehr oder weniger zwingend vorgeschrieben waren. Anders scheint dies bei Leuten minder hohen Ranges gewesen zu sein. Auch die Doppelbestattung aus der Kammer VI des Hohmichele (Abb. 102) enthielt Trinkgeschirr – einen Bronzekessel mit einem inliegenden kleineren Bronzegefäß als Schöpfer sowie ein bronzenes Perlrandbecken – aber auf alles weitere hat man verzichtet, so vor allem auf Trinkhörner, die sonst kaum je in einem gut beobachteten Grab fehlen.
War der Tote mit seiner Grabausrüstung in der Kammer untergebracht, wurde diese verschlossen und so gut wie möglich gegen Grabräuber gesichert. Grabraub hat in der Antike, aber auch bis in die Frühneuzeit hinein aus sehr unterschiedlichen Gründen eine beträchtliche Rolle

gespielt. Wir erinnern uns dabei etwa an die ägyptischen Pharaonen, die trotz ihrer im Tal der Könige bewachten Totenstadt vor fortwährender Beraubung so wenig geschützt werden konnten, daß die Priester in einer Nacht- und Nebelaktion einmal die Mumien zahlreicher Pharaonen aus ihren Grabkammern holten und sie heimlich in einer schwer zugänglichen und bis ins 19. Jahrhundert hinein unbekannt gebliebenen Felsspalte unterbrachten. Auch die Burgherrengräber unseres Hallstattadels waren, aus welchen Gründen auch immer, nicht vor Beraubung gefeit. Immer wieder macht der Archäologe die betrübliche Feststellung, daß Grabräuber in die Kammern eingedrungen waren, hier alle Kostbarkeiten entwendet und das Grab mitsamt den Gebeinen des Toten in einem beklagenswerten Zustand zurückgelassen haben. Besonders gefährdet waren natürlich die zentralen Kammern, deren Lage sich leicht errechnen ließ, während Nebenkammern oder etwaige Nachbestattungen fast immer der Zerstörung entgingen. Sicher antik ausgeraubt wurde die Zentralkammer des Hohmichele, wobei die Grabräuber noch während des Aufschüttungsvorgangs dieses Riesenhügels durch einen etwa 6 m hoch gelegenen, schräg zur Kammer heruntergetriebenen Stollen von 65 cm Breite, 50 cm Höhe und 11 m Länge diese erbrachen und sie nahezu vollständig ausplünderten. Bei ihrem lebensgefährlichen Rückzug durch den nicht abgesteiften Stollen haben die Räuber auf eine Länge von mehreren Metern u. a. über 400 Glasperlen verloren, die von einer zerrissenen Kette stammten. Wohl ebenfalls antik beraubt war die kleine Kammer des Grabhügels 4 der Gießübel/Talhau-Nekropole (s. S. 194f.). Hier haben die Grabräuber von der Spitze des Hügels her senkrecht nach unten einen Schacht auf die zentrale Grabkammer geführt, diese erbrochen und fast völlig ausgeräumt. Liegen blieb das gut erhaltene Skelett, das auf dem Bauch lag und dessen Rückenwirbel trotz starker Verbiegung noch völlig in ihrem Verband angetroffen wurden. Nur der Kopf war abgefallen und lag zwischen den Füßen. Danach müssen die Räuber die schon stark verweste Leiche hochgerissen und sie ihrer kostbaren Ausrüstung beraubt haben. Danach ließen sie den Toten achtlos fallen. Eine derartige Aktion angesichts der nur 300 m entfernten Heuneburg ohne Störung durchzuführen, noch dazu vermutlich bei Nacht, ist wohl nur vorstellbar, wenn die Burgbewohner am Eingreifen gehindert waren, also etwa während einer Belagerung. Neben antiken Beraubungen, deren wahre Hintergründe meist nur schwer zu durchschauen sind,

hat es aber auch Grabplünderungen gegeben, die mit Sicherheit in die frühe Neuzeit, also etwa in das 16. bis 19. Jahrhundert gehören. Bei ihnen kam neben Neugier vor allem wohl reine Gewinnsucht hinzu, die Hoffnung reiche Schätze zu finden, was bei antiken Beraubungen nicht unbedingt der Fall zu sein braucht. Solche frühneuzeitlichen Grabeinbrüche geben sich mitunter dadurch zu erkennen, daß die Grabräuber Reste ihrer Mahlzeit »am Tatort« zurückgelassen haben, vor allem zerbrochenes Geschirr, das sich leicht datieren läßt. Einem solchen »modernen« Einbruch ist etwa die zentrale Grabkammer des Kleinaspergle zum Opfer gefallen, während die schon genannte Nebenkammer unberührt blieb. Diese Beispiele mögen in unserem Zusammenhang genügen.
Natürlich haben sich Angehörige und Klientel des Toten gegen mögliche Grabräuber zu schützen gesucht. Wachen aufzustellen war indes zwecklos, zumal man solche Aktionen ja nicht Jahre hindurch fortführen konnte. Das beste Mittel, Grabräuber abzuschrecken, blieb daher die Sicherung der Grabkammer selbst. Langjährige archäologische Erfahrung hat gezeigt, daß wenig geschützte Kammern weit häufiger erbrochen und ausgeraubt worden sind wie solche, bei denen man entsprechende Vorkehrungen getroffen hatte. Verläßlichster Schutz war offenbar eine starke Ummantelung der Kammer mit schweren Steinen. Diesen Steinmantel zu durchbrechen schreckte mehr als das Aufgraben eines auch noch so hohen Grabhügels wie z. B. des Hohmichele bei der Heuneburg (s. S. 192). So ist es wohl kein Zufall, daß die ohne Steinschutz gebauten Grabkammern im »Grafenbühl« und im Kleinaspergle am Fuß des Hohenasperg, vor allem aber die im Umkreis der Heuneburg gelegenen, gleichfalls steinlosen Burgherrengräber, wenigstens soweit sie bekannt sind, alle ausgeplündert wurden. Das bedeutet andererseits nicht, daß es Grabräubern nicht auch gelang massive Steinummantelungen zu durchbrechen. So ist z. B. die bisher größte bekannte Holzgrabkammer des Magdalenenberg bei Villingen (s. S. 150f.), die von einem 3,5 m hohen und 30 m Durchmesser haltenden Steinhügel aus ortsfremden zentnerschweren Buntsandsteinblöcken überdeckt war, gleichwohl durchbrochen und ausgeplündert wurde (Abb. 93). Gleiches Unheil widerfuhr einer, allerdings kleineren Kammer bei Repperndorf im mainfränkischen Landkreis Kitzingen, deren 1,20 m hoher und 10 m Durchmesser großer Steinschutz ebenfalls nicht vor Einbruch schützte. Die Ausnahme bestätigt also die Regel, aber es ist wiederum nicht zu

übersehen, daß die unberührten Fürstengräber von Vix und vor allem von Hochdorf nur dadurch erhalten blieben, daß der massive Steinschutz die Raubgräber hinderte, in sie einzudringen. Ein Musterbeispiel sinnreichen Grabschutzes ist sicherlich das Grab von Hochdorf (Abb. 101), dessen Geheimnisse der Ausgräber Jörg Biel in allen Einzelheiten entschleiern konnte. Danach schachtete man zuerst eine Grabgrube von 11 × 11 m Größe und 2,4 m Tiefe aus und setzte in diese eine äußere, aus Eichenbalken in Blockbautechnik gezimmerte Holzkammer von 7,4 × 7,5 m Größe und 2 m hohen Wänden ein. In diese äußere Kammer wurde eine zweite, kleinere von 4,7 m Seitenlänge und etwa einem Meter Höhe, in gleicher Technik gearbeitete Kammer eingestellt, nach dem Prinzip der »Puppen in der Puppe«. Die Kammerdecken wurden dann nach der Einbringung des Toten mit zwei Lagen längs und quer verlaufender Holzbalken verstärkt, anschließend wurden die Zwischenräume zwischen den beiden Kammern und dem äußeren Grabschacht, vor allem aber die Decken mit ca. 50 Tonnen Bruchsteinen aufgefüllt. Trotz der massiven Bauweise gerade auch der Kammerdecke brach diese durch die Last der Steine im Lauf der Zeit ein, was zwar eine Zertrümmerung der Grabausstattung zur Folge hatte, aber auch den – natürlich unbeabsichtigten – Nebeneffekt besaß, daß ein Eindringen in die jetzt mit Steinen gefüllte Kammer unmöglich wurde.

Der letzte Akt der Bestattungsfeierlichkeiten bestand in der Aufschüttung des Hügels und seiner äußeren Herrichtung sowie in der Abhaltung von Leichenspielen, die sicherlich auch mit einem reichlichen Mahl verbunden waren. In welchem zeitlichen Ablauf dies vor sich ging, ist schwer zu ermitteln. Sicherlich erforderte die Aufschüttung des Hügels bis zu einer durchschnittlichen Höhe von acht bis zehn Meter eine sich über viele Tage, ja Wochen hinziehende Arbeit, die natürlich entscheidend von der Zahl der Arbeitskräfte abhing. Die Füllerde wurde – dies konnte verschiedentlich beobachtet werden – in der unmittelbaren Umgebung des Grabplatzes gewonnen und mit Körben aufgeschüttet. Auf die Spitze des Hügels stellte man in der Regel eine steinerne Stele, die aus einem ungefügen Steinblock bestand, aber nicht selten auch skulptiert wurde (Abb. 105). Bestes Beispiel ist der, graeco-etruskischen Grabstelen nachgebildete »Krieger von Hirschlanden«, der sich im Württembergischen Landesmuseum in Stuttgart befindet (Abb. 106). Der Hügelrand wurde gelegentlich von einem Steinkranz umsäumt, manchmal aber

105 Wieder aufgeschütteter Grabhügel bei Kilchberg, Kr. Tübingen, mit sorgfältig gesetztem Steinkranz und skulptierter steinerner Stele.

auch von einem tiefen Graben. Ob solche Anlagen praktische Gründe hatten oder ob man in ihnen kultische Vorstellungen (Bannkreis?) erblicken darf, bleibt ungewiß.

Was schließlich die Leichenspiele zu Ehren des Toten anbelangt, so lesen wir zunächst am besten bei Homer im 23. Gesang der Ilias die ausführliche Schilderung von den Leichenspielen nach der Beisetzung des Patroklos. Es heißt dort:

Als nun der Hügel geschüttet war, enteilten sie.
Aber Achilleus hielt sie zurück und hieß das Heer sich zu lagern.
Preise ließ aus den Schiffen er holen, Dreifüße und Becken, Rosse dazu
Und der Stiere gewaltige Häupter, schöngegürtete Weiber und grau
Gehärtetes Eisen.
Herrliche Preise setzte er erst für hurtige Lenker
Heimzuführen ein Weib, erfahren in jeglicher Arbeit,
Und einen Dreifuß von zweiundzwanzig Maß mit Henkeln,
Dies dem Ersten . . .

Dann beginnen die Wagenrennen und es folgen die Zweikämpfe:

Laßt zwei Männer, die tüchtigsten Kämpfer, sich hier um die Preise
schlagen mit hoch ausholender Faust . . .

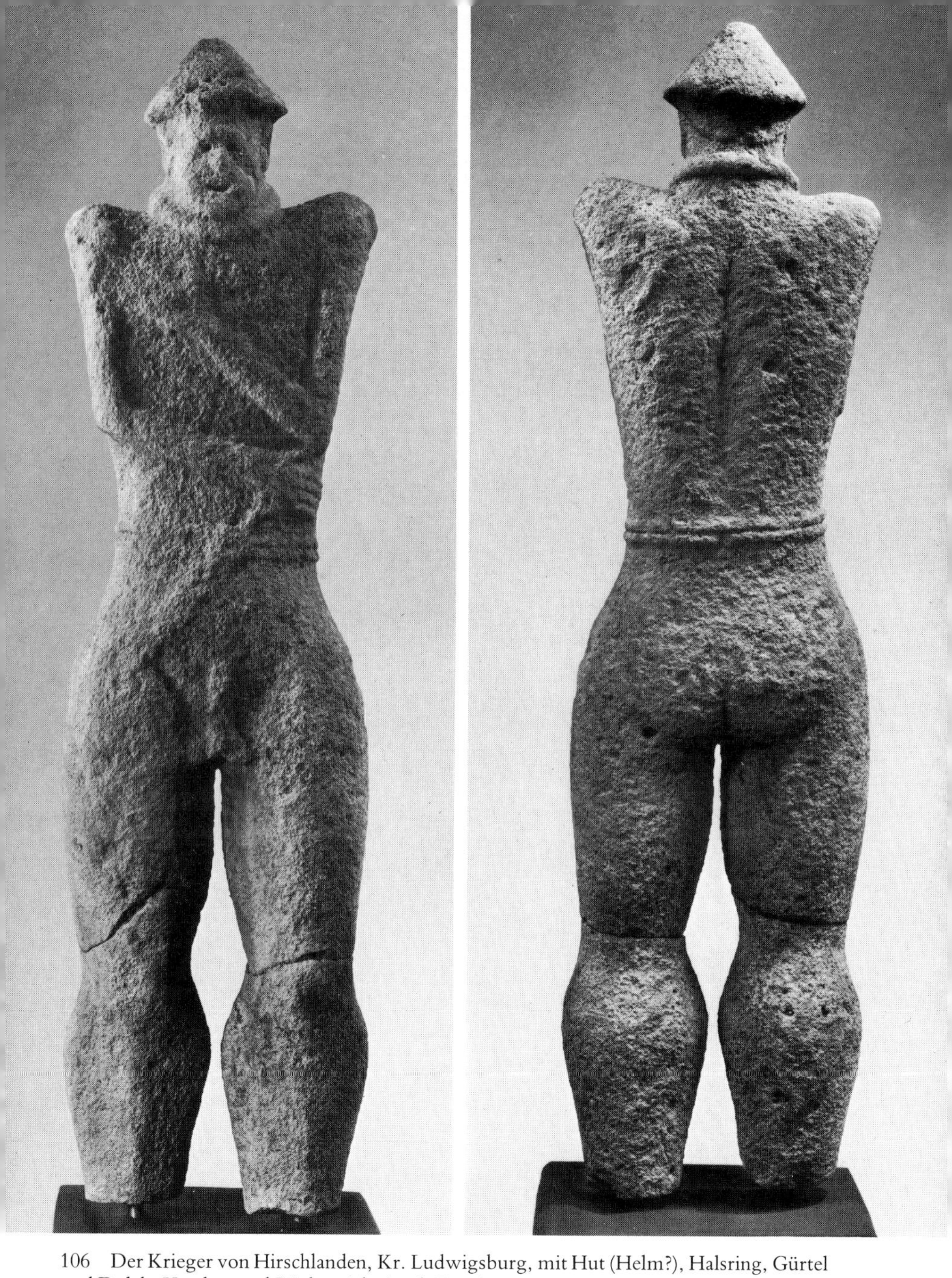

106 Der Krieger von Hirschlanden, Kr. Ludwigsburg, mit Hut (Helm?), Halsring, Gürtel und Dolch. Vorder- und Rückansicht (nach Zürn)

107 Faustkampfszene von einem bronzenen Gürtelblech vom Magdalenenberg bei Sankt Marein-Šmarje/Slowenien (nach Lucke-Frey)

Darf man Schilderungen solcher Art, unbeschadet von Raum und Zeit, auch für die Bestattungsfeierlichkeiten bei unseren Hallstattherren voraussetzen? Faustkämpfe um Siegespreise, meist Helme oder Bronzekessel, sind bei den Bewohnern der Julischen und Carnischen Alpen im nördlichen Adria-Umland während des 6. und 5. Jahrhunderts bekannt, freilich im Zusammenhang mit Volksfesten, aber nicht bei Grablegen. Auf figural getriebenen Bronzeeimern sind uns solche Szenen erhalten geblieben (Abb. 107). Trotz solcher Hinweise würde man vermutlich zögern, den Gedanken von Leichenspielen bedenkenlos auch auf den westlichen Hallstattraum zu übertragen, hätte uns nicht das Grab von Hochdorf einen höchst überraschenden Hinweis in dieser Richtung beschert. Auf der Rückseite des schon erwähnten bronzenen Totenbettes befindet sich ein fein punzierter Fries, der kaum anders denn als Ausschnitt aus solchen Leichenspielen gedeutet werden kann. Jeweils an den beiden Seitenenden der Rücklehne – von außen her zu betrachten – befindet sich ein schräg von oben gesehener vierrädriger Wagen mit zwei vorgespannten Hengsten, die durch ein Doppeljoch miteinander verbun-

108 Gepunzter Fries auf der Rückseite des Totenbettes von Hochdorf. Unten: Krieger auf vierrädrigem Wagen, das von einem Doppelgespann gezogen wird. Oben: Krieger im Schwertertanz (nach Biel)

den sind (Abb. 108 unten). Auf dem Wagen steht ein Mann mit dem Schild in der Linken und einer Lanze oder aber einem Antreibestachel in der Rechten. In der Mitte der Rückseite, also zwischen den beiden Wagen, finden sich drei Gruppen von jeweils zwei sich gegenüberstehenden Kriegern, mit Schwertern in der Rechten und einem schwer deutbaren Gegenstand in der Linken (Abb. 108 oben). Die Männer sind nackt bis auf ein kurz geschürztes Röckchen, ihre lang herabfallenden Haare flattern in der Bewegung. Zwischen jeweils zwei Kriegern befindet sich als trennendes Symbol ein großer getriebener Ringbuckel. Genaueres Hinsehen zeigt, daß die Männer nicht gegeneinander kämpfen, daß sie vielmehr Rücken an Rücken in einer seltsam exaltierten Stellung verharren. Es sind Schwerttänzer, die einen feierlichen Schwertertanz aufführen, der offensichtlich Teil der Leichenspiele ist.
Dies alles sind überraschende Einsichten und Erkenntnisse, die sich aus gut beobachteten Ausgrabungen gewinnen lassen und die wir – daran besteht kein Zweifel – im grundsätzlichen auch auf die Burgherrengräber im Umkreis der Heuneburg übertragen dürfen.

Die Heuneburg im Mittelalter

Nachdem schon während der ersten Grabungsjahre bis 1959 immer wieder auch mittelalterliche Fundstücke zum Vorschein gekommen waren, darunter so charakteristische Objekte wie die beiden eisernen Sporen (Abb. 109), begann sich dann mit der Aufdeckung des Innenraums von 1963 an langsam der Vorhang vor einem neuen, bisher kaum beachteten Abschnitt der Burggeschichte zu heben. Es ist fraglos das Verdienst von Egon Gersbach, durch scharfsinnige Beobachtungen und durch das geduldige Zusammentragen immer neuer Mosaiksteinchen den Nachweis geführt zu haben, daß die Heuneburg im frühen und beginnenden Hochmittelalter noch einmal eine bedeutende Rolle in der Geschichte des oberen Donauraumes gespielt haben muß.
Diese Erkenntnis begann mit der Überprüfung ihres heutigen Erscheinungsbildes, das sich mit den Ergebnissen der bisherigen Ausgrabungen nicht ohne weiteres in Einklang bringen ließ. Da waren einmal die ungewöhnlich tiefen Westgräben, deren gute Erhaltung schon 1923 Paul Reinecke zu der damals als provozierend empfundenen Bemerkung

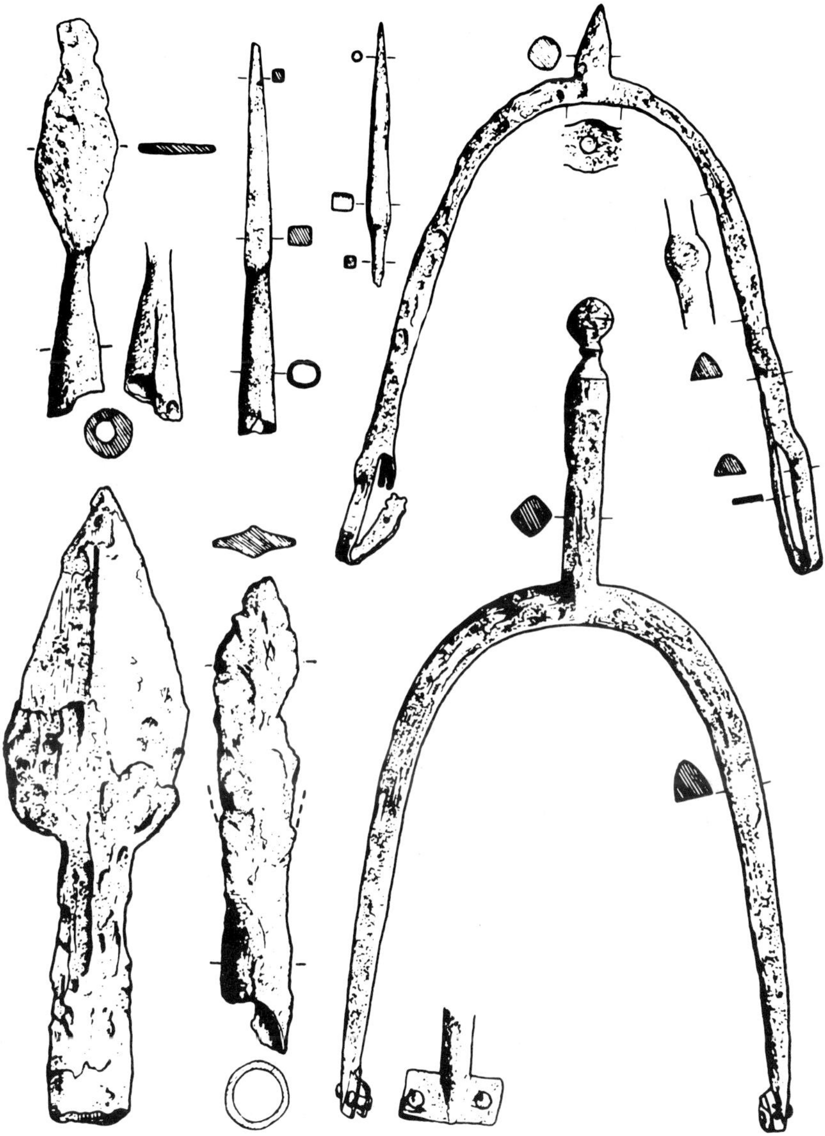

109 Sporen, Pfeil- und Lanzenspitzen aus Eisen von der mittelalterlichen Heuneburg. Etwa 2:3

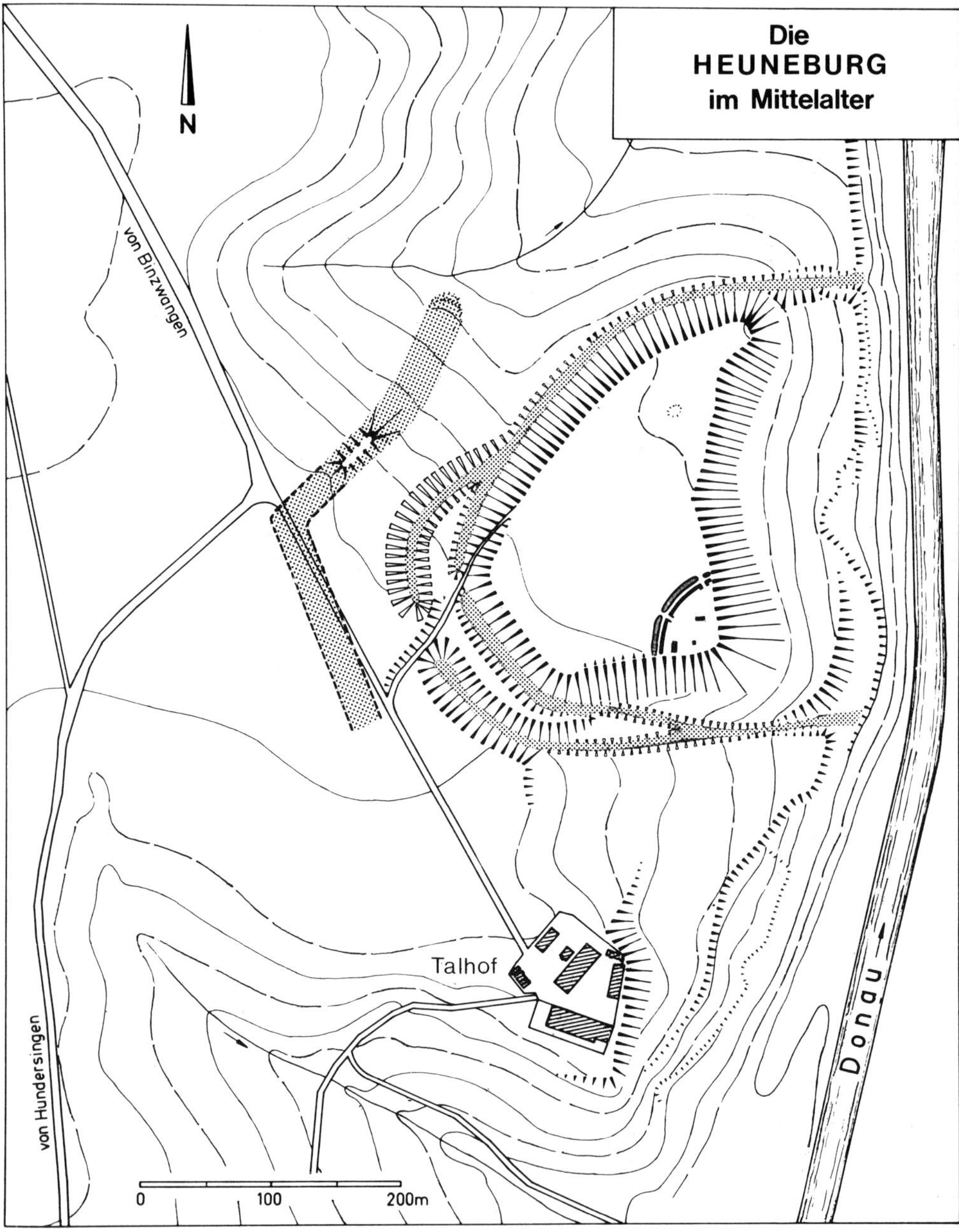
Die
HEUNEBURG
im Mittelalter
N
von Binzwangen
Talhof
von Hundersingen
Donau
0
100
200m

veranlaßt hatte, daß sie »ottonisch«, also frühmittelalterlich seien. Die zwischen 1952 und 1959 an der Nord- und Südseite der Heuneburg niedergebrachten Grabenschnitte führten in der Folge zu dem Nachweis, daß derartig tiefe, später lediglich zugeschüttete Gräben einstmals die ganze Burg umrundet hatten. Dabei ließen sich alle Teile zu einem gewaltigen Grabensystem zusammenschließen, dessen äußere im Westen gelegene Abschnitte das Zugangssträßchen zur Burg wie zwei riesige Greifarme in die Zange nahmen (dazu der Plan Abb. 110, 11). Der Ankömmling wurde dabei in eine Art von Zwinger am Fuß der Burg geführt, eine Zugangslösung, wie sie gerade bei mittelalterlichen Anlagen vielfach zu beobachten ist.

Erwiesen sich also die heute sichtbaren Grabensysteme als offenkundig nicht zur Hallstattburg gehörig, so zeigte sich bald, daß auch das heutige Außenprofil des Burghügels nicht mit den Mauerzügen der älteren eisenzeitlichen Burgperioden in Übereinstimmung zu bringen war. Verglich man etwa den Plan der großen Lehmziegelmauer (Abb. 34) mit dem heutigen Burgprofil (Abb. 11, 19), so schien diese schwere Burgmauer teilweise beängstigend dicht an die jetzigen Steilflanken des Burghügels gerückt. Kein Wunder, daß bei der Freilegung der Lehmziegelmauer die Vorderteile der nach außen vorspringenden Türme bis auf einen alle nach unten in die Tiefe gestürzt waren. Die einzig mögliche Erklärung war, daß irgendwann der sicher ungleichmäßig verlaufende Ruinenhügel begradigt, künstlich versteilt und der Rand gleichzeitig zurückverlegt worden war. Als dann noch im Verlauf der nach 1963 einsetzenden Grabungen im Innenraum ein um die Südostspitze der Burg gezogener Graben mit den Standspuren einer dahinter liegenden Holz-Erde-Mauer zum Vorschein kam und zudem typische frühmittelalterliche Grubenhäuser mit entsprechenden Fundeinschlüssen aufgedeckt wurden (Abb. 111), konnte an einer eigenen großen Bauphase mittelalterlicher Zeitstellung nicht mehr gezweifelt werden.

Eine andere Frage war, in welcher zeitlichen Abfolge sich die beobachteten baulichen Umgestaltungen vollzogen hatten. Was sich etwa bei der Hallstattburg durch eine vielschichtige Stratigraphie verhältnismäßig leicht entschlüsseln ließ, war im Fall der Mittelalterburg kaum durch-

110 Plan der Heuneburg im Mittelalter. Man erkennt den vermutlichen Verlauf des Vorwalles (links), die tiefen Gräben und die späte Eckbefestigung (rechts) (nach Gersbach)

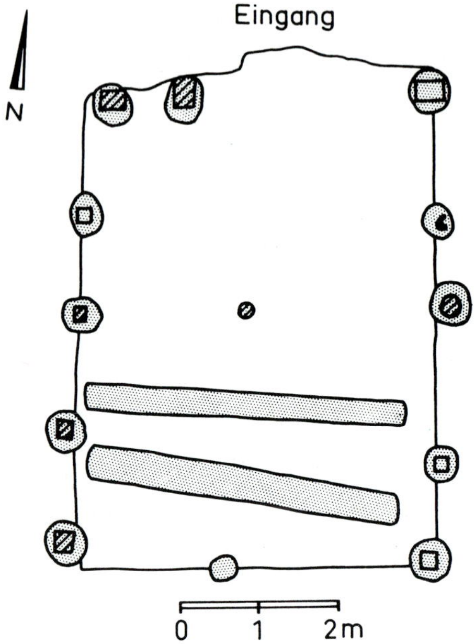

111 Plan eines frühmittelalterlichen Webhauses von der Heuneburg

führbar, weil bei dieser ein entsprechendes Schichtpaket fehlte und die geringe Fundstreuung schichtenmäßig kaum zu trennen war.
Rein äußerlich schien ein dreigeteilter Burgentypus vorzuliegen, wie er gelegentlich auch anderswo zu beobachten war, mit einer großen Außenbefestigung (Abb. 110), einer Hauptburg, die das Areal der eigentlichen Heuneburg umfaßte und schließlich einer Klein-Anlage in der Südostecke der Hauptburg, die man mit guten Gründen als die Endphase der Mittelalterburg ansehen durfte. Diese drei Bauteile ließen weitere Aussagen zu.
Vom problematischsten Teil, der Vorburg, ist nur noch der Wallrest im Norden der Heuneburg erhalten. Der Verlauf der zu erschließenden Außenbefestigung (Abb. 110) ist längst abgetragen und wurde vermutlich zum Bau von Wegearbeiten im Umkreis des Talhofs benutzt. Daß diese Abtragung verhältnismäßig jungen Datums sein muß, geht aus einer Notiz in der Oberamtsbeschreibung Riedlingen von 1827 hervor, in der es heißt: »Man findet diesen Hügel (die Heuneburg) noch mit dreifachen Verschanzungen umgeben, in welche man durch eine Öff-

nung eintritt, wo früher ein Thor gestanden hatte, das erst von dem jetzigen Pächter des Thalhofes ausgegraben worden ist.« Daß sich diese Bemerkung auf den von uns »Vorburg« genannten Teilabschnitt beziehen muß, kann kaum zweifelhaft sein.
Als einheitlicher Bauabschnitt muß dann weiter die Umgestaltung der Hauptburg und die Anlage des gewaltigen Grabensystems angesehen werden, das in dem gedoppelten Schutz der ja schon immer gefährdeten Westseite gipfelte. Bei der Aushebung des über 5 m tiefen Innengrabens müssen die Spuren aller älteren Gräben aus der Bronze- und Hallstattzeit beseitigt worden sein. Dieses Grabensystem ist dann vermutlich nach Auflassung der Heuneburg im 12. Jahrhundert wieder in großen Teilen zugeschüttet worden, wahrscheinlich weil es der Landwirtschaft hinderlich war. Dies gilt mit Sicherheit für den nördlichen und südlichen Grabenverlauf, der der Anlage von Feldern im Wege stand. Teilweise zugefüllt wurde auch der westliche Innengraben, um einen Querverkehr zu ermöglichen, desgleichen der nördliche Greifarm des Außengrabens, der immerhin als Einmuldung sichtbar ist (Abb. 11, 110, 112). Nur schwach zugeschüttet wurde der westliche Außengraben, der nicht

112 Blick von der Nordwestecke der Heuneburg hinuter in den nördlichen Greifarm des mittelalterlichen Grabensystems. Dahinter der Rest des Außenwalles

113 Blick auf den (noch nicht eingewachsenen) äußeren Graben der mittelalterlichen Heuneburg (Foto Kleinfeld/Tübingen)

weiter störte und der noch heute einen lebendigen Eindruck von der ursprünglichen Größe dieses mittelalterlichen Grabensystems vermittelt (Abb. 113). Gleichzeitig mit der Anlage der tiefen Gräben muß auch die künstliche Versteilung der Burgflanken (Abb. 11, 19) und die Rückverlegung des Burgrandes vorgenommen worden sein. Diese Maßnahmen führten letztlich zu dem Bild, das die Heuneburg heute dem Besucher bietet.

Als dritter und letzter Bauteil muß die bogenförmige Abriegelung der Südostecke durch einen flachen Sohlgraben und einer hinter ihm liegenden Holz-Erde-Mauer mit äußerer Steinverblendung angesehen werden. Diese doppelreihige Pfostenschlitzmauer wurde nach einem ähnlichen Bauprinzip errichtet wie schon vorher die Mauern der Perioden III–I der Hallstattburg (s. S. 81 f., Abb. 32, 43). Diese Mauer besaß mit Sicherheit zwei Tore: Eines in der Mitte und eines an ihrem Nordostende (Abb. 110 rechts). Diese Eckbefestigung ist nur als letzte Rückzugsphase einer jetzt dreigeteilten Burg anzusehen, die sich aus einer ganz bestimmten historischen Entwicklung erklärt.

Besiedlungsspuren dieser groß angelegten Mittelalterburg sind im Augenblick eher dürftig. Immerhin wurden in der Eckbefestigung, aber auch davor mehrere kleine, in den Boden eingetiefte Grubenhäuser angetroffen, wie sie gerade von mittelalterlichen Siedlungsplätzen geläufig sind (Abb. 10 links, 111). Da diese immer ohne Herde waren, muß es sich um kleinere Wirtschaftsgebäude gehandelt haben. Die natürlich vorauszusetzenden großen Wohnhäuser waren vermutlich auf horizontal verlegten Schwellen ebenerdig errichtet. Ihre Reste sind in der Folge der großen Planierung des Innenraums der Heuneburg zum Opfer gefallen, als diese nach ihrer Auflassung landwirtschaftlich genutzt wurde. Immerhin ist im Südwesten, gegenüber vom Talhof, hart an der Böschung ein rund 30 qm großes Webhaus aufgedeckt worden (Abb. 111) mit zwei quer zur Längsachse hintereinander angeordneten großen Webstühlen und einer steinumstellten Herdstelle.
Eine Frage besonderen Interesses ist es natürlich, ob diese eindrucksvollen baulichen Befunde auch mit den historischen Ereignissen der Zeit in Einklang zu bringen sind. Um hier eine glaubwürdige Antwort geben zu können, muß man freilich wissen, daß gerade die Siedlungsforschung des Früh- und Hochmittelalters noch ganz in ihren Anfängen steckt. Tatsächlich hat sich die Archäologie der Merowinger- und frühen Karolingerzeit bisher fast ausschließlich auf die Aussage der Grabfunde gestützt, so daß man geradezu von einer Zeit der Reihengräberfriedhöfe gesprochen hat. Des weiteren muß man wissen, daß der Fundanfall der mittelalterlichen Heuneburg einstweilen von erstaunlicher Dürftigkeit ist. Ganz offenbar ist bei den Einebnungsarbeiten zu Beginn der Ackerwirtschaft wohl seit dem 12./13. Jahrhundert viel von der obersten, eben mittelalterlichen Fundschicht abgetragen und vermutlich zur Auffüllung der der Heuneburg vorgelagerten breiten Terrasse verwandt worden. So beschränkt sich im Augenblick der verwertbare Fundanfall auf einige Eisengeräte (Abb. 109) und auf einen – etwa verglichen mit der Hallstattburg – nur sehr geringen keramischen Bestand. Und was wiederum letzteren anbelangt, so ist seine chronologische Aussage infolge Fehlens von schlüssigem Vergleichsmaterial nicht unumstritten. So bleibt dem Archäologen beim Versuch einer sinnvollen Ausdeutung der ergrabenen Befunde einstweilen nur der Rückgriff auf verwandte Burganlagen, vor allem aber der Bezug auf die historische Überlieferung, die trotz ihrer Lückenhaftigkeit gerade auf dem kulturhistorischen Sektor wichtige Auskünfte zu

bieten in der Lage ist. Unsere folgenden Überlegungen halten sich im wesentlichen an die Gedankengänge des Ausgräbers Egon Gersbach, der sich gerade mit dieser Fragestellung eingehend beschäftigt hat.
Die ältesten Funde der mittelalterlichen Heuneburg weisen in das ausgehende 6. bzw. beginnende 7. Jahrhundert. Das ist die Zeit, in der die fränkische Reichsgewalt bestrebt war, nach Erledigung der vorübergehenden ostgotischen Oberhoheit über Teile des süddeutsch-nordschweizerischen Raumes (um 530), hier nun selbst die Zügel in die Hand zu nehmen. Hans Jänichen hat darzulegen versucht, daß zur Durchführung dieser Maßnahme und um damit die Eingliederung Alamanniens ins Fränkische Reich zu sichern, fränkische Besatzungseinheiten, die sog. Hunten-Verbände, unter der Führung eines Huntaris, lateinisch Centenarius, also eines Hundertschaftsführers, ins Land um die Alb und die obere Donau geschickt wurden. Im dreimaligen Vorkommen des Ortsnamens Hundersingen = Huntarisingen in eben diesem Raum spiegelt sich dieser Vorgang augenfällig wider. Es liegt in diesem Zusammenhang nahe, daß der in Hundersingen/Donau stationierte Huntaris schon bald auf den nur 2 km entfernten mächtigen Ruinenhügel der Heuneburg aufmerksam wurde und ihn in der Folge ausbaute, da aus diesen fränkischen Huntaris schon bald Amtsträger wurden, die die Amtsgewalt über nunmehr größere Gebietseinheiten, die sog. Huntaren oder Centenen besaßen. So entstanden im Alb-Donaubereich des späten 6. Jahrhunderts drei mit den Namen der jeweiligen Huntaris versehenen Huntaren: Die Goldines-Huntare mit dem vermutbaren Zentrum der Heuneburg, die Munterichs-Huntare mit einem möglichen Zentrum auf dem Bussen und die Munigises-Huntare mit dem Vorort Hundersingen, über dem 1973 Rainer Christlein eine Burganlage mit spätmerowingischen Funden nachweisen konnte. Wie die erste vermutbare Umgestaltung unserer Heuneburg im 6./7. Jahrhundert ausgesehen hat, ist einstweilen unbekannt. Es gibt zwar eine Reihe von Hinweisen, doch bedürfen diese noch der Nachprüfung und Bestätigung durch künftige Ausgrabungen. Hier sei zusätzlich noch in Erwägung gezogen, ob der Huntaris von der Heuneburg seinen ständig bewohnten Herrenhof nicht möglicherweise auf dem benachbarten Talhofsporn gebaut hatte und die Heuneburg selbst nur als Refugium in Notzeiten für seine Familie und seine Klientel benutzte. Ein Nebeneinander von Herrenhof und befestigtem Refugium läßt sich in dieser Zeit mehrfach nachweisen.

Eine neue politische Situation entsteht dann im späten 9. und vor allem im 10. Jahrhundert mit der heraufziehenden Ungarngefahr. Immer wieder haben die donauaufwärts ziehenden, beweglichen Reiterheere der Ungarn damals die Provinzen des östlichen Deutschland gebrandschatzt und sogar das Reich vorübergehend tributpflichtig gemacht. 926 erläßt deshalb König Heinrich I. seinen berühmten Burgenerlaß, in dem die Anlage und der Ausbau von Burgen geradezu zur Pflicht gemacht worden ist. In diese Zeit muß der gewaltige Ausbau der Heuneburg mit dem nach Westen gestaffelten Grabensystem und dem (abgetragenen) Vorwall gehören, dem die Heuneburg noch heute ihre markante Silhouette verdankt. Dieser Ausbau mit der ungewöhnlichen Stärke seines Verteidigungssystems entspricht in seinem Ansatz ganz dem Grundprinzip zahlreicher bekannter Ungarn-Befestigungen des 9./10. Jahrhunderts. Sie hatte auch Paul Reinecke im Auge, als er die tiefen Westgräben 1923 »ungarnzeitlich« bzw. »ottonisch« nannte. Die Tiefe der Gräben und ihre gelegentliche Doppelung war dabei die folgerichtige Antwort auf die Kampfesweise der ungemein beweglichen, auf schnellen kleinen Pferden heranbrausenden Reiterscharen aus dem Osten, die ganz auf Überraschung abgestellt war. Gelang diese nicht und sahen sie sich einem abwehrbereiten Gegner hinter tiefen und ausgedehnten Verschanzungen gegenüber, die auch mit Pfeilschüssen nicht zu überwinden waren, zogen die Ungarnhorden zumeist unverrichteter Dinge wieder ab. Es sieht ganz so aus, als ob auch die Heuneburg damals ihren Zweck erfüllt hat, denn ausgedehnte Brandspuren oder Zerstörungen sind in diesem ihrem letzten Befestigungssystem bisher nicht beobachtet worden. Mit dem großen Sieg Ottos I. auf dem Lechfeld bei Ausburg im Jahre 955 ist dann die Ungarngefahr endgültig beseitigt worden.

Wohl sicher in die Schlußphase der mittelalterlichen Heuneburg gehört die Abriegelung und der Ausbau der Südostecke. Es sind etwa 2000 qm, die irgendwann nach dem Ende der Ungarnkriege von der Hauptburg abgetrennt worden sind. Vor- und Hauptburg hatten ihre Funktion als Fluchtburg und Abwehrstellung verloren. In dieser Größe wird sie dem Besitzer dann zu aufwendig gewesen sein, die jetzt notwendig gewordene Verkleinerung reichte für die Ansprüche einer einfachen adeligen Familie und der zugehörigen Klientel aus. Solche Adelssitze muß es im Umkreis der Heuneburg damals mehrere gegeben haben. Erinnert sei nur an die zur Turmhügelburg umgewandelte »Baumburg«

(s. S. 206ff.) und an eine ähnliche Anlage auf dem Schloßberg beim heutigen Landau-Hof oberhalb von Binzwangen. Wann dann auch diese Eckbefestigung und damit die Heuneburg insgesamt aufgegeben worden ist, läßt sich einstweilen nicht mit Sicherheit ermitteln. Vermutlich geschah dies irgendwann nach der Mitte des 11. Jahrhunderts. Diese Auflassung kam nicht von ungefähr. Sie war eng verknüpft mit der jetzt einsetzenden Feudalisierung des Adels, der sich von etwa 1200 ab aus der sozialen Gemeinschaft großer Volksburgen löste und sich in die vornehme Isolierung hochgelegener kleiner Ritterburgen zurückzog.

Der archäologische Wanderweg

Seit 1980 ist im Zuge der denkmalpflegerischen Arbeiten rings um die Heuneburg von der Außenstelle Tübingen des Landesdenkmalamtes Baden-Württemberg und finanziert von der Forstdirektion Tübingen und der Gemeinde Herbertingen ein archäologischer Wanderweg angelegt worden, der als Rundweg in Hundersingen (Donau) beginnt, zum *Hohmichele* führt, von dort zur *Heuneburg* weiterläuft und über *Baumburg* und *Lehenbühl* zu dem 1984 einzuweihenden *Heuneburgmuseum* in Hundersingen zurückkehrt. Es ist beabsichtigt, diesen Wanderweg vom Hohmichele aus in Richtung auf Heiligkreuztal zu erweitern, um die an dieser Wegstrecke gelegenen Denkmäler – »Viereckschanzen« (keltische Heiligtümer) und Grabhügel – mit einzubeziehen. Natürlich kann der Wanderweg auch in umgekehrter Richtung begangen werden. Kraftfahrern sei mitgeteilt, daß Wagen nur die Teilstrecken Hundersingen – Hohmichele bzw. Hundersingen – Baumburg – Heuneburg (hier großer Parkplatz) befahren können, während die Waldstrecke vom Hohmichele zu den Grabhügeln im Gießübel/Talhau für Autofahrer gesperrt ist. Zuwiderhandelnde müssen mit Anzeige rechnen. Ausführliche Beschilderungen an den einzelnen Denkmälern sind aufgestellt oder befinden sich in Vorbereitung. Für die Wanderung benutze man den Plan im Rückdeckel des Führers.

Die Grabhügelgruppe um den Hohmichele und das keltische Viereckheiligtum,
Gem. Altheim-Heiligkreuztal (Abb. 22–24)

Den Hohmichele erreicht man am besten von Hundersingen aus auf dem nach Norden bis zum Soppenbachtälchen, dann nach Nordwesten führenden Sträßchen in Richtung Domäne Dollhof. Gleich nach Erreichen des Waldes (Wegstrecke etwa 1 km) führen strahlenartig mehrere

114 Altheim-Heiligkreuztal. Der Hohmichele. Mit fast 13 m Höhe und 80 m Durchmesser einer der größten Grabhügel im mitteleuropäischen Raum. Auf den 1957 wieder aufgeschütteten Hügel wurde eine Stele zum Gedächtnis an die gefallenen Angehörigen der württembergischen Forstverwaltung gestellt (Foto Holder/Urach)

Waldwege zu dem auf einer Waldlichtung liegenden, in den fünfziger Jahren wieder aufgeschütteten Hohmichele zu (Abb. 114). Dieser, rund 13 m hoch und etwa 80 m im Durchmesser, liegt, zusammen mit dem 80 m nördlich im Wald befindlichen »Kleinen Hohmichele« inmitten mehrerer Grabhügelgruppen, die, obgleich in ihrer Belegung zumeist älter, in irgendeinem, wenn auch schwer durchschaubaren Zusammenhang mit dem Hohmichele gesehen werden müssen. Die größte, südlich des Hohmichele gelegene Gruppe umfaßt in lockerer Streuung mindestens 22 größere und kleinere Hügel, eine zweite, 200 m nördlich des »Kleinen Hohmichele« gelegene Gruppe ist mit etwa acht Hügeln wesentlich kleiner. Westlich der Waldstraße nach Heiligkreuztal liegen, etwa 800 m vom Hohmichele entfernt, noch einmal drei, eher als

Einzelhügel zu bezeichnende Grabhügel. Schon 1856 hat der Riedlinger Altertumsverein drei Hügel in der Nähe des Hohmichele geöffnet, ein weiterer Hügel unmittelbar südlich des Hohmichele wurde 1890 untersucht und Ende des letzten Jahrhunderts wurde auch der »Kleine Hohmichele« zur Gewinnung von Wegebaumaterial teilweise abgetragen, ohne daß freilich bedeutsame Funde zutage traten. Er liegt heute in beklagenswertem Zustand da und bedarf dringend einer denkmalpflegerischen Herrichtung. Seiner immerhin respektablen Größe nach – er ist heute noch etwa 4,50 m hoch und besitzt einen Durchmesser von etwa 35–40 m – gehört er mit zu den Burgherrengräbern der Heuneburg. Sein besonderes, wenn auch schwer deutbares Verhältnis zum Hohmichele ist offenkundig.
Der Hohmichele selbst ist in den Jahren 1937/38 von dem Tübinger Professor für Urgeschichte, Gustav Riek, in einer für damalige Verhältnisse spektakulären Aktion sorgfältig ausgegraben worden. Riek hat den riesigen Hügel zunächst um 5 m tiefer gelegt (Abb. 115) und von dieser Plattform aus dann das Zentralgrab angegangen. Diese, 1 m hohe und 3,50 × 5,50 m Durchmesser haltende, aus Holzbohlen sorgfältig gezim-

115 Der Hohmichele während der Ausgrabung 1937/38 durch Gustav Riek. Man erkennt im Zentralschacht die dunklen Balkenspuren der Grabkammer

merte Grabkammer war vor der Aufschüttung des Hügels auf dem Bestattungsplatz aufgestellt worden. Nach der Beisetzung des Grabherren – manches deutet darauf hin, daß er der Begründer der Heuneburg-Dynastie gewesen sein könnte – ist der Hügel dann in verschiedenen Etappen aufgeschüttet worden, wobei noch insgesamt zwölf Nachbestattungen, darunter ein weiteres Kammergrab in dem Hügel untergebracht wurden.

Die zentrale Grabkammer war leider ausgeraubt. Grabräuber hatten von der Seite her einen engen, mehrfach abgeknickten Stollen von über 10 m Länge bis zur Kammer hinabgetrieben, diese dann erbrochen und fast vollständig geleert. Erhalten hatten sich Reste von Rinderfellen, die den Kammerboden bedeckten, Gewandfetzen, teilweise aus Goldbrokat sowie Reste eines Wagens. Bei der eiligen Flucht hatten die Räuber im Stollen über 400 Glasperlen von einer großen Kette verloren. Ein guterhaltener weiblicher Zopf verriet, daß in dem Grab wohl auch eine Frau mit bestattet war. Der Einbruch war ein riskantes Unternehmen, da der Stollen nicht abgesteift war und nur mühsames Kriechen ermöglichte. Die Vorstellung ist erlaubt, was den späteren Ausgräber erwartet hätte, wenn der Stollen über den Räubern zusammengebrochen wäre!

Völlig unberührt war dagegen das Kammergrab VI, das etwa 12 m südöstlich und ungefähr 2 m über der alten Oberfläche angelegt war. In der wiederum aus Bohlen gezimmerten 1 m hohen und 2,4 × 3 m großen Grabkammer (Abb. 102, 103) lagen ein Mann und eine Frau auf dem mit Rinderfellen ausgelegten Kammerboden. Über den beiden Toten stand ein vierrädriger Wagen, in der Nordostecke war das Pferdegeschirr eines Doppelgespanns verstreut. Der Mann war mit zwei Bronzefibeln, einem bronzenen Gürtelblech und einem großen Eisenring ausgestattet. Quer über dem Kopf lag ein reich mit Bronzenägeln beschlagener Lederköcher, in dem 51 Pfeile mit eisernen Spitzen steckten. Zu seiner Rechten lag ein eisernes Hiebmesser, an seinen Füßen stand ein geflochtener Korb. Die Frau besaß zwei große Schmuckketten aus 351 Bernstein- und 2360 kleinen, meergrünen Glasperlen. Drei Bronzegefäße, darunter ein Kessel mit Schöpfgefäß sowie eine Bronzeschale gehörten zu einem Trinkservice (s. S. 169).

Nur 70 m östlich des Hohmichele liegt eine schiefwinklige, heute leider nur noch schlecht erhaltene, sog. Viereckschanze von 88 × 116 m Seitenlänge im heute aufgelichteten Jungfichtenwald (Abb. 23, 24). Wie

schon dargelegt worden ist (s. S. 49f.), handelt es sich bei diesen Viereckschanzen um spätkeltische Heiligtümer, griechisch *temene,* keltisch *nemeta,* von denen in der weiten Zone nördlich der Alpen gegen 200 bekannt sind. Der so unmittelbare Bezug dieser »Schanze« zu dem daneben gelegenen Hohmichele hat Kurt Bittel zu Recht zu der Frage veranlaßt, ob sich unter ihr nicht die Reste eines sehr viel älteren, in die Zeit des Hohmichele gehörigen frühkeltischen Kultbezirks verbergen könnten, in dem eine Art von Ahnenkult für den im Hohmichele bestatteten Grabherren zelebriert wurde. Jedenfalls ist eine enge räumliche Nachbarschaft zwischen Grabhügeln und derartigen *nemeta* vielfach zu beobachten, wie etwa das 1,5 km südsüdwestlich von Obermarchtal gelegene Beispiel im Wald »Langhau« zeigt.
Von dem Nemeton beim Hohmichele wenden wir uns jetzt in östlicher Richtung bis zu einer bei einer mächtigen Eiche gelegenen Wegespinne, von der wir dem nach rechts abgehenden Weg folgen, der uns nach wenigen hundert Metern in das offen daliegende reizvolle Soppenbachtälchen führt. Wir überschreiten eine kleine Brücke und erreichen nach kurzer, erneut durch Hochwald führenden Steigung die große Kreisstraße Binzwangen–Hundersingen, der wir rechts ab bis zum Waldrand folgen. Hier öffnet sich ein weiter Blick auf die zwischen der links, noch durch Bäume verdeckten Heuneburg und dem halbrechts am Horizont auftauchenden Kirchturm von Hundersingen liegende, landwirtschaftlich genutzte Hochfläche der westlichen Donauseite. Unmittelbar am Waldrand befinden sich die vier zur Gießübel/Talhaugruppe gehörigen Burgherrengräber der jüngeren Heuneburg-Dynastie. Rechts, also westlich der Straße an der Waldecke liegen die, zwischen 1978 und 1982 nachuntersuchten beiden Hügel des »Gießübel«, während links, also östlich der Straße an dem hier abzweigenden Waldweg der zwischen 1954 und 1963 von Siegwalt Schiek untersuchte und anschließend wieder aufgeschüttete Hügel 4 der Talhaugruppe zwischen den Bäumen sichtbar wird. Dem Waldweg weiterfolgend kommen wir zu dem im Unterholz liegenden Hügel 3, der noch der Nachuntersuchung und der Wiederaufschüttung harrt.

Die Grabhügelgruppe am Gießübel/Talhau,
Gem. Herbertingen-Hundersingen (Abb. 34, 47, 65, 80, 116)

Die etwa 300 m nordwestlich der Heuneburg, jenseits eines tief eingeschnittenen Bachtälchens auf einer Kuppe liegenden vier Hügel sind über einer älteren, hier während der Lehmziegelmauerzeit der Burg angelegten Siedlung aufgeschüttet worden (Heuneburg IV), die in der gleichen, die Burg treffenden Katastrophe am Ende von Periode IVa zugrunde ging (s. S. 87). Die beiden westlich der Straße liegenden, ursprünglich etwa 4–5 m hohen Hügel sind schon 1875 bei Rodungsarbeiten um über die Hälfte abgetragen worden, wobei unerwartet reiche Funde zutage traten. Der damalige Landeskonservator Eduard Paulus untersuchte anschließend die Mitte der beiden Gießübel-Hügel genauer und traf in beiden auf je eine zentrale hölzerne Grabkammer von 2 × 3 und 3,6 × 4,3 m Größe, die etwa jeweils einen Meter in den gewachsenen Boden eingetieft war. Folgt man den leider nur ungenau dokumentierten Berichten von Paulus, dann lagen in der Kammer von Hügel 1 ein Mann, flankiert von zwei Frauen und in der Kammer von Hügel 2 anscheinend zwei Männer. Ob sich in den beiden Grabkammern auch Wagen befanden, ist sehr unsicher; weiter erhebt sich die Frage, ob die hier eher bescheidenen Beigaben nicht auf eine vorausgegangene Beraubung schließen lassen, so wie sie bei Hügel 4 (s. u.) mit Sicherheit nachgewiesen ist. Schon bei der teilweisen Abtragung von Hügel 1 und 2 fanden sich in Hügel 1 insgesamt fünf Nachbestattungen mit sehr reichen Beigaben, darunter vier goldene Hals- und zwei goldene Armreifen, weiter bronzene Fibeln, Nadeln, Perlen, Gürtelbleche, aber auch Waffen wie Eisenlanzen und Bronzedolche, schließlich Wagenreste und zwei große Bronzekessel (Abb. 65). In der Schüttung von Hügel 2, der keine Goldfunde erbrachte, fand sich mindestens eine Nachbestattung mit vier Bronzetellern und einem Bronzebecken. Angeregt durch die reichen Funde hat Paulus auch in Hügel 3 einige Schnitte gezogen und traf auch hier auf eine zentrale Kammer von 1,5 × 2,6 m Größe. Darin lag ein Mann mit Dolch und eiserner Lanze. In der Hügelschüttung fand Paulus mehrere, nicht von ihm erkannte Nachbestattungen mit einem Bronzekessel, einem geripptem Bronzeeimer (Ziste), einer Lanzenspitze und etwas Bronzeschmuck.
Die zwischen 1954 und 1963 von Siegwalt Schiek durchgeführte Unter-

116 Der wieder aufgeschüttete Grabhügel 4 der Gießübel-Talhau-Gruppe nördlich der Heuneburg

suchung des anscheinend noch unberührten Hügels 4 im »Talhau« erbrachte überraschende Ergebnisse (Abb. 116, 47). Der 4–5 m hohe und von einem Kreisgraben von 47 m Durchmesser umgebene Hügel enthielt, wie die andern drei Hügel auch, eine zentrale, 0,80 m in den Boden eingetiefte, hölzerne Grabkammer von 2,8 × 3,4 m Größe. Die Kammer war durch einen schräg von oben heruntergeführten Raubschacht, wahrscheinlich schon kurz nach der Beisetzung, geplündert worden, doch fanden sich noch Reste eines vierrädrigen Wagens, etwas Pferdegeschirr und wenig Schmuck. Die Wände der Kammer waren ursprünglich mit Stoff ausgeschlagen. Die brutale Beraubung des noch nicht verwesten Körpers ist S. 171 schon geschildert worden. Insgesamt muß die Kammer – und dies gilt im Grunde auch für die zentralen Kammern der Hügel 1, 2 und 3 – etwa in ihrer Ausstattung der Nebenkammer VI im Hohmichele entsprochen haben (s. S. 192, Abb. 102, 103). Die Kammern waren danach gut, aber nicht eben reich eingerichtet, Gold in irgendeiner Form fehlte. Dies ist um so merkwürdiger, weil ausgerechnet die schon 1875 gefundenen Nachbestattungen 1–5 im Hügel 1 vom

»Gießübel« jene reiche Goldausstattung enthielten, die Paulus bei seiner anschließenden Veröffentlichung bewog, ganz unter dem Eindruck der 1876 von Heinrich Schliemann entdeckten goldreichen Gräber im Plattenring der Burg von Mykenä, auch die Hundersinger Gräber als »Fürstengräber« zu bezeichnen, ein Begriff, der sich bis heute gehalten hat. Hügel 4 erbrachte dreiundzwanzig gut beobachtete Nachbestattungen, von denen die Gräber 3, 14 und 23 etwas besser, unter anderem mit Bronzegefäßen, ausgestattet waren. Da auch Hügel 1, wie die zwischen 1978 und 1982 durchgeführte Nachuntersuchung ergab, insgesamt neunzehn Nachbestattungen enthielt und derartige Nachbestattungen auch in den Hügeln 2 und 3 nachgewiesen sind, darf man daraus folgern, daß in den Burgherrengräbern rings um die Heuneburg als feststehende Sitte galt, daß auch Familienangehörige oder Mitglieder der engeren Klientel ihren Grabplatz im Hügel des jeweiligen Clan-Oberhauptes beanspruchen konnten.

Es wurde schon darauf hingewiesen, daß die Burgherrengräber 1–4 der Gießübel/Talhau-Gruppe im Areal einer gleichzeitig mit der Periode IV der Heuneburg (Lehmziegelmauerzeit) abgegangenen Außensiedlung liegen (Abb. 34). Dies erklärt die zunächst schwer deutbare Durchsetzung der Hügelschüttung mit Scherben, Tierknochen, gelegentlichen Kleinfunden und dergleichen mehr, die nichts mit den Gräbern als solchen zu tun hat. Man hat nämlich, um Auffüllmaterial zu gewinnen, die außerhalb der Grabplätze gelegenen Flächen einfach abgegraben und das mit Kulturschutt aller Art durchsetzte Erdreich aus der abgegangenen Siedlung auf die Hügel geworfen. Tatsächlich ist überall unter den Hügeln die ältere Siedlung bald besser, bald schlechter erhalten, außerhalb der Hügelplätze aber nicht. Dieser Befund erklärt nun auch eine eigenartige Situation, die im Hügel 4 angetroffen wurde. Beim Abtragen des Hügels zeigten sich überall auf der alten Oberfläche die Spuren der hier besonders gut erhaltenen älteren Siedlung, die aus fünf bis sechs übereinanderliegenden Schichten mit eingeschlossenen Bauteilen aller Art bestanden. Diese Schichten stimmen, wie eine Überprüfung ergab, weitgehend mit der Schichtenfolge der Periode IV der Heuneburg überein, auch die eingeschlossenen Kleinfunde sind hier wie dort die gleichen. Zur jüngeren Phase der Schichten unter dem Hügel 4 gehören nun die Fundamentspuren eines großen, sehr sorgfältig gezimmerten, dreiräumigen Gebäudes (Abb. 47) mit südlich vorgelegter Halle und

einer nördlichen das Gebäude umschließenden Palisade. Im Westraum des Gebäudes lagen ein überkuppelter Ofen und ein offener Herd, im mittleren Raum zwei offene Herdstellen. Dieses Gebäude ist genau wie die ganze Außensiedlung einem verbreiteten Schadenfeuer zum Opfer gefallen. Als dann der Hügel auf der eingeebneten ehemaligen Außensiedlung errichtet wurde, kam die zugehörige zentrale Grabkammer zufällig fast genau in den Mittelraum des ehemaligen Gebäudes zu liegen, so daß zunächst der Eindruck entstand, als ob hier der Grabherr in seinem gewissermaßen symbolisch vorher abgebrannten Haus bestattet worden sei. Doch zeigt die Lage der Grabkammer, daß die Grabhügelbauer von dem ehemaligen Gebäude keine genaue Kenntnis mehr besaßen, vor allem aber besteht ein beträchtlicher zeitlicher Unterschied zwischen der Grabhügelanlage und der darunter liegenden Siedlung, zu der auch das große Haus gehören muß. So muß die, auch im ersten Heuneburg-Führer vertretene Ansicht von der Zusammengehörigkeit von Grabkammer und Haus mit großer Wahrscheinlichkeit revidiert werden.
Wir verlassen jetzt die Hügelgruppe im Gießübel/Talhau und setzen unsere Wanderung in Richtung auf die Heuneburg fort. Nach etwa 120 m erreichen wir den neu angelegten Parkplatz für Heuneburg-Besucher, überqueren diesen und wandern über das ungeteerte schmale Sträßchen geradeaus weiter in Richtung auf die Staatsdomäne Talhof. Die Kreisstraße biegt hier in scharfem Bogen nach Westen ab in Richtung auf Hundersingen. Hier sei die *dringende Bitte* angebracht, Autos auf dem Parkplatz abzustellen und keinesfalls in Richtung auf den Talhof weiterzufahren. Auf dem zu diesem führenden Sträßchen liegt sehr starker landwirtschaftlicher Verkehr, so daß am Wegrand abgestellte Wagen zu großen Behinderungen führen. Aus den gleichen Gründen muß auch eine Durchfahrt bis zur Heuneburg selbst unter allen Umständen unterbleiben!
Nach weiteren 150 m erreichen wir eine Kreuzung, von der aus sich ein steil abfallender Feldweg, scharf nordöstlich abbiegend an den beiden rechter Hand liegenden Westgräben vorbei, zum Fuß der Heuneburg hinzieht (Abb. 113). Hier an der Nordwestecke der Burg gabelt sich erneut der Weg. Der talabwärts führende Ast (links) ist modern und dient der Bewirtschaftung der zwischen Burg und Talhau-Wald liegenden Äcker und Wiesen. Der Aufweg zur Burg zieht in steil ansteigendem Bogen hinauf zum Burg-Plateau (Abb. 117). Er ist mit großer Wahr-

scheinlichkeit erst im Mittelalter angelegt worden und wird auch heute noch als einziger Zugang zum Burgbereich benutzt.
Scharf nach rechts geht ein Weg durch den teilweise zugefüllten Innengraben zu den beiden Wohn- und Arbeitsbaracken der Heuneburg-Ausgrabung (Abb. 1). An den Wänden der ersten Baracke findet der Besucher Pläne und Erläuterungen zur Geschichte der Heuneburg.

Die Heuneburg, Kreis Sigmaringen (Abb. 11, 19, 118)

Über den Großraum rings um die Heuneburg sowie über ihre auswärtigen Beziehungen ist im Kapitel über die Landschaft das Nötige gesagt worden (s. S. 39ff.). Im Zusammenhang mit unserer archäologischen Wanderung soll hier auf das unmittelbare Umfeld der Heuneburg und auf diese selbst nur insoweit eingegangen werden, als es zum Verständnis der heutigen Situation notwendig ist. Wenn wir den heutigen Aufweg erklommen und das Burgplateau erreicht haben, dann dehnt sich vor dem verblüfften Besucher in den Sommermonaten ein drei Hektar großes wogendes Kornfeld, dank der tiefgründigen Humusschicht einer der ertragreichsten Äcker der Talhofdomäne. Die etwa ein Dreieck bildende Anlage (Abb. 11, 19) ist rund 300 m lang und etwa 150 m breit. Sie fällt von Südwesten leicht nach Nordosten ab und gibt sich in ihrem heutigen Zustand als frühneuzeitliche künstliche Planierung zu erkennen, die den ursprünglich ungleich zur Donau hin abdachenden Sporn völlig verändert hat (vgl. dazu das Kapitel über Ausgrabungen und Ausgräber S. 30f.). Der Burghügel in seiner vom Menschen umgestalteten Form wird klarer, wenn wir am oberen Ende des Aufwegs scharf nach rechts umbiegen und zu dem über den Westgräben liegenden Wall hinaufsteigen (bei A unseres Planes). Steil fallen von hier die westlichen Burgflanken in den Innengraben ab. Jenseits der am Nordwestfuß der Burg liegenden Wegegabel, von der aus wir die Burg erstiegen haben, wird im gegenüber liegenden Hang eine bogenförmige Einmuldung sichtbar (Abb. 112, 117

117 Unten: Das Talhofdach, die beiden Westgräben und der Aufweg zur Heuneburg von Norden gesehen. Im Vordergrund die Einmuldung des nördlichen Greifarms des mittelalterlichen Grabensystems (dazu Abb. 110). – Oben: Der vermutlich mittelalterliche Aufweg am Nordende des Innengrabens

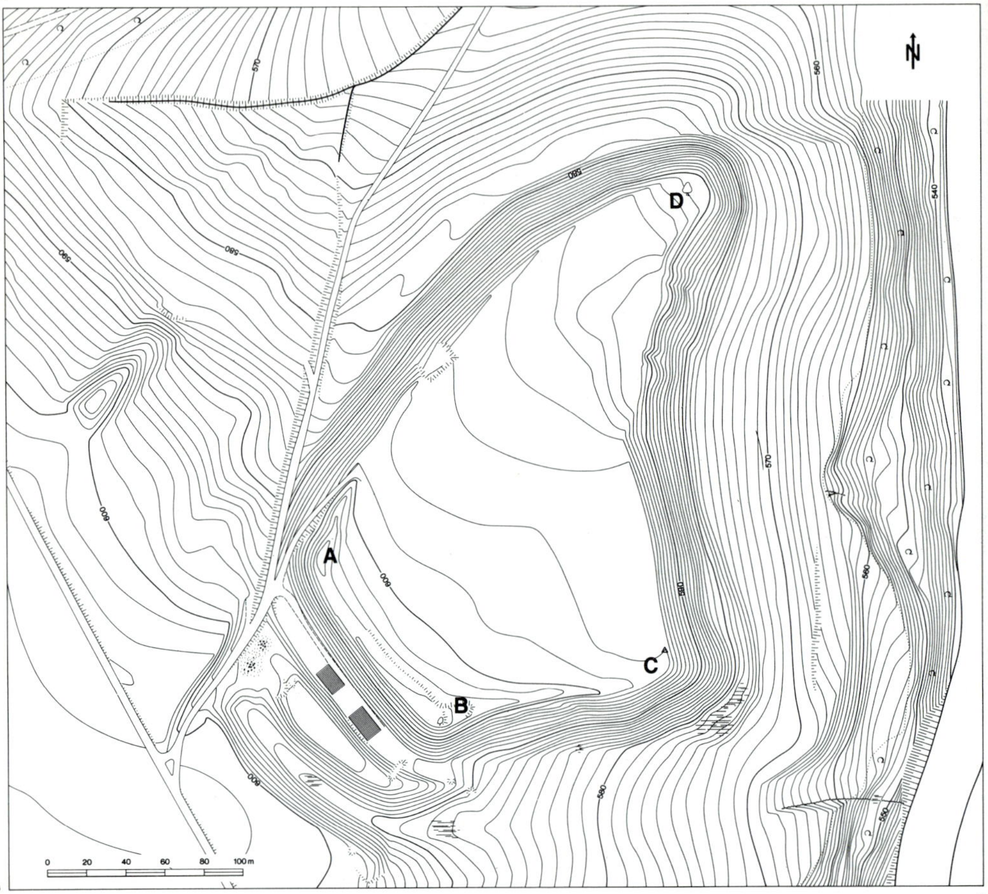

118 Höhenschichtlinienplan der Heuneburg (Aufmessung Müller)

unten). Es ist ein heute fast ganz verfülltes Grabenstück, das den nördlichen Greifarm des gewaltigen ottonischen Grabensystems darstellt und das in den gleichfalls völlig zugefüllten Nordgraben einmündet (Abb. 110). Noch weiter nordwestlich wird außerhalb des eben genannten Grabensystems ein rund 70 m langes und 5 m hohes Wallstück sichtbar, das scheinbar unmotiviert in den Wiesen liegt. Es ist der Rest eines großen, oben (S. 182) schon genannten frühmittelalterlichen

Außenwalles, der sich einstmals in großem Bogen über das Talhofsträßchen hinweg bis zu einem im Westen gelegenen kleinen Bachtälchen erstreckte. Dieser Außenwall (Abb. 11, 112), der in alten Berichten noch erwähnt wird, muß auch den Talhofsporn in ein umfassend geplantes Befestigungswerk einbezogen haben. Von hier oben blickt man ferner hinüber zu den am nördlichen Waldrand gelegenen Gießübel/Talhau Burgherrengräbern und der unter ihnen liegenden Außensiedlung der Heuneburg, Periode IV.

Unser Rundgang führt uns jetzt von der Nordwest- zur Südwestecke der Burg (bei B unseres Planes). Wir gehen auf der mächtigen Wallkrone entlang und blicken nach rechts hinunter in den breiten Innengraben, in dem die beiden Baracken stehen. Der heute stark aufgefüllte Innengraben lag mit seiner Sohle ursprünglich noch 5 m tiefer, so daß der Höhenunterschied zwischen Grabensohle und der einstmals hier oben umlaufenden Mauerkrone runde 20 m betrug. Dem aufmerksamen Betrachter fällt auf, daß die heutige Wallkrone runde 5 m höher liegt als die zwischen den beiden Westgräben befindliche Erdbrücke und dem im Hintergrund liegenden Ackergelände. Diese starke Überhöhung ist nichts anderes als die hier abgelagerte Füllmasse des Innengrabens, die von den Erbauern als zusätzlicher Schutz für die bedrohte Westflanke gedacht war. Über diesen künstlichen Wall wurden dann später noch die Burgmauern geführt (siehe dazu das Kapitel über die Burgmauern S. 64ff.).

Weiter wandern wir jetzt von der Südwestecke, zugleich mit fast genau 600 m NN der höchste Punkt der Burg, leicht abwärts zur hoch über dem Donautal liegenden Südostecke (Abschnitt B–C unseres Planes). Dabei blicken wir hinüber zur Domäne Talhof, die auf einem ähnlichen Sporn gelegen ist wie die Heuneburg. Vergleicht man die beiden Hügel, dann werden die künstlichen Veränderungen besonders deutlich, die den Heuneburg-Sporn betroffen haben. Zwischen Talhof und Heuneburg dehnt sich ein als Weide benutzter Wiesengrund, in dem bei abendlichem Schräglicht der gleich dem Nordgraben zugefüllte Südgraben deutlich sichtbar wird. Seine Einmündung in die beiden Westgräben ist nur beim Außengraben besser zu erkennen. Das Ostende des Südgrabens wird als kräftig ausgehobene Kerbe hart über dem Donausteilufer sichtbar (dazu Abb. 11, 19). Von der Südfront der Heuneburg hat man einen weiten Blick (Abb. 17), der schon im Kapitel über die Landschaft eingehend beschrieben worden ist (s. S. 39f.). Hier interessiert der Hinweis auf die

119 Blick von der Donau-Ebene auf die der Heuneburg vorgelagerte Ostterrasse, die von dem mittelalterlichen Grabensystem eingeschlossen wird. Rechts der zur Donau hinunterziehende Nordgraben

beiden, zwischen der Heuneburg und Hundersingen in Bäumen versteckten Burgherrengräber der »Baumburg« und des »Lehenbühl«, die hart am Donausteilhang aufgeschüttet sind und die wir auf unserem Weitermarsch besuchen werden.

Wenn wir bei C unseres Planes die Südostecke der Heuneburg und damit zugleich die Ostfront der Burg erreicht haben, dann fällt der Blick zunächst auf eine etwa 20 m tiefer liegende, mächtig-vorgelagerte Terrasse, die im Süden und im Norden von den beiden Außengräben der Burg eingeschlossen wird (Abb. 11, 19, 119). Der friedliche, heute durch weidende Kühe verstärkte Eindruck trügt. Die sicher in Teilen künstliche, vermutlich durch von der Höhe der Burg abgetragenen Schutt verbreiterte Terrasse war dereinst für die Burgbewohner von lebenswichtiger Bedeutung. Der Untergrund dieser Terrasse wird von Tonschiefern und Kalkmergeln der unteren Süßwassermolasse gebildet, die dem oberen Oligozän angehört. Über der Süßwassermolasse, auf der der eigentliche Burghügel aufsitzt, liegt ein Quellhorizont, der die Wasserversorgung der Burgbewohner sicherstellte. Wasser war ja, vor allem bei Belagerungen, von entscheidender Bedeutung, und so handelten die

Burgbewohner sehr klug, als sie die Ostterrasse mit ihren Wasseradern in den Burgbereich mit einbezogen. Sicherlich hat es von der Terrasse aus Aufgänge zum Burgplateau gegeben – wir kennen sie noch nicht – die ein gefahrloses Auf und Ab gewährleisteten. Auch als »Notquartier« für Vieh ist diese Terrasse geeignet gewesen. Andererseits brachte der zwischen Terrasse und Oberburg im Knick gelegene Quellhorizont auch Gefahren mit sich, insofern das hier austretende Wasser die sorgsam versteilten Burgflanken unterspülte und zum Einsturz brachte. Auf der Terrasse sind mehrfach von oben abgerutschte Schichtpakete zu beobachten. Und wandern wir der Ostfront der Burg entlang – auf unserem Plan von C nach D – dann stehen wir im Norden unvermittelt vor einem breiten Einbruchsgelände, das sich in Mulden und Rinnen gegen die Ostterrasse zu absenkt und das erst an dem nach Osten vorspringenden Burgsporn sein Ende findet. Hier ist eines Tages auch die große Lehmziegelmauer auf eine größere Strecke in die Tiefe gestürzt, so daß deren genauer Verlauf, wie unser Plan Abb. 34, 118 zeigt, an diesem Streckenabschnitt unsicher bleibt.

Das Rutschgelände der Oberburg überschreitend gelangen wir zum Nordostsporn des Burghügels (bei D unseres Planes). Er ist erstaunlicherweise von den Burgbewohnern nicht in die umlaufenden Befestigungssysteme einbezogen worden. Auf dem Nordostsporn steht die nach dem Altmeister der Schwäbischen Altertumskunde Professor Dr. Peter Goessler benannte »Goesslerlinde«, die nach Goesslers Tode 1956 gepflanzt wurde. In der Tiefe unter uns wird nun auch der weitgehend zugeschüttete nördliche Burggraben sichtbar, der in seinem Ostteil gegen die Donau zu streckenweise erhalten ist (Abb. 119).

Wenn wir uns vom Nordostsporn nun wieder nach Westen wenden und dem Nordabschnitt der Heuneburg entlangwandern (von D nach A unseres Planes), dann ist der Besucher durch den die Burghänge bedekkenden Busch- und vor allem Tannenwald stark in seiner Sicht behindert. Der starke Bewuchs verdeckt vor allem das markante Profil des Burghügels mit seiner nach Norden gerichteten Steilflanke. Nur mühsam dringt der Blick an einigen Stellen durch das Dickicht hinunter in das Bachtal und hinüber zum Talhauwald. Trotzdem wird dem aufmerksamen Beobachter die auffallende, etwa 10 m breite Terrasse nicht entgehen, die sich am Fuß des Burghügels entlangzieht. Unter ihr verbirgt sich der zugefüllte Nordgraben, dessen besser erhaltenes Ostende wir vom

Nordostsporn der Burg (bei D unseres Planes und Abb. 11, 119) beobachten konnten. Gerade die Nordflanke der Burg hat sich im Lauf der Burggeschichte stark verändert. Was heute so steil und abweisend erscheint, ist ein Werk des frühen Mittelalters (s. S. 178ff.), das die früher sehr viel sanfter abfallenden Hänge »abgehobelt« und künstlich versteilt hat. Die gerade an der Nordseite der Burg so auffallend dicht gesetzten zehn bis elf Türme der großen Lehmziegelmauer (s. S. 72 und Abb. 34) hatten vor allem den Zweck, den hier ob seiner Sanftheit besonders gefährdeten Burghügel zu schützen. Bei der Versteilung und zugleich teilweisen Rückverlegung der Nordfront im frühen Mittelalter sind dann auch die Reste der alten Lehmziegelmauer mitsamt den Turmfundamenten abgestürzt. Mit der Erreichung des heutigen Aufweges bei A unseres Planes sind wir zugleich zum Ausgangspunkt unseres Rundganges um die Burg zurückgekehrt.
In Fortsetzung unserer archäologischen Wanderung verlassen wir jetzt die Heuneburg, steigen wieder hinauf zum Talhof-Sträßchen und biegen hier links ab zur

Die Staatsdomäne Talhof, Gem. Herbertingen-Hundersingen/Donau (Abb. 120)

Über die zumindest zeitweise Zugehörigkeit des Talhofsporns zum ökonomischen und strategischen Konzept der Heuneburg-Gesamtanlage wurde schon gesprochen (s. S. 87, 186). Bis auf das Bruchstück eines hallstattzeitlichen Gürtelblechs und einer in der Donaufurt unterhalb des Talhofs gefundenen Schlangenfibel ist freilich von einer vorgeschichtlichen Benutzung des Talhofsporns noch nichts bekannt, doch sind Funde bei gründlichen Untersuchungen mit Sicherheit zu erwarten. Besser bekannt ist die Geschichte des Talhofs im Mittelalter. Wohl sicher dieser Epoche gehören die mächtigen Terrassierungen an, die den Südosten des Talhofsporns stufenartig gliedern. Grabungen haben bis heute nicht stattgefunden. Die Geschichte des heutigen Talhofs ist aus den erhaltenen Urkunden nur schwer rekonstruierbar. Schon 1356 wird von einem oberen und einem unteren Talhof gesprochen, was anfangs zu der Vermutung führte, daß der »obere Talhof« vielleicht auf der Heuneburg selbst gelegen haben könnte, doch haben die Grabungen hierfür zunächst

120 Die Staatsdomäne Talhof mit ihren mittelalterlichen Terrassierungen. Der Weg nach rechts vorn führt im Bogen durch das Tälchen hinunter zur Donaufurt. Auf der anderen Seite erklimmt er den jenseitigen Donau-Steilhang und führt weiter zu der am oberen Bildrand gelegenen Baumburg

keinerlei Anhaltspunkte erbracht. Sicher ist, daß 1356 Eberhard von Landau und Albrecht von Aichelberg die Burg Landau mit Zubehör, darunter den oberen Talhof und die Hälfte des unteren Talhofs erwarben. 1437 verkaufen Eberhard von Landau und sein Weib »die Burg zu Landau, den Talhof daselbst usw.« an den Truchsessen Eberhard von

Waldburg. Aber schon sechs Jahre später veräußert der Truchseß den genannten Besitz, also 1443, an das Kloster Heiligkreuztal, das offenbar systematisch alles zum Verkauf stehende Gelände im Raum Hundersingen-Binzwangen an sich zu bringen sucht. Wieder wird bei der Verkaufsmasse der Talhof genannt. Wägt man all diese Berichte ab, dann wird man Siegwalt Schiek zustimmen dürfen, wonach die Bezeichnung »oberer« und »unterer« Talhof offenbar geographisch zu werten ist. Der »obere« Talhof wäre danach der donauaufwärts gelegene heutige Talhof, Gem. Herbertingen–Hundersingen, während der »untere« Talhof donauabwärts vermutlich mit dem Landauhof bei Binzwangen identisch ist. Bei dem 1560 im Heiligkreuztaler Lagerbuch genannten »Gut zum Dalhof« muß es sich aber sicher um den heutigen Talhof, also wahrscheinlich um den »oberen« Talhof handeln, denn es heißt von ihm, daß er »88 Jaucherten Äcker und 25 Mannmahd Wiesen, darunter 7 Jaucherten auf der Heineburg« umfasse. 1661 wurde die Weidgrenze gegen Binzwangen festgelegt. 1803/06 wurde der Talhof im Zuge der Säkularisation staatliche Domäne.
Wir verlassen jetzt die mächtigen Gutsgebäude der Staatsdomäne und wenden uns nach Westen in ein tief eingeschnittenes Bachtälchen, das in Windungen hinunter zu der alten, schon mehrfach genannten Donaufurt führt (Abb. 120). Die hier bestehende Brücke wurde bei Kriegsende gesprengt und ist – sehr zum Leidwesen des Talhofpächters – bis heute nicht wieder aufgebaut. Nach Durchschreiten des Tälchens erreichen wir, uns immer hart am Donausteilufer haltend, nach etwa einem Kilometer die unmittelbar an der Talkante liegende, 604 m hoch gelegene

Die Baumburg, Gem. Herbertingen–Hundersingen/Donau
(Abb. 120–122)

Zusammen mit dem 250 m südwestlich gelegenen »Lehenbühl« (s. d.) bildet die Baumburg mit größter Wahrscheinlichkeit eine Zweiergruppe von zur Heuneburg gehörigen Burgherrengräbern, die demonstrativ und mit voller Absicht weithin sichtbar an den Steilrand des westlichen Donauufers gesetzt worden ist (Abb. 121). Die noch heute 9,30 m hohe und einen Durchmesser von 75 m haltende Baumburg kam also an Größe

121 Unten: Die Baumburg von Norden mit Blick auf den Außengraben und den zur ›Motte‹ umgewandelten Grabhügel. – Oben: Aufriß zur möglichen Umgestaltung des Grabhügels zur ›Motte‹

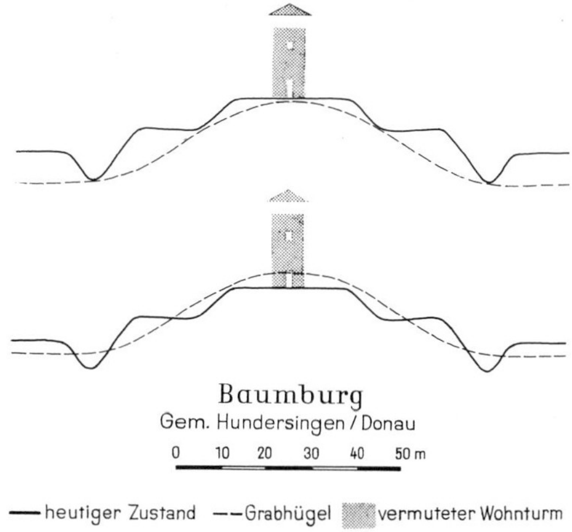

fast dem Hohmichele gleich. Der gewaltige Grabhügel der Baumburg muß dann im frühen Hochmittelalter, vermutlich während des 10. bis 12. Jahrhunderts, einen adligen Grundherren verlockt haben, ihn zu einer Turmhügelburg bzw. einer sog. »Motte« umzugestalten (Abb. 120, 121). Solche Turmhügelburgen mit aufgesetzten Wohntürmen, anfänglich aus Holz, später, in staufischer Zeit, aus massiven Steinquadern, sind dem Archäologen wohlbekannt. Ein besonders schönes, in der Nähe befindliches Beispiel ist das 1,5 km westlich vom Dollhof (dazu unsere

Karte im Rückdeckel) und 1 km nordöstlich von Heudorf an der Straße Mengen–Heudorf–Wilflingen 600 m östlich der Straße im Acker- und Wiesengelände gelegene »Heudorfer Bürgle«. Hier ist der Rest des zusammengestürzten steinernen Wohnturmes auf einem künstlich aufgeschütteten Hügel noch gut zu erkennen. Der Hügel selbst sitzt im Zentrum einer wohl 20 m breiten, kreisrunden, nach außen geschrägten und am Rand von einem tiefen Graben umsäumten »Scheibe«, die freies Schußfeld nach allen Seiten gewährleisten sollte.
Der weithin die Landschaft beherrschende Grabhügel der Baumburg muß von unserem Grundherrn als idealer Standort für seine geplante Turmhügelburg angesehen worden sein. War doch der »Unterbau« für seinen Wohnturm in Gestalt des Grabhügels schon vorhanden und bedurfte nur gewisser Korrekturen am äußeren Profil. Was der Hügel am Donausteilufer in seiner Tiefe barg, ahnte unser Burgenbauer nicht! Unsere Abb. 121 oben versucht zwei sich anbietende bauliche Lösungen in Profilschnitten einzufangen. Bei Lösung 1 verschwindet der alte Grabhügel unter zusätzlichen Anschüttungen, die vor allem für die obere, den Turm tragende Plattform sowie für die scheibenförmige Terrasse notwendig wurden. Das dazu erforderliche Erdmaterial konnte etwa aus dem angelegten, umlaufenden Graben am Fuß des Hügels gewonnen werden (Abb. 121 unten). Lösung 2 hätte einen umgekehrten Weg wählen müssen. Danach wurde der alte Grabhügel geköpft, um eine hinreichend breite Plattform für den Wohnturm zu gewinnen. Dann mußten die gewölbten Seiten des Hügels abgeschrägt und zu einer geneigten »Scheibe« terrassiert werden, abschließend wurde der Graben herumgezogen. In beiden Fällen kam noch eine Auffahrtsrampe hinzu. Sind unsere Deutungen für die bauliche Umgestaltung eines ursprünglichen Grabhügels richtig – und sie bieten sich in der Tat an – dann kann man annehmen, daß die in der Tiefe des Hügels liegende Grabkammer unversehrt erhalten geblieben ist, sofern sie nicht, wie leider die meisten im Umkreis der Heuneburg, schon früher ausgeraubt wurde. Was der mittelalterliche Umbau dagegen zerstört haben könnte, sind eine Reihe von Nachbestattungen, die – wie wir gesehen haben – in allen der um die Heuneburg verteilten Burgherrengräbern zu erwarten sind. Von einer solchen Nachbestattung könnte auch ein zu Ende des 19. Jahrhunderts ausgeackerter, leider verschollener Bronzering gehört haben, der immerhin den ursprünglichen Charakter der Baumburg als Grabhügel nach-

123 Der ›Lehenbühl‹, ein zur Heuneburg gehöriger Fürstengrabhügel. Links im Hintergrund die Baumburg

Burgherrengräbern, die kaum anders als auf die Heuneburg bezogen werden kann.
Der heute noch 5–6 m hohe, 70 m Durchmesser haltende, mit Wiesengelände und Obstbäumen denkmalpflegerisch gut gesicherte Lehenbühl ist 1897 auf Betreiben des Landeskonservatoriums in Stuttgart durch den damals weithin bekannten Amateurausgräber Johannes Dorn angegraben worden. Dorn trieb einen zentral gelegenen Trichter von oben in den Hügel hinein in der Hoffnung, eine in der Tiefe gelegene Grabkammer zu finden. Nach Abgraben von 2 m stieß er auf sechs bis acht senkrechte Löcher, die »aussahen, wie wenn Stangen herausgefault wären«. Dorn brachte diese Pfostenlöcher mit einem Dach in Verbindung, das zu einer, weitere 1,50 m tiefer angetroffenen Grabkammer gehören sollte. Diese Vorstellung ist unhaltbar, da die Grabkammer ja niemals offen gelegen haben kann. Die nur 2 × 2 m große Kammer war im Vergleich mit anderen Grabkammern auffallend klein. Sie läßt nach heutigen Erfahrungen, vor allem aber aufgrund ihrer Lage hoch über dem gewachsenen Boden an eine Nebenkammer denken, wie sie etwa im Grab VI des Hohmichele zutage trat (Abb. 102/03). Wände und Boden der Kammer

bestanden aus gespaltenen Holzdielen, die Deckbalken waren ins Innere der Kammer gestürzt. Mit diesem Befund muß die Kammer des Lehenbühl ganz den anderen Grabkammern der Burgherrengräber im Bereich der Heuneburg entsprochen haben. Auch die Kammer aus dem Lehenbühl war offensichtlich alt beraubt. Beigaben waren kaum vorhanden, eine bronzene Schlangenfibel läßt vermuten, daß der Lehenbühl wohl zu den älteren Burgherrengräbern gerechnet werden darf. Stark gestörte Reste eines menschlichen Skeletts deuten darauf hin, daß sich die Beraubung unter ähnlichen Umständen vollzogen haben könnte wie bei der Kammer aus dem Hügel 4 des »Talhau« (s. S. 194ff.). Jedenfalls kann die Dornsche Grabung nicht allzuviel zerstört haben. Wenn nicht alles täuscht, ist der Lehenbühl noch weitgehend unberührt.
Vom Lehenbühl führt ein heute geteertes Sträßchen nach etwa einem halben Kilometer in den hoch gelegenen Ortsteil von Hundersingen hinein, unmittelbar auf eine alte Zehntscheuer des Klosters Heiligkreuzthal zu, die 1984 das im Entstehen begriffene Heuneburgmuseum aufnehmen wird. Dieses von einem überregionalen Verein getragene Museum wird einen neuartigen, ganz auf die archäologische Provinz an der oberen Donau abgestellten Museumstypus darstellen, in dessen modern gestalteten Räumen ein Großteil der Heuneburgfunde, Abgüsse der Glanzstücke aus den Burgherrengräbern, insbesondere die goldenen Hals- und Armringe aus den Hügeln der Gießübel/Talhaugruppe, sowie Modelle und Pläne zur Erläuterung der langjährigen Heuneburggrabungen Aufstellung finden sollen. Am Heuneburgmuseum endet auch unsere archäologische Wanderung, die uns einen unmittelbaren Eindruck von einer der reichsten und geschlossensten archäologischen Regionen innerhalb unseres Bundeslandes vermitteln sollte.
Nicht von unserem archäologischen Wanderweg berührt, da in einer seltsam abgelegenen Situation von der Heuneburg gelegen, sind schließlich zwei Denkmäler, die wir gleichwohl besuchen wollen, da man ihre Beziehung zur Heuneburg trotz einiger Einwände wohl doch nicht in Abrede stellen kann. Das ist der »Bettelbühl« unten in der Donauebene und das ist weiter der »Rauhe Lehen« auf den Höhen der anderen, östlichen Donautalseite. Beim »Bettelbühl« und zwei bis drei weiteren, kleineren, dicht bei ihm gelegenen Grabhügeln verwundert die kaum sichtbare Lage im damals sicher stark verwaldeten Donautal. Zwar liegt die Hügelgruppe schon hochwasserfrei östlich des alten Donauverlaufs,

aber mit ihrer unauffälligen Lage steht sie in merkwürdigem Gegensatz zu den anderen, eher herausfordernd aufgeschütteten Hügeln der Burgherren. Was den »Rauhen Lehen« anbelangt, so überrascht seine Lage jenseits der Donau in einem Abstand von reichlich 5 km Luftlinie. Zwar ist seine Lage, genau gegenüber der Heuneburg, von nicht zu bezweifelnder Großartigkeit, aber was mag wohl die Errichter des Hügels bewogen haben, seinen Platz gerade hier auszuwählen? War er doch in Gefahrensituationen schutzlos abgeschnitten und etwa Grabräubern hilflos preisgegeben. Oder sollte der »Rauhe Lehen« gar nicht zum Heuneburg-Bereich gehört haben und müßte man ihn vielleicht einem immerhin denkbaren Herrensitz auf dem Bussen zuordnen? (s. S. 41) Alles Fragen, die man wohl stellen, aber im Augenblick nicht zu beantworten vermag.

Die Bettelbühlgruppe, Gem. Herbertingen
(Abb. 124, Karte im Innendeckel hinten)

Die Bettelbühlgruppe liegt 2 km nordnordwestlich von Herbertingen, nahezu in einer gedachten Linie zwischen Herbertingen und der Heuneburg, hart neben dem Bettelbühlbach. Man erreicht die Hügelgruppe auf

124 Der ›Bettelbühl‹ in der Donau-Ebene. Rechts am Horizont liegt Ertingen und der Bussen

Feldwegen von Herbertingen aus (siehe die Karte im Rückdeckel). Der eigentliche Bettelbühl ist stark verflacht, doch beträgt seine Höhe noch immer etwa 3 m. Mit einer ursprünglichen Höhe von 4–5 m wird man auch bei ihm rechnen dürfen. Obwohl von Grabungen nichts bekannt ist, erwähnt Paulus einmal »reiche Beigaben«, die jedoch unauffindbar sind. Auch die Sage hat sich des Bettelbühls bemächtigt. So soll auf seiner Kuppe dereinst ein Schloß gestanden haben, ein Motiv, das vielleicht an eine verschwundene Turmhügelburg (Motte) wie bei der Baumburg denken läßt. Kaum etwas anfangen kann man mit der Erzählung, daß im Bettelbühl eine der Herbertinger Kirchenglocken ausgegraben worden sei. Hier liegt fraglos einer der häufigen kirchlichen Versuche vor, den als »heidnisch« angesehenen Platz zu entsühnen.

125 Der ›Rauhe Lehen‹ oberhalb von Ertingen auf den östlichen Randhöhen des Donautales. Im Hintergrund der Bussen

126 Bunte, in Bronzerähmchen gefaßte Glasperlen aus einem Nebengrab des ›Rauhen Lehen‹ (Foto Erich Lessing)

Der Rauhe Lehen, Gem. Ertingen (Abb. 125)

Der Rauhe Lehen ist heute leicht auf gut ausgebauten Straßen zu erreichen. Dazu müssen wir zunächst nach Ertingen fahren, entweder über Binzwangen und die dortige Donaubrücke oder über die Donaubrücke bei Hundersingen. Gleich nach dem nördlichen Ortsausgang von Ertingen in Richtung auf Riedlingen zweigt nach Osten (rechts) eine ganz neue Straße nach Bad Buchau ab. Sie führt kaum 100 m südlich am Rauhen Lehen vorbei. Der ganz mit Fichten bestandene Rauhe Lehen ist noch rund 7 m hoch und gehört damit zu den größten der noch erhaltenen Grabhügel seiner Art. Die Bäume verdecken gnädig den schwer verunstalteten Hügel, der 1934 ohne Wissen der Denkmalpflege vom Bürgermeister von Ertingen an zwei Stellen angegraben wurde. Im südlichen Suchschnitt traf man 3–4 m über der Hügelbasis auf einen Fundkomplex, zu dem zwei Bronzebecken, eine kleine Bronzekanne, ein Lignitarmband sowie reicher Glas- und Bernsteinschmuck gehörte (Abb. 126). Die Kanne lag in einem Korb, der seinerseits in dem einen Bronzebecken stand. Unmittelbar unter diesen Gegenständen zog sich der Rest eines Holzbohlenbelages hin, also offenbar der Boden einer nicht erkannten Grabkammer. Da diese aber beträchtlich über der Hügelbasis lag, wird es sich bei ihr, wie beim Hohmichele um eine nicht erkannte Nebenkammer gehandelt haben. Reste des Toten wurden nicht beobachtet. Den Beigaben nach, zu denen im übrigen wieder ein Trinkgeschirr gehört haben muß (s. S. 169), wird der Hügel zu den älteren Burgherrengräbern gehören wie der Hohmichele und vermutlich die Lehenbühlgruppe (s. S. 210ff.).

Ausblick

Es bedarf nach allem Gesagten keiner zu großen Phantasie, um sich rückblickend die Landschaft an der oberen Donau um die letzte vorchristliche Jahrtausendmitte vorzustellen. Dreiundzwanzig Jahre geduldiger und planender Forschung haben schon jetzt erreicht, hier aus einer terra incognita eine geschichtliche Landschaft zu machen. Wir sind uns des Gewichtes solcher Aussage bewußt, weil die schriftlichen Quellen noch nicht im eigenen Lande fließen und auch die archäologischen Möglichkeiten niemals ausreichen werden, um etwa das Individuum selbst, Persönlichkeiten von Rang und Namen diese »historisch« genannte Bühne betreten zu lassen. Namen und Geschlecht unserer frühkeltischen Burgherren werden für immer ausgelöscht sein und niemals wird ein Weg zu ihrem Denken, Fühlen und Wollen führen. Es sei denn, man würde sich vorstellen, daß irgendwann einmal das Scriptum eines griechischen Schreibsklaven dem schützenden Mantel der Erde entsteigen könnte.
Und doch bleibt das Bild, das die Ausgrabungen enthüllt haben, von einer erstaunlichen Lebendigkeit und Farbe: Dynastenburgen, von ganz anderer Art als jene feudalen Ritterburgen des hohen Mittelalters, von weitläufigen Mauern bewehrt und von Gräben geschützt, auf der Heuneburg, auf dem Ipf bei Bopfingen, auf dem Hohenasperg, auf dem Marienberg bei Würzburg, in Breisach am Rhein, auf dem Uetliberg bei Zürich, in Châtillon-sur-Glane bei Freiburg im Uechtland, auf dem Mont Lassois bei Châtillon-sur-Seine, um nur die wichtigsten zu nennen. Burgen mit herrschenden Geschlechtern, diese inmitten ihrer Gefolgsleute, ihrer Handwerker und Bauern, in vielleicht patriarchalischer Gelassenheit lebend und handelnd, von gänzlich anderer Art als jene in bewußter Distanz von ihren Leibeigenen residierenden Ritter des hohen Mittelalters. Und um die Herrensitze herum, oftmals selbstbewußt, ja herausfordernd gesetzt, die gewaltigen Grabhügel der Burgherren, mit wohlgefügten hölzernen Kammern im Kern, zumeist reich ausgestattet,

und um sie herum, den toten Herrn in die Mitte nehmend, die Angehörigen der Sippe oder der engeren Klientel.
Und dies alles in einer Landschaft, die durchaus anders war als heute. Im Zentrum das Donautal mit dem sich in zahlreichen Armen träge dahinwindenden Fluß, der, umgeben von versumpften Auewäldern, ein Dorado für eine noch ganz urtümliche Tierlandschaft war. Nach Aussage der auf der Heuneburg geborgenen Tierknochen, die Münchner Paläontologen unter Joachim Boessnecks Leitung untersucht haben, zogen hier Adler und Geier ihre Kreise und der Biber baute seine Burgen. Und was die Wälder anbelangt, über deren damalige Verteilung wir nichts wissen, da Ackerbau und moderne Aufforstungen das ursprüngliche Waldbild völlig verändert haben, so waren diese Wälder weit mehr bevölkert als heute. Bevorzugtes Jagdtier war der Rothirsch, den man offenbar weniger des Fleisches als vielmehr seines Geweihes wegen jagte, das zu vielerlei Gerät verarbeitet wurde (s. S. 120). Neben Rotwild gab es den Elch, gelegentlich sogar Wisent und Ur, aber auch Bären, Wölfe und Füchse. In diesen Wäldern müssen große Rodungsinseln gelegen haben, auf denen Ackerbau getrieben wurde und auf denen die Bauernhöfe zerstreut lagen (s. S. 45). Dieses dem Wald abgerungene Ackerland dürfen wir uns keineswegs gering vorstellen. Daß die Bevölkerung durchaus nicht klein gewesen sein kann, haben wir früher darzustellen versucht (s. S. 65f.), auch wenn es natürlich sehr schwer ist, hier mit verläßlichen Zahlen aufzuwarten. Die noch oberirdisch sichtbaren Grabhügel geben nur einen schlechten Anhalt, da – wie moderne Luftaufnahmen gezeigt haben – die Masse der Grabhügel längst dem Pflug und der Bauwirtschaft zum Opfer gefallen ist. Und es spricht zudem vieles dafür, daß in den Grabhügeln sowieso nur eine privilegierte Oberschicht ihre letzte Ruhe gefunden hat. Nicht vergessen werden dürfen auch die Flachgräberfelder, die in dieser Zeit wieder zuzunehmen beginnen, und die nur durch einen Zufall zu unserer Kenntnis gelangen. Jedenfalls muß die Wirtschaftsgrundlage des Landes um die obere Donau ohne Schwierigkeit ausgereicht haben, um einige Zehntausend zu ernähren und ihnen auch einen angemessenen Lebensstandard zu gewährleisten.
Anlagen wie die hallstattzeitliche Heuneburg stellten ohne Zweifel wichtige Zentren dar, die für die Menschen der näheren und weiteren Umgebung, vielleicht eines Stammes, von erheblicher Bedeutung gewesen sein müssen. Die dauernde Anwesenheit von Burgherren, die

sicherlich auch gewisse landesherrliche Funktionen ausübten, brachte es mit sich, daß an solchen Punkten die Fäden in wirtschaftlicher, politischer und nicht zuletzt wohl auch religiöser Hinsicht zusammenliefen. Auch wenn von städtischem Leben im heutigen Sinn sicher nicht gesprochen werden darf, so muß sich an solchen Punkten doch vieles konzentriert haben, was diesen Dynastenburgen immerhin einen gewissen städtischen Anstrich verlieh. Die dichte Bebauung der Heuneburg stellt dies – zumindest für alle Perioden mit Ausnahme von IV c – außer Frage. Aber wenn dies so war, dann wird man auch so etwas wie einen Markt voraussetzen dürfen, der von den Bauern der Umgebung beschickt wurde und auf dem vieles eingehandelt werden konnte, was auf den Höfen draußen nicht zu beschaffen war. Daß auch fremde Händler hier erschienen, kann nach dem oben Gesagten kaum zweifelhaft sein. Sicher ist, daß sich Handel jeglicher Art als reines Tauschgeschäft vollzog, denn die Bezahlung in klingender Münze hat sich erst ein halbes Jahrtausend später durchgesetzt.
Und noch etwas wird man schließlich an Punkten wie der Heuneburg mit großer Wahrscheinlichkeit voraussetzen dürfen. Das sind Zeugnisse für Religion und Kult. Die Schilderung von der aufwendigen Grablege der Burgherren (s. S. 161 ff.) hat uns klargemacht, daß diese frühen Kelten an der oberen Donau sicherlich besondere Vorstellungen von einem Leben nach dem Tode besaßen und daß sie sich des Schutzes, aber auch der Strafe zahlreicher Gottheiten sehr wohl bewußt waren. Die reiche Götterwelt des späten Keltentums etwa zur Zeit Caesars werden wir gewiß in irgendeiner Form auch schon für die Frühzeit voraussetzen dürfen. In diesem Zusammenhang muß hier noch einmal auf die geheimnisvollen Kulte in jenen viereckigen Heiligtümern hingewiesen werden, jenen temene oder keltisch nemeta, wie wir sie in den Wäldern nördlich der Heuneburg, vor allem aber in der Anlage am Fuß des Hohmichele kennengelernt haben (s. S. 49 f.). Auch wenn diese Anlagen in ihrer heutigen Form erst der keltischen Spätzeit angehören, so wird man in ihnen doch nur den Ausdruck eines viel älteren Kultgeschehens erblicken dürfen, das, wenn nicht alles täuscht, bis in die Tage der hallstattzeitlichen Heuneburg zurückreichte. Leider wissen wir vorläufig fast gar nichts über die äußeren Formen dieser Religiosität, etwa ob der Burgherr selbst auch das oberste Priesteramt ausübte wie in den altorientalischen Stadtstaaten, oder ob ihm eine selbständige Priesterschaft zur

Seite stand wie etwa die geheimnisvollen Druiden des späten Keltentums. Auch in diesem Fall möchte man nicht ungerne die von Caesar geschilderten Verhältnisse, wenn auch vielleicht in abgewandelter Form, auf das frühe Keltentum übertragen.
Damit beschließen wir diesen zweiten Forschungsbericht über die Heuneburg. Obwohl er uns weit über die bis 1968 gesammelten Erkenntnisse hinausgeführt hat, bleibt auch dieser Bericht nur im Rahmen des gegenwärtigen Forschungsstandes. Eindringlich hat sich dabei gezeigt, daß neben den täglichen Rettungsgrabungen, welche unsere Denkmalpflege in so aufopfernder Weise auf sich nimmt, die große gezielte Plangrabung nicht vergessen werden darf. Nur sie erbringt weiterführende Aussagen großen Stils, nur sie vermag die Weichen zu stellen, die überregionalen Forschungsproblemen die Bahn frei macht. Am Ende dieses Berichtes, der nicht zuletzt den ungezählten Besuchern der Heuneburg ein verläßlicher Führer sein will, steht der Wunsch, daß das Land Baden-Württemberg, das zu den archäologie-freudigsten der Bundesrepublik gerechnet werden darf, die Heuneburg nicht vergißt und das begonnene Werk zu gegebener Zeit mit neuer Kraft zu einem erfolgreichen Abschluß bringen möge!

Zeittafel

Zeit	Kulturverhältnisse	Jahr
Jungsteinzeit	Streufunde und Reste eines wohl spätneolithischen Grabensystems	3500–2000 v. Chr.
Mittel- bis Spätbronzezeit (Bronzezeit D/Hallstatt A 1)	Ausgedehnte Siedlungsspuren im Innenraum der Burg. Erste Rundumbefestigung mit vorgelegtem Westgraben	1600–1300 v. Chr.
Jüngere Hallstatt- bis frühe Latènezeit (Hallstatt D–Latène A)	1. Blüte der Burg. Sitz eines lokalen Dynastengeschlechtes. Mehrfach wechselnde Befestigungen, darunter Lehmziegelmauer nach mediterranem Vorbild. Dichte Besiedlung des Innenraums. Großer Fundreichtum	600– 400 v. Chr.
Späte Latènezeit	Geringe Streufunde	150 – Chr. Geburt
Frühe römische Kaiserzeit	Wenige Streufunde. Unbekannte Funktion der Burg nach Vorverlegung des Donau-Limes auf die Höhen der Schwäbischen Alb	1.– 2. Jahrhundert
Merowingerzeit Karolingerzeit	Vermutlich Stützpunkt einer fränkischen Huntare	6.– 8. Jahrhundert
Ottonische Zeit	2. Blüte der Burg. Starker Neuausbau der Befestigungen mit tiefen Gräben und Anlage einer Vorburg zum Schutz gegen die Ungarn-Gefahr. Anschließend Ausbau der Südostecke unter gleichzeitiger Aufgabe der Hauptburg	9.–10. Jahrhundert
Hoch-Spätmittelalter	Auflassung der Heuneburg wohl im Verlauf des 11. Jahrhunderts und Übergang zu bäuerlicher Wirtschaft vom Talhof aus, der 1323 und 1356 erstmals genannt wird	11.–15. Jahrhundert
Frühneuzeit	1560 erste urkundliche Erwähnung als ›Heineburg‹	15.–18. Jahrhundert
Jetztzeit	Von der Staatsdomäne Talhof landwirtschaftlich genutzt. Zwischen 1950 und 1979 Ausgrabungen des Tübinger Instituts für Vor- und Frühgeschichte und des Landesdenkmalamtes Baden-Württemberg	19.–20. Jahrhundert

Die Heuneburg im Spiegel ihrer Veröffentlichungen

1923	*Peter Goessler,* Urgeschichtliche Denkmäler im Oberamt Riedlingen in: Beschreibung des Oberamts Riedlingen, Teil II 204ff. mit Plänen und Abbildungen
1951	*Kurt Bittel–Adolf Rieth,* Die Heuneburg a. d. oberen Donau. Ein frühkeltischer Fürstensitz
1951	*Adolf Rieth,* Die Ausgrabungen auf der Heuneburg an der Donau in: Germania 29, 1951, 168 mit Tafel 13
1951	*Adolf Rieth,* Die Heuneburg a. d. oberen Donau in: Schwäbische Heimat 1951, 42ff.
1951	*Adolf Rieth,* Die Heuneburg a. d. Donau, ein keltischer Fürstensitz der späten Hallstattzeit in: Blätter des Schwäbischen Albvereins 3, 1951, 39f.
1951	*Wolfgang Dehn,* Die Heuneburg a. d. Donau in: American Journal of Archaeology-Archaeological News 55, 1951, 376 mit Tafel 45
1952	*Wolfgang Dehn,* Die Ausgrabungen auf der Heuneburg beim Talhof (Donau) 1951/1952 in: Germania 30, 1952, 325ff.
1952	*Adolf Rieth,* Die Ausgrabungen auf der Heuneburg im Jahre 1951 in: Blätter des Schwäbischen Albvereins 4, 1952, 22
1952	*Adolf Rieth,* Die Heuneburg an der Donau, ein keltischer Fürstensitz des 6. und 5. Jahrhunderts v. Chr. in: Urschweiz 16, 1952, 61ff.
1952	*Jean Jacques Hatt,* Une Résidence des Princes Celtes in: Revue Archéologique de l'Est et du Centre-Est 3, 1952, 117ff.
1953	*Wolfgang Dehn,* A Prehistoric Wall of Sun-Dried Brick in: Antiquity 27, 1953, 164ff. mit Tafel 5
1953	*Wolfgang Kimmig,* Die Heuneburg am Talhof, ein Fürstensitz des 6. vorchristlichen Jahrhunderts an der oberen Donau in: Attempto, Universität Tübingen 1, 1953, 27ff.
1954	*Wolfgang Dehn–Edward Sangmeister–Wolfgang Kimmig,* Die Heuneburg beim Talhof. Vorläufige Ergebnisse der Grabungen 1950–1953 in: Germania 32, 1954, 22ff. mit vielen Abb. und Tafeln
1954	*Wolfgang Kimmig,* Die Heuneburg a. d. Donau in: Fasti Archeologici 7, 1954, 379, Nr. 4927
1954	*Wolfgang Kimmig,* La Heuneburg, oppidum Celtique contemporain de celui de Vix in: Revue Archéologique de l'Est et du Centre-Est 5, 1954, 246ff.
1954	*Wolfgang Dehn,* Der Stand der Ausgrabungen auf der Heuneburg im Jahre 1954 in: Blätter des Schwäbischen Albvereins 6, 1954, 87ff.
1954	*Fritz Tischler,* Schöpferische Nachahmung in schriftloser Gesellschaft in: Saeculum 5, 1954, 384ff.
1955	*Siegwalt Schiek,* Neue Ausgrabungen auf der Heuneburg (Grabhügel 4) in: Blätter des Schwäbischen Albvereins 7, 1955, 25ff.

1955 *Adolf Rieth,* Die Heuneburggrabung 1955 und ihr Höhepunkt, der Besuch von Bundespräsident Prof. Dr. Theodor Heuss in: Blätter des Schwäbischen Albvereins 7, 1955, 120ff.

1955 *Wolfgang Kimmig,* Adelssitze der frühen Eisenzeit in: Die Umschau 55, 1955, 301 ff.

1956 *Wolfgang Kimmig,* Zur Chronologie der Nordwestalpinen Hallstatt-Kultur im Spiegel der Heuneburggrabungen in: Congr. Intern. de Ciencias Prehistoricas y Protohistoricas – Actas de la IV Sesion, Madrid 1954 (Zaragossa 1956)

1956 *Siegwalt Schiek,* Fürstengräber der jüngeren Hallstatt-Kultur in Südwestdeutschland. Dissertation Tübingen vom 26. 1. 1956, ungedruckt

1957 *Wolfgang Dehn,* Die Heuneburg beim Talhof unweit Riedlingen (Kr. Saulgau). Periode IV nach den Ergebnissen der Grabungen 1950–1955 in: Fundberichte aus Schwaben NF. 14, 1957, 78ff. mit Plänen und Tafeln

1957 *Siegwalt Schiek,* Fürstengrabhügel 4 bei der Heuneburg auf Markung Hundersingen (Kr. Saulgau). Fundberichte aus Schwaben NF 14, 1957, 139ff.

1958 *Wolfgang Dehn,* Die Heuneburg a. d. oberen Donau und ihre Wehranlagen in: Neue Ausgrabungen in Deutschland – V. Intern. Kongreß für Vor- u. Frühgeschichte, Hamburg 1958, 127ff. mit vielen Plänen und Abb.

1958 *Wolfgang Dehn,* Die Befestigung der Heuneburg (Periode IV) und die griechische Mittelmeerwelt in: Actes du Colloque sur les influences hélleniques en Gaule – Publ. de l'Université de Dijon 16, 1958, 55ff.

1959 *Siegwalt Schiek,* Vorbericht über die Ausgrabung des vierten Fürstengrabhügels bei der Heuneburg in: Germania 37, 1959, 117ff. mit Plänen und Abb.

1959 *Wolfgang Kimmig,* Die Ausgrabungen auf der Heuneburg bei Riedlingen in: Der Schulfunk 12, 1959, 115ff. mit Tafel

1960 *Wilhelm Schüle,* Eisenzeitliche Tierknochen von der Heuneburg bei Hundersingen/Donau in: Stuttgarter Beiträge zur Naturkunde 33, 1960, 1ff.

1962 *Gustav Riek, Hans Jürgen Hundt,* Der Hohmichele, ein Fürstengrabhügel der späten Hallstattzeit bei der Heuneburg in: Römisch-Germanische Forschungen 25, 1962 = Heuneburgstudien I

1965 *Wolfgang Kimmig und Egon Gersbach,* 12 Jahre Heuneburgforschung in: Blätter des Schwäbischen Albvereins 17, 1965, 133ff.

1965 *Stuart Pigott,* Ancient Europe from the Beginnings of Agriculture to Classical Antiquity, Edinburgh 1965, 201ff. mit Plänen und Tafeln

1966 *Wolfgang Kimmig und Egon Gersbach,* Die neuen Ausgrabungen auf der Heuneburg in: Germania 44, 1966, 102ff. mit vielen Plänen, Karten und Tafeln

1966 *Jürgen Scabell,* Die Rinderknochen von der Heuneburg, einem frühkeltischen Herrensitz bei Hundersingen an der Donau. Grabungen 1959 und 1963 in: Naturwissenschaftliche Untersuchungen zur Vor- und Frühgeschichte in Württemberg und Hohenzollern 1, 1966

1967 *Barbara Reiss,* Tierknochenfunde von der Heuneburg, einem frühkeltischen Herrensitz bei Hundersingen an der Donau. Grabungen 1964 und 1965, Nichtwiederkäuer in: Naturwissenschaftliche Untersuchungen zur Vor- und Frühgeschichte in Württemberg und Hohenzollern 4, 1967

1967 *Jürgen Geringer,* Tierknochenfunde von der Heuneburg, einem frühkeltischen Herrensitz bei Hundersingen an der Donau. Grabungen 1959 und

1963. Die Paarhufer ohne die Bovini in: Naturwissenschaftliche Untersuchungen zur Vor- und Frühgeschichte in Württemberg und Hohenzollern 5, 1967

1967 *Günter Graf,* Tierknochenfunde von der Heuneburg, einem frühkeltischen Herrensitz bei Hundersingen an der Donau. Grabungen 1959 und 1963. Nichtpaarhufer in: Naturwissenschaftliche Untersuchungen zur Vor- und Frühgeschichte in Württemberg und Hohenzollern 6, 1967

1968 *Reinalt Gerlach,* Tierknochenfunde von der Heuneburg, einem frühkeltischen Herrensitz bei Hundersingen an der Donau. Grabungen 1964 und 1965. Die Wiederkäuer in: Naturwissenschaftliche Untersuchungen zur Vor- und Frühgeschichte in Württemberg und Hohenzollern 7, 1968

1968 *Wolfgang Kimmig,* Die Heuneburg an der oberen Donau. Führer zu vor- und frühgeschichtlichen Denkmälern in Württemberg und Hohenzollern 1, 1968

1969 *Wolfgang Kimmig,* Zum Problem späthallstättischer Adelssitze in: Siedlung, Burg und Stadt. Studien zu ihren Anfängen. Deutsche Akademie der Wissenschaften zu Berlin, Schriften der Sektion Vor- und Frühgeschichte 25, 1969 = Festschrift Paul Grimm

1971 *Wolfgang Kimmig,* Frühe Kelten an der oberen Donau in: Bild der Wissenschaft 11, 1971, 1132ff.

1971 *Ludwig Pauli,* Ergänzende Bemerkungen zu den Funden aus den Fürstenhügeln von Hundersingen (Kr. Saulgau). Fundberichte aus Schwaben NF. 19, 1971, 118ff.

1972 *Wolfgang Kimmig,* Zu einer Gußform von der Heuneburg in: Hamburger Beiträge zur Archäologie II, 1972, 349ff.

1972 *Imma Kilian-Dirlmeier,* Bemerkung zu einem Hirschhornschieber von der Heuneburg in: Archäologisches Korrespondenzblatt 2, 1972, 37ff.

1973 *Egon Gersbach,* Die mittelbronzezeitlichen Wehranlagen der Heuneburg bei Hundersingen a. d. Donau in: Archäologisches Korrespondenzblatt 3, 1973, 417ff. mit Plänen und Tafeln

1973 *Günter Mansfeld,* Die Fibeln der Heuneburg 1950–1970. Ein Beitrag zur Geschichte der Späthallstattfibel in: Römisch-Germanische Forschungen 33, 1973 = Heuneburgstudien II

1973 *Wolfgang Kimmig – Otto-Wilhelm v. Vacano,* Zu einem Gußform-Fragment einer etruskischen Bronzekanne von der Heuneburg a. d. oberen Donau in: Germania 51, 1973, 1. Halbband, 72ff. mit Zeichnungen und Tafeln.

1974 *Amei Lang,* Die geriefte Drehscheibenkeramik der Heuneburg 1950–1970 und verwandte Gruppen in: Römisch-Germanische Forschungen 34, 1974 = Heuneburgstudien III

1974 *Wolfgang Kimmig,* Zum Fragment eines Este-Gefäßes von der Heuneburg an der oberen Donau in: Hamburger Beiträge zur Archäologie IV, 1974, 33ff. mit vielen Karten

1974 *Wolfgang Kimmig,* Zwanzig Jahre Heuneburg-Forschung in: Tübinger Universitätszeitung Nr. 8 vom 15. Dezember 1974

1975 *Konrad Spindler,* Zum Beginn der hallstattzeitlichen Besiedlung auf der Heuneburg in: Archäologisches Korrespondenzblatt 5, 1975, 41ff.

1975 *Wolfgang Kimmig,* Die Heuneburg an der oberen Donau in: Ausgrabungen in Deutschland, gefördert von der Deutschen Forschungsgemeinschaft 1950–1975 = Monographien des Römisch-Germanischen Zentralmuseums Mainz 1, 1975, Teil 1, 192ff. mit vielen Abb.

1975 *Wolfgang Kimmig,* Zusammenarbeit von Förstern und Archäologen an der oberen Donau in: Allgemeine Forst-Zeitschrift 30, 1975, 492ff.

1975 *Wolfgang Kimmig,* Die Heuneburg an der oberen Donau in: Denkmalpflege in Baden-Württemberg 4, 1975, 31ff.

1975 *Wolfgang Kimmig,* Early Celts on the upper Danube: The excavations at the Heuneburg in: Rupert Bruce-Mitford, Recent archaeological excavations in Europe, London 1975

1976 *Egon Gersbach,* Das Osttor (Donautor) der Heuneburg bei Hundersingen a.d. Donau in: Germania 54, 1976, 1. Halbband, 17ff. mit vielen Plänen

1976 *Amei Lang,* Neue geriefte Drehscheibenkeramik von der Heuneburg in: Germania 54, 1976, 1. Halbband, 43ff.

1977 *Heinz-Werner Dämmer,* Die bemalte Späthallstattkeramik der Heuneburg. Ursprung–Entwicklung–Chronologie in: Archäologisches Korrespondenzblatt 7, 1977, 43ff.

1977 *Egon Gersbach,* Zu Beginn und Funktion der Heuneburg bei Hundersingen a.d. Donau (Kreis Sigmaringen) in der Merowingerzeit in: Festschrift Walter Drack zu seinem 60. Geburtstag, Zürich 1977, 129ff.

1977 *Egon Gersbach,* Die Heuneburg bei Hundersingen an der Donau (Kreis Sigmaringen). Ein frühkeltischer Fürstensitz, in: Kunst und Altertum. Aus den Sammlungen der Universität. Ausstellungskataloge der Universität Tübingen zur 500-Jahrfeier der Eberhard-Karls-Universität 7, 1977, 27ff. mit vielen Abb.

1977 *Siegwalt Schiek,* Zur ›Viereckschanze‹ bei Hundersingen, Gemeinde Herbertingen, Kreis Sigmaringen, in: Archäologische Ausgrabungen 1977 – Bodendenkmalpflege in den Regierungsbezirken Stuttgart und Tübingen 39ff.

1978 *Lothar Sperber,* Nachuntersuchung der hallstattzeitlichen Fürstengrabhügel auf dem Gießübel bei Hundersingen, Gemeinde Herbertingen, Kreis Sigmaringen, in: Archäologische Ausgrabungen in Baden-Württemberg 1978, 35ff.

1978 *Heinz-Werner Dämmer,* Die bemalte Keramik der Heuneburg. Die Funde aus den Grabungen von 1950–1973, in: Römisch-Germanische Forschungen 37, 1978 = Heuneburgstudien IV, zwei Bände

1978 *Daniela Fořt-Linksfeiler,* Schüsseln und Schalen der Heuneburg in: Germania 56, 1978, 2. Halbband, 434ff. mit vielen Abb.

1978 *Egon Gersbach,* Ergebnisse der letzten Ausgrabungen auf der Heuneburg bei Hundersingen (Donau). Bemerkungen zur Lehmziegelmauer und zum Nordtor der Burg, in: Archäologisches Korrespondenzblatt 8, 1978, 301ff.

1979 *Franz Fischer,* Hallstattzeitliche Fürstengräber in Südwestdeutschland, in: Bausteine zur geschichtlichen Landeskunde von Baden-Württemberg – Kommission für geschichtliche Landeskunde in Baden-Württemberg anläßlich ihres 25jährigen Bestehens 1979, 49ff. mit vielen Abb. und Plänen

1979 *Lothar Sperber,* Grabungen in den hallstattzeitlichen Fürstengrabhügeln und in der Heuneburg-Außensiedlung auf dem Gießübel bei Hundersingen, Gemeinde Herbertingen, Kreis Sigmaringen, in: Archäologische Ausgrabungen in Baden-Württemberg 1979, 39ff.

1980 *Peter S. Wells,* Culture contact and culture change. Early Iron Age central Europe and the Mediterranean world, Cambridge 1980

1980 *Lothar Sperber,* Fürstengrabhügel und Heuneburg-Außensiedlung auf dem

›Gießübel‹ bei Hundersingen, Gemeinde Herbertingen, Kreis Sigmaringen, in: Archäologische Ausgrabungen 1980 – Bodendenkmalpflege in den Regierungsbezirken Stuttgart und Tübingen, 43ff.

1980 *Wolfgang Kimmig,* Die Heuneburg, in: Erich Lessing, Hallstatt. Bilder aus der Frühzeit Europas, 30ff. mit Abb. und Karten, Wien 1980

1980 *Wolfgang Kimmig,* Zu einigen Späthallstattfibeln östlichen Zuschnitts von der Heuneburg in: Zbornik Posvečen Stanetu Gabrovcu Ob Šestdesetletnici – Festschrift Stane Gabrovec, Situla 20/21, 1980, 315ff.

1980 *Wolfgang Kimmig,* La Heuneburg, forteresse celtique in: Les Grandes Civilisations Disparues – Sélection du Readers Digest 1980, 134ff.

1980 *Egon Gersbach,* Neue Aspekte zur Geschichte des späthallstatt-frühlatènezeitlichen Fürstensitzes auf der Heuneburg bei Hundersingen/Donau, in: Die Hallstattkultur – Symposium Steyr 1980, 357ff.

1981 *Kurt Bittel, Wolfgang Kimmig, Siegwalt Schiek,* Die Kelten in Baden-Württemberg (1981) 369ff.

1981 *Egon Gersbach,* Die Paukenfibeln und die Chronologie der Heuneburg bei Hundersingen (Donau), in: Fundberichte aus Baden-Württemberg = Festschrift für Hartwig Zürn 6, 1981, 213ff.

1981 *Egon Gersbach,* Die Heuneburg. Historischer Atlas von Baden-Württemberg. Beiwort zur Karte III, 8, 1981, 8ff.

1981 *Egon Gersbach,* Die Heuneburg bei Hundersingen an der Donau, in: Hohenzollerische Heimat 31, 1981, 1ff.

1981 *Siegfried Kurz,* Ein hallstattzeitlicher Grabhügel und die Heuneburg-Außensiedlung. Hundersingen-Gießübel, Hügel 1, Gemeinde Herbertingen, Kreis Sigmaringen in: Archäologische Ausgrabungen in Baden-Württemberg 1981, 67ff.

1981 *Udelgard Körber-Grohne,* Pflanzliche Abdrücke in eisenzeitlicher Keramik – Spiegelbild damaliger Nutzpflanzen. Pflanzenabdrücke in den hallstattzeitlichen Scherben der Heuneburg, in: Fundberichte aus Baden-Württemberg 6, 1981, 165ff. = Festschrift Hartwig Zürn

1982 *Egon Gersbach,* Die Heuneburg bei Hundersingen a. d. Donau (Gemeinde Herbertingen, Kreis Sigmaringen). Streiflichter auf die lange Geschichte einer bedeutenden Wehranlage. Privatdruck Heuneburg-Museumsverein 1982

1982 *Franz Fischer, Jörg Biel,* Frühkeltische Fürstengräber in Mitteleuropa. Sondernummer der ›Antiken Welt‹ 1982

1982 *Siegwalt Schiek,* Zu Viereckschanzen und Grabhügeln. Eine Ergänzung. Darin ein Kurzbericht über die von Major Steiner 1893 vermessene ›Viereckschanze‹ westlich der Heuneburg. Fundberichte aus Baden-Württemberg 7, 1982, 221ff., bes. 224 mit Abb. 2, 3.

1983 *Susanne Sievers,* Die Kleinfunde der Heuneburg. Grabungen 1950–1977, in: Römisch-Germanische Forschungen 1983 = Heuneburgstudien V, zwei Bände, im Druck

1983 *Wolfgang Kimmig,* Die Heuneburg an der oberen Donau. Führer zu archäologischen Denkmälern in Baden-Württemberg. 2. völlig neubearbeitete Auflage, Konrad-Theiss-Verlag 1983

Der Förderkreis für die ur- und frühgeschichtliche Forschung in Baden und die Gesellschaft für Vor- und Frühgeschichte in Württemberg und Hohenzollern wollen die interessierte Öffentlichkeit mit den großen Denkmälern unserer südwestdeutschen Vorzeit vertraut machen. Sie versuchen dies durch Veröffentlichungen, durch Lichtbildervorträge im Lande, durch Exkursionen im In- und Ausland und durch jährliche Zusammenkünfte zu erreichen. Die beiden Vereinigungen arbeiten eng mit der Bodendenkmalpflege des Landesdenkmalamtes zusammen. Sie sind gemeinnützige Vereine, die ein Maximum an Information bei einem Minimum an Kosten vermitteln wollen. Helfen auch Sie durch Ihren Beitritt mit, das Wissen um das große historische Erbe unseres Landes zu fördern und dem drohenden Verfall bedeutender Kulturdenkmäler entgegenzuwirken!

Auskünfte und Rat erteilen:
Gesellschaft für Vor- und Frühgeschichte in Württemberg und Hohenzollern, Landesdenkmalamt Baden-Württemberg, Abteilung Bodendenkmalpflege, Zentralstelle, beide 7000 Stuttgart, Schillerplatz 1, Fernruf (0711) 21932980 und Förderkreis für die ur- und frühgeschichtliche Forschung in Baden, Landesdenkmalamt Baden-Württemberg, Abteilung Bodendenkmalpflege, Außenstelle Freiburg, beide 7800 Freiburg, Adelhauser Straße 33, Fernruf (0761) 32719 und Landesdenkmalamt Baden-Württemberg, Abteilung Bodendenkmalpflege, Außenstelle Karlsruhe, Amalienstraße 36, 7500 Karlsruhe, Fernruf (0721) 1355300, Außenstelle Tübingen, Schloß, Fünfeckturm, 7400 Tübingen, Fernruf (07071) 22990, Institut für Vor- und Frühgeschichte der Universität Tübingen, 7400 Tübingen, Schloß, Fernruf (07071) 292415.

Bildnachweis

Die nicht nachgewiesenen Bilder wurden vom Institut für Vor- und Frühgeschichte der Universität Tübingen zur Verfügung gestellt.